Tessa Korber (Hrsg.)

Bocksbeutelmorde

12 Kurzkrimis aus Weinfranken

ars vivendi

Originalausgabe

Erste Auflage September 2016
© 2016 by ars vivendi verlag
GmbH & Co. KG, Bauhof 1,
90556 Cadolzburg
Alle Rechte vorbehalten
www.arsvivendi.com

Lektorat: Dr. Felicitas Igel
Umschlaggestaltung: FYFF, Nürnberg
Motivauswahl: ars vivendi
Coverfoto: © Karl-Josef Hildenbrand/dpa
Druck: CPI books GmbH, Leck

Printed in Germany

ISBN 978-3-86913-725-4

Bocksbeutelmorde

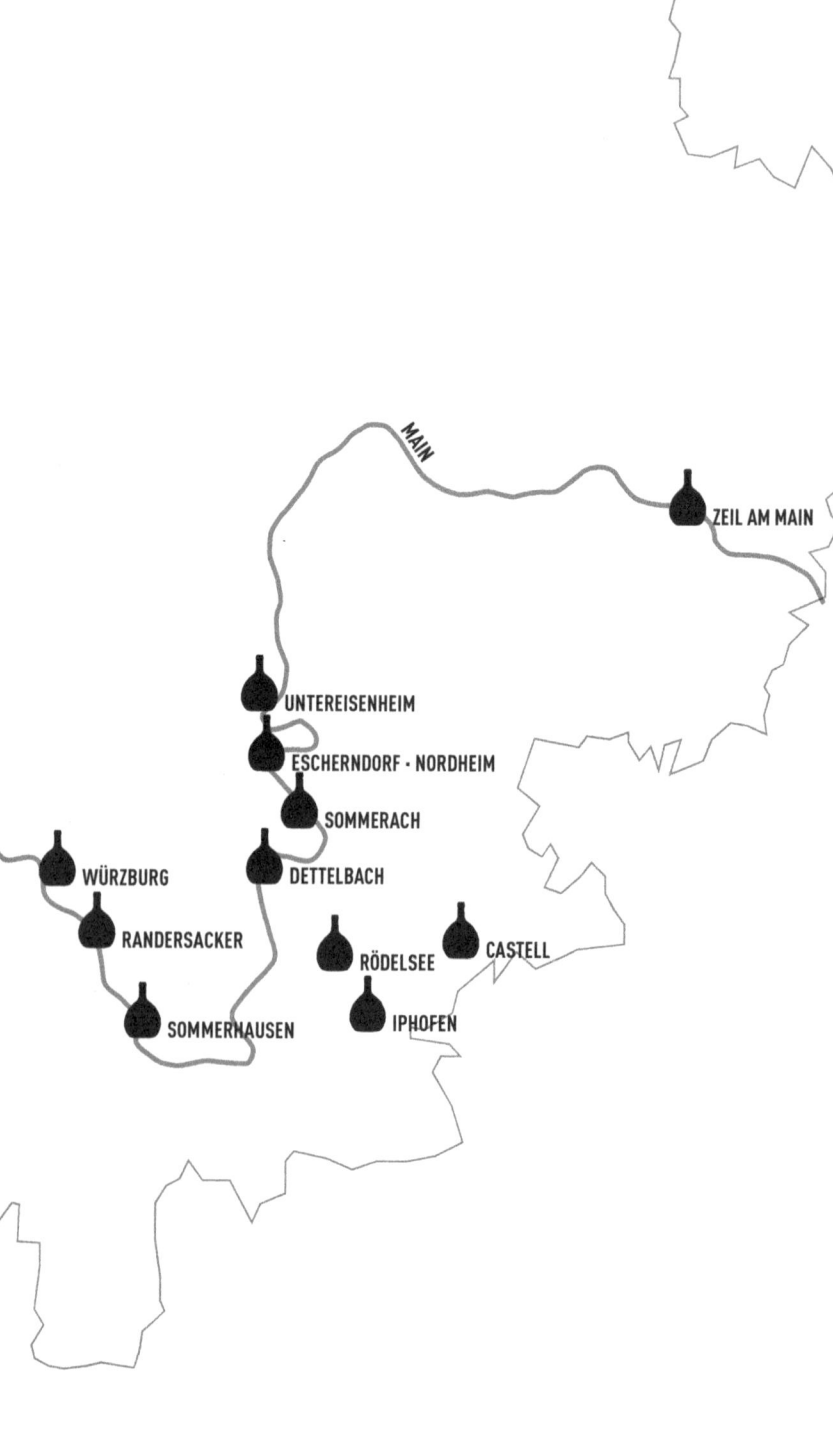

MAIN

ZEIL AM MAIN

UNTEREISENHEIM

ESCHERNDORF · NORDHEIM

SOMMERACH

WÜRZBURG

DETTELBACH

RANDERSACKER

RÖDELSEE

CASTELL

SOMMERHAUSEN

IPHOFEN

Inhalt

Tessa Korber

Bocksbeutel-Barden

Der Greifer hieß Greif und war Polizist, da wird ein Name schnell mal zum Schicksal, vor allem, wenn man aus so einem kleinen Dorf kommt wie Castell. Da gibt es den Fürsten, die Landrätin, den Pfarrer, den Bürgermeister, die Wirte. Und den Greifer, obwohl der seiner Arbeit in Würzburg nachging, bis er Rentner wurde. Er war eben jemand, der Greifer, nicht nur, weil er im Gemeinderat saß und regelmäßig beim Stammtisch des Musikvereins und einer von den Siebenern war, denen die Überwachung der Flurgrenzen und Grundbesitzverhältnisse oblag. Der Greif war der Greifer, jeder kannte seine Adlernase und die leuchtend blauen Augen, erschreckend hell in dem immer faltiger werdenden, von der Sonne verbrannten Gesicht. Man fragte ihn um Rat, wenn man einen brauchte.

»Habt ihr einen Korkenzieher?« Die Gruppe von Wanderern kam aus dem nahe gelegenen Rüdenhausen zum Weinfest. Sie hatte die drei Kilometer des Weges genutzt, um mit ein paar Flaschen vorzuglühen. Offenbar hatte eine davon keinen Drehverschluss.

Der Greifer schüttelte den Kopf und schaute zu, wie die angeheiterte Meute auf die Straße strömte, um die Autos aufzuhalten, die aus Schweinfurt und Würzburg kamen. »Habt ihr einen Korkenzieher?«, hörte er sie durch zögerlich heruntergekurbelte Autofenster rufen.

Seine Kollegin Annerose nahm ihren Trompetenkoffer wieder auf. »Dabei gibt's im Schlosspark mehr als genug Wein, sollte man meinen.« Sie wandte sich in die entsprechende Richtung. »Kommst du, wir sind bald dran.«

Der Greifer klopfte auf seinen Posaunenkoffer. Noch waren vom Podium, das auf dem Festplatz mitten in der barocken Parkanlage aufgebaut war, ganz andere Töne zu hören, Jazz, südamerikanisch angehaucht, leicht und locker gespielt, ging runter wie ein guter Rotling im gekühlten Glas. Apropos, es war sauheiß. Er suchte in den Taschen seines Trachtenjankers nach einem Taschentuch. Eine Gruppe wohlgebräunter Städter ging an ihnen vorbei. »Komm, Schatz«, sagte eine 60-jährige Blondine zu ihrem Mann, »damit wir noch was von der guten Musik mitbekommen.« Sie hakte sich bei ihm ein, Leinenhose und teure Uhr. »Nicht nur diese Bocksbeutel-Barden.« Ihre Bekannten lachten.

»Bocksbeutel-Barden«, sagte eine grimmige Stimme. Es war der ehemalige Arzt des Dorfes, Dr. Däubler, Trompeter in ihrer Kapelle, wie Annerose, die im Übrigen bei der *Mainpost* arbeitete und mit 37 Jahren das Küken in ihrer Bläser-Combo war. Dazu gehörten noch der Heinz, seines Zeichens Schreiner, seine Schwester, die Gitta, deren Mann Kaminkehrermeister war, und der Lehrer Arno Finke. Dazu der Anderl, der war Frührentner und bediente die Pauke, wenn er nicht gerade wieder zu viel getrunken hatte. Manchmal spielte auch der Graf Gernot mit, ein leidenschaftlicher Saxofonist und im bürgerlichen Beruf Manager bei der Castell-Bank. Sie spielten jedes Jahr am ersten Festwochenende auf. Das war ja das Schöne am Casteller Weinfest, dass es die Stile mixte, Jazz und Blasmusik, Bands aus den Städten, die moderne Musik verschiedener Couleur spielten, und dörfliche Traditionskapellen, so wie sie eine waren. »Bocksbeutel-Barden« hatte sie noch keiner genannt.

»So eine Bläksau.« Der Heinz war sauer.

»Kommt, kommt!« Der Greif hob demonstrativ seinen Instrumentenkoffer. In die Linke nahm er das Täschchen mit den Noten, unter dem Arm hatte er den Notenständer. Die anderen waren ähnlich bepackt, in frisch gebügelter Tracht, rot im Gesicht und bis eben noch vorfreudig. »Von denen lassen wir uns den Spaß nicht verderben. Geht's, Anderl?«

Der Angesprochene, der mit seiner Pauke am meisten Mühe hatte, wirkte abwesend. So wirkte er häufig: wie nicht von dieser Welt, wie in tiefem Schlaf, der aber unerholsam und von Albträumen durchzogen war. Zum Glück hatte er Zeit zwischen den Schlägen, die er setzen musste. Er schien sie zu brauchen und jeden einzelnen einem langen, qualvollen Nachdenken abzuringen.

»Hast du die blöde Kuh nicht gehört?«, fragte Annerose. »Dabei kann die gut von schlecht doch gar nicht unterscheiden.«

»Doch, am Preis.« Der Lehrer Arno Finke lachte. »Wir sollten einfach mehr verlangen.«

»Unbedingt mehr Freigetränke?« Der alte Arzt konnte wieder lachen. »Wir sollten nachverhandeln.«

»Genau, ich will auch eine Rücklieferungsquote, wie du, Arno.« Gitta knuffte ihn.

Er grinste. »Da brauchst du einen ererbten Weinberg, von dem du Trauben an die fürstliche Kellerei lieferst, dann kriegst du das. Kostenlosen Wein für den Hausgebrauch. Aber nur, wenn sie Überschüsse ernten.«

»Überschüsse, Überschüsse«, regte Annerose sich auf. »Habt ihr nicht gehört, dass der Schönborner Kellermeister in Wiesentheid drüben Trauben aus ganz Deutschland gekauft und heimlich der eigenen fränkischen Ernte beigemischt hat? Da sind Überschüsse ja wohl relativ. Die sollen sich nicht so haben und ihren Rücklieferungswein rausrücken.«

»Hört, hört«, suchte der Greifer die Wogen zu glätten. »Aber so was passiert bei uns in Castell nicht.«

»Dein Wort in Gottes Ohr.« Der Arzt bekreuzigte sich. »Oder in dem des Kellermeisters.«

»Das ist doch seit diesem Jahr der junge Schuck, oder?«

Spätestens jetzt verstummte das Gespräch. Der Greifer hatte es kommen sehen. Es gab schließlich einen Grund dafür, dass der Anderl trank. Das hatte mit Rücklieferungswein zu tun, mit dem jungen Schuck und vor allem mit dieser dummen Sache damals, mit seinem Sohn.

Alina wandte sich um und nickte ihrer Band zu. Eine Nummer noch, eine letzte. Sie hatten schon drei Zugaben gegeben. Dann wollte sie endlich runter von dieser Bühne, hinaus zwischen die Bäume, um deren Stämme das gefilterte Sonnenlicht flirrte. Sie wollte auch etwas von dem leuchtenden Rotling oder von dem Silvaner. Oder gleich eine Flasche von dem Fraenzi, wie sie hier ihren Secco nannten. Sie wollte tanzen und das Gesicht in die Sonne halten. Und vielleicht würde auch dieser Typ vorbeikommen, der immer zu ihr herüberschaute. Er schien den Ausschank zu beaufsichtigen. Manchmal langte er auch selber mit zu, die Ärmel des Leinenhemdes hochgekrempelt, das ihm gut stand. Er lachte viel und war freundlich zu den Leuten, das konnte sie sehen, wenn sie auch kein Wort verstand von dem, was dort draußen gesprochen wurde in der Welt. Sie wollte auch in die Welt und mit dem Fremden lachen, der sie so anschaute, wenn er mal nichts zu tun hatte. Wie der schauen konnte. Ja, sie war sicher, er würde vorbeikommen. Gut so, sie konnte ein wenig Leichtigkeit vertragen.

»Danke schön. Wir sind Blue Moon.« Sie hauchte die letzten Worte in das Mikro, dann schaltete sie es ab. Blue

Moon, Jazz, Swing, Easy Listening. Es klang so locker. Aber seit sie Felix, dem Bassisten, gesagt hatte, dass sie Abstand von ihrer Beziehung brauchte, war es kein Spaß mehr. Die Vibes waren schlecht in der Band. Und sie hatte Mühe, ihre Ausstrahlung beim Singen nicht darunter leiden zu lassen. Wäre der Typ am Ausschank nicht gewesen, es wäre ihr heute nicht gelungen.

Der Applaus vertropfte. Ungefiltert drang das Gesumm der Menge in die Nachmittagsluft.

»Willst du nicht beim Abbau helfen?« Da, Felix, Vorwurf in der Stimme.

»Ich brauch was zu trinken.« Sie sagte es, ohne sich nach ihm umzuwenden, und war schon von dem gezimmerten Podium herunter, war schon auf dem Weg zum Schanktisch.

»Bitch«, murmelte ihr Exfreund und schaute ihr hinterher. Alina konnte seine Blicke in ihrem Rücken fühlen. Er würde es sie spüren lassen, auf der Heimfahrt im Bandbus, beim Ausladen, morgen, wenn sie beide wieder in Würzburg im Seminar säßen. Sie würde noch mal mit ihm reden müssen, so ging das nicht. Aber nicht heute. Für heute war erst einmal Schluss damit. Sie hatte ein Recht darauf, sich zu amüsieren, verdammt.

»Was darf es sein?« Seine Stimme klang so, wie sie es sich vorgestellt hatte. Weich, warm, mit einem Augenzwinkern in der Betonung.

»Ich weiß nicht.« Sie zwinkerte zurück, gab sich kokett.

Er hob die Hand. »Moment, ich hab eine Idee. Für eine Frau wie dich muss es schon etwas Besonderes sein.«

Sie neigte beifällig den Kopf. »Wenn du was Besonderes zu bieten hast.« Das Du ging ihr genauso leicht über die Lippen wie ihm. Es schien hier eh allgemein üblich.

Er lachte. »Ich bin der Kellermeister hier, ich bin der Hüter von Schätzen.«

Kellermeister, das Wort sagte ihr nichts. Es ließ sie an billige Drucke denken, die fette Mönche zeigten mit einem dicken Schlüsselbund am Gürtel, wie sie die Säufernasen in Weinrömer steckten. So sah er nicht aus, und sie musste ihrerseits lachen. »Am liebsten mag ich es, wenn es prickelt«, sagte sie.

Eine junge Frau stellte eine Flasche Fraenzi zwischen sie. »Fang damit an, Lorenz«, sagte sie zu dem Typ. »Den Weinkeller kannst du ihr später zeigen.«

Er schien kurz verärgert, dann hob er die Hände in gespielter Hilflosigkeit. »Also dann«, sagte er.

Sie zeigte an, dass sie einverstanden wäre. Er schnappte sich zwei Gläser und die Flasche, bot ihr den Arm. Sie hängte sich bei ihm ein, und die beiden machten sie sich auf den Weg, am Rand des Gewühls einen freien Platz an einem der aufgestellten Biertische zu finden. Er war offenbar bekannt hier, stellte Alina fest, grüßte rechts und links und flüsterte ihr manchmal einen Namen zu. Ein Graf hier, eine Baronin dort, ein Vorsitzender von einem Winzerverband und so weiter und so fort. Es war eine exotische Welt für Alina. Sie brauchte dringend einen Schluck von dem Wein. Mehr als einen.

»Kunstgeschichte?«, wiederholte er ihre Antwort auf seine Frage, was sie so treibe. »Du siehst gar nicht wie eine Studentin aus, ehrlich.«

»Wie seh ich denn aus?«, fragte sie, kurz irritiert.

»Na, nicht wie eine graue Büchermaus, meine ich. Eher wie ein echter Star.«

Die Antwort versöhnte sie.

»Da ist der Timo, setzen wir uns zu dem.« Er hatte einen Freund entdeckt und winkte ihm. Alina war beruhigt: Es war ein Tisch mit jungen Leuten, alle in Feierlaune, in den unterschiedlichsten Hautfarben.

»Das ist der Idris, der Achmed und der Tarik«, stellte Timo seine Begleiter vor. »Sie können schon ›Silvaner‹ sagen.«

»Sie können ihn auch trinken«, stellte Alina fest und war schnell in eine englischsprachige Unterhaltung mit einem syrischen Architekturstudenten verwickelt, der sich fragte, wie seine Zukunft aussehen sollte. Sie diskutierten, sie tranken, sie sangen. Der Typ, der Lorenz hieß, ihr Typ, blieb an ihrer Seite, schenkte ihr ein und brachte sie zum Lachen. Als Idris ihnen einen syrischen Tanz vorführte, sprang Lorenz mit auf. Er stellte sich gar nicht dumm an, schnippte mit den Fingern, bewegte die Hüften und schaute ihr tief in die Augen. Sie sprang auf und schmiegte sich zu den Rhythmen an ihn, die aus einem laut gestellten Handy drangen. An den Nachbartischen applaudierte man. Sie schloss die Augen. Warum konnte das Leben nicht immer so sein?

Der Anderl trank. Er trank um sein Leben. Die anderen waren alle Arschlöcher, sogar die eigenen Leute. Sie taten, als gäbe es ihn nicht, als hätte er keine Ohren und würde es nicht merken, wenn sie in seinen Wunden herumstocherten. Wie roh konnte man sein? Rücklieferungswein, ja verreck. Als ob sie nicht wüssten, dass er an nichts anderes denken konnte. Nicht, seit sie damals die Flasche mit dem Rücklieferungs-Etikett und der laufenden Nummer gefunden hatten, droben, auf der steilen Höhe über dem Dorf, bei der Gerichtseiche, gleich neben dem verlassenen Lagerfeuer. Keine fünfhundert Meter von seinem toten Jungen entfernt. Mithilfe der Unterlagen des fürstlichen Weingutes hatte man genau feststellen können, an wen die Flasche gegangen war und wer also dort am Lagerfeuer gefeiert hatte.

Den Schucks hatte der Wein gehört. Also war der Lorenz dabei gewesen. Wo der war, konnte auch der Timo nicht weit sein. Und dann, einmal festgenagelt, nannten sie noch zwei andere.

Sein Einsatz kam, und Anderl schlug auf die Pauke.

Ein Unfall sei es gewesen, das hatten alle vier beteuert. Ein blöder Unfall. Dort oben ging es steil über die Weinberge abwärts, mehr als steil. Und weil der Boden zwischen den Reben zum Teil mit schwarzen Kunststoffplanen abgedeckt war, waren sie auf die dumme Idee gekommen, dort hinunterzurutschen. Eine Art Sommerrodeln. Sie seien besoffen gewesen, und es sei ihnen wie eine coole Idee vorgekommen, ein großer Spaß. Der Lorenz sei als Erster gerutscht, und es sei ihm ja auch nichts passiert. Bis auf die aufgeschlagenen Knie und die Kratzer im Gesicht. Dann sei sein Sohn dran gewesen.

Anderl schlug die Pauke, ein wenig zu spät. Er spürte mehr, als er sah, wie der Greifer zusammenzuckte beim Luftholen. Es war ihm egal.

Sein Sohn hatte sich das Genick gebrochen. Und alle waren geflüchtet. Hatten nicht den Arzt gerufen, nicht die Polizei. Aber ein Unfall, mehr war es nicht, eine blöde Idee, ein Missgeschick. Der Lorenz hatte es ja auch überlebt. Sein Sohn war also selbst schuld gewesen, hatte sich zu dumm angestellt. Oder Pech gehabt. Es war einfach Pech. So ein Pech!

Der Anderl hieb auf die Pauke und ließ das Becken zischen. Der Greifer schickte ihm einen sehr blauen Blick. Anderl streckte die Hand aus und hielt das vibrierende Beckenblech fest. Es wurde still. Aber nicht in seinem Kopf.

Wenn es bloß ein Unfall war, wieso waren sie dann alle abgehauen? Wieso hatten sie, als die Polizei zum ersten Mal bei ihnen geklingelt hatte, weil sie die Freunde des Toten waren und die Dorfjugend nun mal gerne dort oben auf dem Berg traf, allesamt behauptet, nö, auf dem Hügel hätten nicht sie gefeiert? Es war ein magischer Ort, nicht weit von der alten Burgruine, und der schönste Aussichtspunkt weit und breit. Wieso hatten sie alle geleugnet, überhaupt dort gewesen zu sein? Erst als die Flasche gefunden und bestimmt worden war, die vermaledeite Flasche, da waren sie gesprächig geworden. So was von gesprächig.

Sein Einsatz. Der Anderl folgte.

Da hockte er jetzt mit den Gedanken in seinem Kopf, die er nicht anhalten konnte, und die sie ausgelöst hatten mit ihrem Gerede vom Rücklieferungswein und vom Schuck, die standen da, mit glücklichen Gesichtern, so rot wie ein Säugling an der Mutterbrust, und dachten sich nichts dabei. Und da unten hockte er, der Schuck. Kellermeister! War der jetzt schon so alt? Der Bengel. Und sein eigener, toter Sohn, der war sechzehn gewesen und war immer noch sechzehn, würde ewig und drei Tage sechzehn bleiben und keine Frau am Arm haben und mit ihr tanzen und nicht mehr mit den Freunden saufen. Und seine Trompete, die stand daheim und verstaubte irgendwo auf dem Dachboden, wo die Frau sie hingeräumt hatte, ehe sie ihn verließ, weil sie es nicht mehr aushielt. Er hielt es ja auch nicht aus, aber wie sollte er sich selbst verlassen?

Der Anderl hieb auf die Pauke, dann bückte er sich und griff nach dem Halbliterglas mit seinem Schoppen. Schorle, pflegte er zu sagen, wie die anderen es tranken. Aber es war keine Schorle, und Schnaps hatte er auch dabei. Wie sollte man sich selbst schon verlassen, außer durch Saufen? Da war auch der Timo mit seinen Scheißsyrern, während sein Sohn niemanden mehr kennenlernen, nicht mehr helfen und feiern und auch nicht mehr Trompete spielen konnte, bei seinem Vater nicht und nirgends. Wieso hatten sie zuerst so gelogen? Wenn es in Wahrheit doch nur ein Unfall gewesen war. Wieso? Es wollte ihm nicht in den Kopf.

Der Anderl brauchte einen neuen Schluck und verpasste seinen Einsatz. Er hatte die Frage oft gestellt, so oft, dass sie schon ganz ausgefranst war, ganz unansehnlich, niemand wollte sie mehr. Der alte Schuck nicht und seine Frau nicht, die ihn am Ende vom Hof gejagt hat. Er würde ihren Sohn närrisch machen, und der müsse sich auf sein Abitur konzentrieren. Der Vater vom Timo hatte es nicht hören wollen, genauso wenig wie die anderen im Dorf. Er war einer der ihren. Aber das waren die Schucks und die Eltern der übrigen Jungen auch. Und die waren mehr, und Ruhe wollten sie alle. Nicht mal der Greifer hörte ihm mehr zu, am Ende. Damals war er noch im Dienst gewesen. Und er hatte sicher alles getan, was er konnte, der Greifer, das war ein Guter. Aber auch er hatte dem Anderl seine Frage nicht beantworten können. Was war da oben passiert? Warum hatten sie gelogen?

Der Anderl hieb taktgerecht auf die Pauke, wieder und wieder. Seine Gedanken waren anderswo, und sein Blick wanderte hinüber zu seinem Notenkoffer, in dem keine Noten drin waren, oder keine, die er jemals mehr angeschaut hätte. Ein Foto war drin, eine alte Urkunde von den Bundesjugendspielen. Und die Flasche. Die alles in Gang gebracht hatte, was dann wieder ins Stocken geraten war. Er hatte sie haben wollen, er wusste selber nicht, wieso.

Einsatz, Schlag. Schluck. Blick.

Der Greifer hatte sie ihm mitgebracht, sie wurde nicht mehr gebraucht von wegen Asservate und so. Der Fall war abgeschlossen und war keiner. Sein Sohn war tot und war kein Fall. Was der Fall war, war einzig und allein sein

Kummer, den er trank und der ihn fraß. So war es gerecht, fand der Anderl. Sie passten zusammen wie Essen und Trinken, sein Kummer und er. Dass die Flasche nicht leer wurde, dafür sorgte er schon. Ob von ihm was übrig blieb, das war nicht sein Problem. Jetzt tanzten sie wieder, die Hunde. Er konnte sie sehen. So widerlich am Leben, wie sie waren. Sie tanzten, aber nicht mehr lange.

Ende des Liedes, fünf Schläge. Becken. Schluss. Aus.

»Komm schon«, sagte der Timo. Oder besser, er lallte es. Es waren schon eine Menge Schoppen gewesen, die er getrunken hatte. Und obwohl er seinen Freund Lorenz noch in leidlicher Haltung und mit festem Griff beiseitegenommen hatte, pendelte sein Körper jetzt doch stark über dem festen Punkt seiner Füße. Er setzte sie breiter. »Ssss ist mein gutes Recht. Wir haben auch die Trauben geliefert.«

»Du weißt genau, dass die Rücklieferungsquote sich nach der Ernte richtet, nach dem Überschuss.«

»Sssscheißüberschuss. Ich brauch vier Kisten. Für die Feier.«

Lorenz Schuck schüttelte den Kopf. Über die Schulter seines Freundes hinweg lächelte er der Frau zu. Timo sah es genau. Statt sich mit ihm auseinanderzusetzen, flirtete er mit dieser Sängerin. Zugegeben, sie hatte Stil. Und Figur. Er war nicht der Einzige gewesen, der sie angestarrt hatte, als sie da auf der Bühne stand, was heißt »stand«. Die hatte sich bewegt wie ... Er konnte den Gedanken nicht in Worte fassen, spürte seine Auswirkungen jedoch im ganzen Körper. Aber sie hatte ja nur Augen für den Lorenz. Wieder einmal der Lorenz, immer und immer.

Dem gehörte sie heute, der hatte sie sicher, das sah man doch. Nachher würde er sie noch in den Weinkeller führen, wie er es immer machte, wenn er eine Touristin beeindrucken wollte. Dort würde er ihr die alten Fässer zeigen, in die der Fürst die Gesichter seiner Kinder hatte schnitzen lassen. Und dann, wenn sie alleine waren, würde er ihr noch so einiges andere zeigen. Während er selbst hier als Gutmensch mit seinen Flüchtlingen hockte und höchstens eine von den Tussis abbekam, die sich sozial engagierten. Oder kirchlich. Da, jetzt lächelte er ihr zu, über Timos Schulter hinweg.

»Spar dir das Grinsen«, sagte der Timo. Es langte ihm irgendwie. Lag es am Wein, an der Sängerin oder an etwas anderem, er wusste es nicht. Er wusste nur eines. Er würde nicht wanken. »Gib mir den Wein, oder ich sag's den anderen.«

»Was denn?«, fragte Lorenz und zwinkerte der Sängerin zu.

»Na, das mit damals. Allen sag ich es. Deinen Eltern, dem Anderl, der Polizei. Dass du ihn gestoßen hast, weil ...« Er konnte nicht weiterreden, denn der Lorenz hatte ihn hart an den Schultern gepackt. »Au.«

Lorenz' Griff rutschte ab. Er fasste nach und packte Stoff. Es langte, um den Timo dicht an sich heranzuziehen. »Es war ein Unfall«, zischte er. »Streit hin oder her. Ich hab doch nie ...« Er hielt inne. Dann starrte er den Timo an. »Und du willst wegen Beihilfe dran sein, du dumme Sau?«

Der Timo war nicht mehr nüchtern genug, um den Gedanken zu würdigen. Schmollend verzog er das Gesicht. »Glaubst, du bist was Besseres, weil du Kellermeister bist? Mit Fürsten verkehrst und ihnen nach dem Mund redest? Alten Freunden einen Schoppen verweigern, das ist nicht in Ordnung.«

Lorenz ließ ihn los und klopfte ihm die Brust ab, als wolle er dort Staub fortwischen. Für die Freunde am Tisch, für die Leute, sollte es wohl nach dem Ende einer ohnehin nur freundschaftlichen Auseinandersetzung aussehen. Doch dem Timo war nicht danach. Er schlug die Hand weg.

»Lass gut sein«, hörte er den Lorenz sagen. »Wir sitzen im selben Boot, du und ich.« Wenn das nicht Hohn war.

»Du und ich. Im selben Boot.« Jetzt wurde der Timo erst richtig sauer. »Du und ich, das ist ... Das ist ...« Er kam nicht drauf, was das war. Ihm fehlten die Worte. Aber die Gefühle, die ihn überfluteten, waren wütend und gemein. Zu lange schon trug er das mit sich rum. Alles, und nur wegen dem Lorenz. Und was hatte er eigentlich davon gehabt, fragte er sich. Sicher, sie waren alle gerannt, danach. Sie hatten alle gelogen, und keiner von ihnen hätte mehr eine gute Figur gemacht, wenn sie geredet hätten. Aber verdammt, er hatte doch mit dem Sohn vom Anderl damals keinen Streit angefangen. Und von ihm stammte auch die Lüge mit dem Spiel nicht, diese saublöde Idee, von wegen, sie hätten den Weinberghang hinunterrutschen wollen. Wer dachte sich denn so was aus! Tatsächlich konnte der Timo an keinem Hang mehr stehen, ohne sich diese Frage zu stellen. Ohne an den toten Freund zu denken. Sogar an Schlittenhängen mitten im Winter. Sein ganzes Leben verbrachte er mit einer beschissenen, zweitklassigen Lüge. Und jetzt sollte er dafür nicht mal seinen Wein bekommen? »Ist mir scheißegal«, stieß er hervor. »Hörst du?« Er schubste den Lorenz und schubste ihn noch einmal. »Ich sag es jedem. Allen. Die jagen dich aus dem Ort wie einen Hund.«

»Du spinnst doch.« Der Lorenz hatte ihn losgelassen und strich sich die Haare aus dem Gesicht. Er atmete schwer, immerhin. Aber schon hatte er sich wieder im Griff. Gleich würde er wieder lächeln. Dann zu seiner Tussi gehen und weiterfeiern und ihn vergessen.

Timo kam bitterer Saft die Kehle hoch. Er unterdrückte den Brechreiz. »Den Rücklieferungs...« Er verhedderte sich, brachte das Wort nicht zu Ende. Zutiefst gedemütigt verstummte er und versuchte nur, allen Nachdruck in seinen Blick zu legen.

Es schien nicht zu funktionieren, denn der Lorenz lachte. »So blöd bist nicht mal du.« Hatte er das wirklich gesagt? So blöd war nicht mal er? Wer? Er, der Timo? Armer Timo, dachte der Timo. Armer, beschissener Timo. Ich werd's euch zeigen. Ich werd euch alle. Wundern werdet ihr euch. Er setzte einen Fuß vor den anderen. Es funktionierte, mehr schlecht als recht. Ignorierte die besorgten Blicke seiner Schützlinge, die mitleidigen der anderen Besucher, die amüsierten. Er würde es ihnen allen zeigen. Würde er. Würde alles sagen. Alles. Die Bombe. Sie fertigmachen. Jawoll. Nächster Fuß, noch ein Schritt. Wie ein Geist am helllichten Tag wankte der Timo unter den Bäumen herum, schwamm im gedämpften Lärm des Festes und im Nachmittagslicht, auf der Suche nach einem Menschen, dem er seine Geschichte erzählen könnte. Einem, der Zunder war für den Funken, den er werfen würde. Und dann die Bombe. Bumm. Seinen Wein, den würde man ihm nicht verweigern, und wenn er alle mit sich reißen müsste. Einmal würde er der Timo sein. Dann stand jemand vor ihm.

Timo rülpste und riss die Augen auf.

Der Greifer fragte sich, ob es Zufall oder Schicksal war, dass auf dem Heimweg dieselbe Gruppe Rüdenhäuser vor ihm herwankte. Es war dunkel, stockfinster sogar zwischen den Straßenlaternen, hier abseits der Festbeleuchtung. Manche hatten Maglites für den Heimweg, ein paar Witzbolde sogar Kopfleuchten. Die meisten marschierten einfach frohgemut in die Dunkelheit, unterstützt von ein paar Flaschen zum Nachglühen. Die Sportwagen der Würzburger und Schweinfurter fuhren langsam, ihre roten Rücklichter leuchteten.

»Na, habt ihr euren Korkenzieher gekriegt?«, rief der Greifer seinen Bekannten zu, bekam aber nur unzusammenhängende, gleichwohl fröhliche Antworten.

»Also dann«, sagte der Doktor Däubler. Die Annerose hob die Hand und winkte. Gitta und Heinz waren längst mit ihren Familien abgezogen.

Der Lehrer Finke stand neben ihm. »Wir sollten über eine Umbenennung nachdenken«, meinte er. »Bocksbeutel-Barden. Je länger ich darüber nachdenke, desto mehr hat es für sich. Und dazu ein etwas jüngeres Musikprogramm. Etwas Flottes.«

»Wenn ich dich ›flott‹ sagen höre, kriege ich eine Gänsehaut.« Der Greifer lachte. »Wir sollten bei unseren alten Liedern bleiben. Ist der Anderl schon heim?«, fragte er zum Abschied.

»Hab ihn seit unserem Auftritt nicht gesehen«, antwortete der Lehrer. »Gute Nacht.«

Hinter ihnen hupte es. Der Tourbus von Blue Moon, ein kleiner Transporter mit dem Namenszug der Band, bahnte sich seinen Weg durch die heimwärts strömende Menge am Ausgang des Parkplatzes. Der Greifer sah vier Männer auf den Sitzen, der am Steuer zog ein ernstes, fast wütendes Gesicht. Neben ihnen hielt der Wagen. Der Beifahrer öffnete die Tür, sprang heraus und lief zu einer jungen Frau mit langen Haaren, die ihm den Rücken zugewandt hatte. Nicht gerade sanft packte er sie am Arm. »Alina«, hörte der Greifer ihn rufen. »Wo warst du?«

»Heh!« Die junge Frau wandte sich um und protestierte. Es war nicht die Sängerin.

Der Musiker entschuldigte sich für seinen Irrtum, blieb stehen und blickte sich um, fand aber offenbar nicht, wonach er suchte. Der Fahrer des Busses neigte sich über den leeren Beifahrersitz zur offenen Tür. »Soll sie doch bleiben, wo der Pfeffer wächst. Wir fahren.« Die beiden auf der Rückbank diskutierten noch. Der in der Menge stand, schaute ratlos drein, aber am Ende fügten sich alle. Blue Moon fuhr ohne seine Sängerin ab.

Glücklicher Schuck, dachte der Greifer. Er wäre nicht der Greifer gewesen, wenn er nicht gewusst hätte von den Touristinnen und den geschnitzten Fässern und allem, was nächtens so in Castell passierte.

Da hörte er die Schreie. Es war die Rüdenhäuser Gruppe, die sich bereits ins Dunkel des Rad- und Fußweges neben der Straße zu ihrem Dorf gewagt hatte. Sie waren hoch und spitz, aber nicht trunken. Und niemand würde mit einem Lachen darauf antworten. Der Greifer kannte solche Schreie von Berufs wegen. »Pass drauf auf«, rief er dem Lehrer Finke zu, als er seinen Posaunenkoffer abstellte. Mit langen Schritten lief er den Schreien entgegen.

»Eine Taschenlampe! Hat niemand eine Taschenlampe?« Der Greifer wusste nicht, wer da fragte, aber als das erste schüchterne Licht aufleuchtete, nahm er es dem Besitzer aus der Hand und richtete es dorthin, woher die Rufe gekommen waren.

»Da liegt einer!« Das war noch keine Seltenheit. Schnapsleichen, Weinleichen, Festleichen. So mancher schlief im Straßengraben seinen Rausch aus. Das war gute alte Tradition. Obwohl es natürlich besser war, man sammelte sie ein und versorgte sie ärztlich. So weit war der Greifer Modernist. Man würde die Malteser rufen müssen.

Im nächsten Moment sah er das lange, dunkle Haar. Dann fiel ihm der Tourbus ein. Er trat näher. Packte die Frau, die da lag, an der Schulter. Über ihr Gesicht lief Blut, als er sie herumdrehte. Trotzdem erkannte er die Sängerin von Blue Moon. Er war nicht der Einzige.

»Dass die so getankt hat«, wunderte sich jemand von weiter hinten in der wachsenden Zuschauermenge.

Die Frauen, die über die Liegende gestolpert waren, wussten es besser. »Sie ist so still.« – »Sie ist so schwer.« Sie wussten es und wussten es nicht. Sie hatten geschrien und schwiegen jetzt. Die Frau war tot. Der Greifer war derjenige, der es als Erster in vollem Umfang begriff. Er hatte kein gutes Gefühl dabei, nein, gar kein gutes. Und sein Gefühl war etwas, worauf er sich nach all den Jahren verlassen konnte. Trotzdem reagierte er routiniert und hielt die Reihenfolge ein.

»Sie muss mit dem Kopf wo aufgeschlagen sein. Wir brauchen einen Arzt«, sagte er laut. »Wer hat ein Handy?« Er pickte sich einen der Männer heraus und instruierte ihn für den Anruf. Als Nächstes drängte er die Zuschauer zurück, angeblich, um Platz für die Rettungskräfte zu schaffen, tatsächlich aber, um dafür zu sorgen, dass sie nicht alle Spuren zertrampelten, die sich vielleicht finden mochten. Denn was er im Licht der Taschenlampe gesehen und mit ein paar schlichten Handgriffen überprüft hatte, genügte dem Greifer. Die Wunde am Kopf der schönen, noch immer schönen Sängerin lag oberhalb der Hutlinie. Hieß: Sie war nicht mit dem Kopf irgendwo dagegengestoßen. Etwas war gegen ihren Kopf gestoßen worden. Der Greifer, bald verhältnismäßig alleine im Dunkeln mit der Toten, alle Zeugen auf die Straße verdrängt, wo sie sich instinktiv um das Licht einer Peitschenlampe scharten, fand auch schon bald das, was gegen den schönen Kopf geschlagen worden war und ihn zerschmettert hatte. Er hob es auf, betrachtete es im schwächer werdenden Licht der Kindertaschenlampe, die er sich geborgt hatte – und wurde traurig.

Die Taschenlampe hatte die Form eines kleinen Drachens. Sie wurde funzeliger und funzeliger und ging aus. Der Greifer stand im Dunkeln. Wenig später war der Notarzt da. Danach die Kollegen aus Kitzingen. Der Greifer trat still beiseite. Wurde erkannt, gegrüßt, schüttelte Hände, beantwortete Fragen. Schließlich ging er zurück zu seinem Posaunenkoffer. Klappte ihn auf, legte etwas hinein, klappte ihn zu, hatte keine Lust mehr, ihn je wieder zu öffnen.

Das Casteller Weinfest dauerte über eine Woche. Es gab ein erstes und ein zweites Festwochenende, von Freitag bis Montag, dazu noch einen Tag dazwischen, der mit Behinderten gefeiert wurde. So oder so, man saß, man trank, die Musik spielte. Der Greifer fand den Anderl an einem der langen Biertische. Er setzte sich ihm gegenüber und stellte die Flasche auf den Tisch. Das Blut war abgewischt, das Innere ausgewaschen, das Ganze neu befüllt mit Silvaner, der mild im Sonnenlicht leuchtete. Der Anderl griff nach der Flasche, ließ die Hand aber um den Hals liegen. Er schenkte sich nicht ein.

Der Greifer fragte nicht. Er wartete.

»Hast sie gleich erkannt, was?«, fragte der Anderl, ehe er sie doch nahm und sich einen Schluck eingoss. Er probierte. »Guter Stoff.«

»Du weißt, man kann sie anhand des Etiketts zurückverfolgen. War schon mal so.« Der Greifer machte nicht viele Worte.

Der Anderl zuckte mit den Schultern. »Es schien mir passend.« Mehr sagte er nicht. Er war müde. Man sah es ihm an.

Jetzt wurde der Greifer doch ungeduldig. »Ja, aber die Frau, Anderl, was konnte denn die Frau dafür, Herrgott noch mal!« Er schaute seinen alten, leidgeprüften Freund an, als kennte er ihn nicht mehr. »Sie war gerade mal vierundzwanzig.«

»Acht Jahre älter als mein Sohn.« Als der Anderl es im Gesicht des Greifers zucken sah, senkte er den Blick, aber nur für eine Weile. Seine Hände zitterten, er nahm den nächsten Schluck. »Der Timo hat es mir verraten«, sagte er schließlich. »Wie das war damals.«

Angespannt setzte der Greifer sich auf.

»Dass nämlich der Lorenz mit meinem Sohn gestritten hat. Dass sie aneinandergeraten sind. Er hat ihn gestoßen, Greifer. Hat ihn über die Kante gestoßen.«

»Und seine eigenen Verletzungen?«

Der Anderl zuckte mit den Schultern. »Ist selber ein Stück gestürzt. Sie waren ja ineinander verkeilt.«

»Dann war es trotzdem ein Unfall?« Der Greifer stellte die Frage mehr sich selbst als dem Anderl.

»Alle haben gelogen.« Der Anderl wünschte, er hätte seine Pauke in der Nähe. Da hätte er draufschlagen können. »Mir ins Gesicht gelogen haben sie. Und mein Sohn ...« Er konnte nicht weitersprechen. Nicht einmal trinken konnte er. Saure Krämpfe schnürten ihm die Kehle zu. Aber er musste doch trinken. Er musste doch. So war es nicht auszuhalten. Mit beiden Händen packte er sein Glas und schluckte. Es tat weh.

»Ja, aber das Mädchen? Anderl!« Der Greifer langte nach seinen Händen, versuchte, sie zu packen. Der Anderl wollte sie wegstoßen, so wie damals der Timo die vom Lorenz, trotzig, hilflos. Er verschüttete den Rest des Weines.

»Ich wollte doch nicht ...«, brachte er heraus. Er stieß einen Schrei aus. Die anderen drehten sich zu ihnen um, drehten sich wieder weg. Zwei Betrunkene.

Der Greifer behielt seine Hände auf denen vom Anderl, hielt sie fest, streichelte sie dann, langsam, ganz langsam. Endlich ließ er los.

Der Anderl weinte. Wie lange hatte kein Mensch ihn mehr angefasst? Er schenkte sich ein. »Sie war nur da«, sagte er. »Ich hab ausgeholt. Ich wollte den Lorenz.« Er schaute auf, trotzig. »Da hätte ich nicht mit der Wimper gezuckt.«

Der Greifer nickte, ungeduldig, unwirsch. »Das Mädchen«, forderte er.

Der Anderl hob die Schultern. »Sie hat sich bewegt. Hat sich dazwischengeschoben, irgendwie. Ich hatte schon ausgeholt. Ich ...«, seine Stimme wurde lauter. »Ich wollte doch nicht ...« Hastig griff er zur Flasche.

Der Greifer schaute sich um. »Scht«, murmelte er unwillkürlich. »Ist ja gut. Ist ja gut.« Er dachte an den Freund dieser Alina, den Musiker, den die Polizei gerade verhörte. Weil er als eifersüchtig galt. Man hatte sie streiten hören. Aber es gab keine Spuren, keine Tatwaffe. Sie würden ihn bald wieder laufen lassen. Der Greifer überlegte. »Und der Lorenz?«, fragte er endlich. Man hatte ihn als Zeugen verhört, weil er mit der Toten gesehen worden war. Er hatte angegeben, mit ihr geflirtet, sie dann aber im Festtrubel aus den Augen verloren zu haben.

»Wieso der Lorenz?«, murmelte der Anderl.

Der Greifer schaute ihn an. Die Jahre der Sauferei schienen an seinem Freund nicht spurlos vorübergegangen zu sein. »Na, der war doch dabei, der hat gesehen, wie du sie getötet hast, richtig?«

Der Anderl war bei dem Wort »töten« zusammengezuckt.

»Ist doch so«, insistierte der Greifer. Er hielt inne. Dachte nach. Dann lachte er bitter. »Er gibt dir ein Alibi.«

»Was?« Der Anderl war zu sehr in seinem Kummer versunken gewesen, um das anfangs zu überreißen. Es sickerte nur langsam in sein Bewusstsein.

»Der Mörder deines Sohnes, Anderl. Er gibt jetzt dir, dem Mörder von Alina, ein Alibi.«

Den Anderl riss es. Mit großen Augen schaute er den Greifer an. »Was?«, hauchte er.

Der Greifer wiederholte seine Worte nicht. Er schaute nur. Mit seinen immer noch so blauen, harten Augen in dem zerfurchten Gesicht. Es lag Kummer darin, Mitleid, aber auch ein wenig Verachtung. Ob für den Anderl, der jetzt wieder zu seinem Glas griff, für den Lorenz Schuck, oder für sich selbst – zum ersten Mal in seinem Leben konnte der Greifer es nicht sicher sagen.

Blanka Stipetić

Angie

Mein Vater war Fährmann, und ich besuchte ihn regelmäßig. Manchmal setzte ich mich für ein oder zwei Fahrten mit auf die Fähre und sah zu, wie er über das Wasser starrte und seine Fahrgäste geflissentlich ignorierte. An jenem Tag hatte ich das auch vorgehabt. Ich wollte ihm eine halbe Stunde Gesellschaft leisten und ihn dann überreden, auf dem Weinfest noch einen Schoppen mit mir zu trinken. Keine leichte Aufgabe, denn mein Vater war ein Einzelgänger, ein Misanthrop, wenn ich ehrlich bin.

Als ich ankam, legte er gerade von der Mainsondheimer Seite ab. Der Motor dröhnte, die Fähre setzte sich in Bewegung. Und dann, ziemlich genau auf der Hälfte der Strecke, erstarb der Motor, und die Fähre blieb mitten auf dem Main stehen.

Vielleicht wirst du es verstehen, vielleicht auch nicht. Dieser Tag beginnt wie jeder andere Tag seit fast fünfzig Jahren. Ich zähle die Fahrten. Wenn meine Gedanken mir zu schaffen machen und ich sie nicht in Zaum halten kann. Dann zwinge ich mich, so lange an die Eins zu denken, bis ich auf der anderen Seite das Knirschen höre, wenn ich anlege. Dann eine kurze Pause und dann die Zwei, bis ich wieder auf der anderen Seite bin. Ich halte mich an der einen Zahl fest und widersetze mich dem Drang weiterzuzählen. An schlimmen Tagen muss ich bis über zwanzig zählen, damit mein Kopf Ruhe gibt. Ich starre aufs Wasser, erledige die nötigen Handgriffe wie ein Automat, nehme Geld entgegen oder nicke nur, gebe Wechselgeld zurück oder auch nicht. Jeden Tag verbinde ich das eine Ufer mit dem anderen und hinterlasse keine bleibende Spur in dem stetig dahinfließenden Wasser. Im Herbst ist es am leichtesten, dann muss ich meistens nur bis zur Drei zählen. Wenn Nebel aus dem Main steigt und alles in undurchdringliche Watte packt. Dann kann ich manchmal gerade noch das andere Ufer erkennen, weiter schafft es mein Blick nicht. Nichts, was meine Gedanken zurück in die Zeit saugen und mich zwingen würde, mich dem Sog entgegenzustemmen, mich ihm zu entziehen. Doch wenn der Himmel blau und die Luft klar ist, dann versinke ich in den Tiefen der Zeit. Fast ein halbes Jahrhundert schon frisst der Hass an mir, hat mich inzwischen ausgehöhlt, ein eigenes Tunnelsystem in meinem Kopf geschaffen, durch das die Gedanken unkontrolliert rasen und toben. Nur wenn ich zähle, kann ich die Ein- und Ausgänge stopfen, die Gedanken einfangen und zähmen.

Heute bin ich bis zur Dreizehn gekommen, als ich auf der Dettelbacher Seite anlege.

Ich erhob mich und versuchte zu erkennen, was los war. Auf der Fähre befanden sich ein Wagen, einige Fahrräder und ungefähr zehn Menschen. Ich sah, wie mein Vater das Fährhaus verließ, die Stufen zum Deck hinunterstieg und zu einem der Fahrgäste an der Reling trat.

Es dauerte nur zehn Minuten, bis das erste Polizeiauto mit Blaulicht von der B22 abbog und an der Anlegestelle hielt, dicht gefolgt von der Feuerwehr. Ich ging auf die Polizisten zu, die aus dem Wagen stiegen. In der Hand hielt ich noch immer mein Handy.

»Ich bin der Sohn des Fährmanns«, sagte ich und deutete auf mein Telefon. »Er geht nicht ran.«

Einer der Polizisten holte ein Megafon aus dem Kofferraum und ging zur Anlegestelle.

»Haben Sie Probleme?«, tönte es gleich darauf laut und durchdringend.

Alle Passagiere auf der Fähre hatten sich inzwischen dort versammelt, wo ich meinen Vater zuletzt gesehen hatte. Sie blickten zu uns herüber und bewegten sich kurz darauf mit kleinen Schritten zum Führerhaus. Plötzlich vibrierte das Mobiltelefon in meiner Hand. »Mein Vater«, rief ich dem zweiten Polizisten zu, nachdem ich aufs Display geschaut hatte. Er kam herbeigeeilt, und ich stellte auf laut.

Mein Vater hielt sich nicht mit langen Vorreden auf. »Sag der Polizei, sie soll sich raushalten. Dann passiert niemandem etwas.«

Ich starrte verständnislos aufs Display. »Und schickt mir ein Schlauchboot rüber.«

»Papa«, setzte ich an, doch er hatte die Verbindung bereits unterbrochen. Stattdessen sprach nun der Polizist aufgeregt in sein Funkgerät. Er benannte, was ich noch immer nicht glauben wollte: Geiselnahme auf der Fähre zwischen Dettelbach und Mainsondheim.

»Besitzt Ihr Vater eine Waffe?«, wollte er wissen.

Ich schüttelte zögernd den Kopf. »Soweit ich weiß, nein.«

Um mich herum setzte Hektik ein. Mich ließ man, wo ich war, alle anderen mussten hinter eine Absperrung, die in Windeseile um die Anlegestelle herum gezogen wurde. Während weitere Polizeiwagen eintrafen, versuchte ich meinen Vater zurückzurufen, doch er reagierte nicht. Schließlich schrieb ich eine SMS und bat ihn, sich zu melden. Zu meiner Erleichterung antwortete er, doch die Nachricht bestand nur aus einem einzigen Wort: Schlauchboot!

Die Touristen kommen und gehen. Sie sehen die Fähre und sind entzückt über dieses kleine bisschen Rückständigkeit. Manchmal fahren sie mehrmals hin und her. Vor allem, wenn Kinder dabei sind. Mir ist das egal. Wenn ich könnte, würde ich nicht einmal Geld von ihnen nehmen, dann müsste ich nicht mit ihnen reden oder die immer gleichen Fragen beantworten. Sie kommen, trinken den Wein, essen Bratwürste, radeln am Ufer entlang und schauen auf die Weinberge wie auf eine Kulisse, die nur dazu da ist, ihre Augen zu erfreuen. Manche bilden sich ein, etwas vom Wein zu verstehen, sie schwadronieren über den Nachgang, den Vorteil von Korkverschlüssen, Mineralgehalt und was weiß ich. Aber sie haben keine Ahnung. Sie trinken Wein, wissen aber nicht, wie es ist, den Wein zu leben. Ein Haus ist eine Hülle, ein Schutz vor dem Wetter, ein warmer Ort, um Kräfte zu sammeln. Der Weinberg aber ist ein Teil von dir. Wenn es den Rebstöcken gut geht, ist auch mit dir alles in Ordnung. Doch wenn das Wetter nicht mitspielt oder Ungeziefer droht, dann ist es schlimmer, als wenn dein Kind krank ist. Die Hilflosigkeit, wenn die Sonne einfach nicht aufhören will vom Himmel zu brennen, wenn du jeden Tag und jede Nacht um Regen flehst – das alles erzeugt eine tiefe Verbundenheit. Und wenn dieses Band reißt, dann ist dein Leben zu Ende.

Als ich bei der Zwölf bin, besteigt er die Fähre. Ich erkenne ihn nicht sofort.

Es waren kaum dreißig Minuten vergangen, und die Anlegestellen auf beiden Seiten des Mains hatten sich in Orte der Belagerung verwandelt. Schwarz vermummte Polizisten in voller, angsteinflößender Montur hatten sich auf dem ganzen Gelände verteilt. Scharfschützen waren in Deckung gegangen und hatten meinen Vater ins Visier genommen. In der Zwischenzeit waren fast alle Geiseln identifiziert. Der Wagen auf der Fähre gehörte einem Ehepaar aus Köln, Sabine und Matthias Ebert, die Dettelbach jedes Jahr zum Weinfest besuchten. Die Frau mit den zwei Kindern kam vom Campingplatz. Vor drei Tagen hatten sie ihr Wohnmobil hier abgestellt. Die Frau war mit den Kindern auf der anderen Mainseite zum Baden am See gewesen. Der Mann hatte eine Radtour gemacht und lief jetzt ängstlich am Ufer hin und her und fragte alle fünf Minuten, ob es etwas Neues gebe. Dann war da noch ein amerikanisches Paar, Helen und Carl Berger, Freunde des Künstlers Jonathan Hines. Die drei hatten einen Spaziergang am Main gemacht, um sich die Skulpturen anzusehen, und waren übergesetzt, um die Skulptur zu besichtigen, die auf der anderen Mainseite stand. Und dann war noch ein nicht identifizierter älterer Mann an Bord.

Wie sollte ich mich auch an ihn erinnern? Zu lange habe ich meine Gedanken daran gehindert herumzuwandern. Aus lauter Angst, wohin sie gehen könnten, wenn ich nicht aufpasse. Das erste Mal habe ich ihn durch mein Fernglas gesehen. Das war 2014. Als die träge Ruhe am Mainufer auf einmal durch geschäftiges Treiben unterbrochen wurde.

Steinblöcke wurden herantransportiert. Männer und Frauen bearbeiteten die Blöcke, sie klopften, frästen und sägten. Nie zuvor hatte etwas meine Aufmerksamkeit von den Weinbergen und dem Geschehen in meinem Kopf abgelenkt. Ich beobachtete sie durch mein Fernglas, um zu sehen, was das für Leute waren und was sie taten. Nachdem ich erkannt hatte, dass es offensichtlich Bildhauer waren, blieb ich neugierig und verfolgte ihre Fortschritte. Als die

Skulpturen dann fertig und aufgestellt waren, machte ich einmal sogar einen Spaziergang, um sie aus der Nähe zu betrachten. Und überraschenderweise gefallen mir einige. Besonders die Skulptur auf der Mainsondheimer Seite hat es mir angetan. Durch die Mitte des steinernen Rings kann man seinen Blick, je nachdem, wie man sich bewegt, auf bestimmte Details der Landschaft fokussieren. Aber auch die anderen Skulpturen rührten etwas in mir an. Allein, wenn ich meine Hand auf den Muschelkalk legte, ließ mich das so etwas wie Geborgenheit spüren. Einer von den Bildhauern war der Mann, der soeben meine Fähre bestiegen hat und nun nach Kleingeld kramt.

Schließlich kam wieder ein Polizist zu mir und befragte mich über meinen Vater; Name, Alter, Wohnort und andere Eckdaten seines Lebens. Als er wissen wollte, ob in letzter Zeit etwas vorgefallen sei, schüttelte ich den Kopf. Er bohrte immer wieder nach, bis ich schließlich ungehalten wurde. »Im Leben meines Vaters ist das letzte Mal vor vierzig Jahren etwas vorgefallen. Und das hat ihm für den Rest seines Lebens gereicht. Er fährt Fähre. Jeden Tag hin und her. Abends sitzt er vor der Glotze. Er hat keine Freunde, und mit unseren Verwandten spricht er schon seit Jahren nicht mehr. Da gibt es nichts, was vorfallen könnte.«

Daraufhin holte der Beamte einen Kollegen, und nun nahmen sie mich zu zweit in die Mangel, zwangen mich viele Jahre in der Erinnerung zurückzugehen und mein Leben und das meines Vaters und meiner Mutter vor ihnen auszubreiten.

Die Fähre ist wie immer zur Weinfestzeit recht voll. Ich achte nicht auf die Leute, höre nur im Hintergrund

Stimmengemurmel, deutsches vor allem, ein paar Brocken Niederländisch. Und dann ist da dieser englische Satz. »Her name was Angela«, sagt er, »but of course I called her Angie.« Dann verstehe ich nichts mehr. Die Stimme ist zu leise oder vielleicht ist auch das Rauschen in meinem Kopf zu laut. Als die Geräusche verebben, höre ich einen letzten Satz. »She left this place a long time ago.« Dann knirscht es, und ich entlasse meine Passagiere auf der Mainsondheimer Seite.

Als ich klein war, nahm mein Vater mich oft mit in den Weinberg. Stolz erklärte er mir die Lagen und schritt mit mir die Hänge ab, die uns gehörten. Sie verteilten sich am Main entlang zwischen Dettelbach und Kitzingen und hatten für ein Kinderohr so lustig klingende Namen wie Honigberg und Sonnenleite. Als ich in den Kindergarten kam, wusste ich besser Bescheid über Silvaner, Kerner und Müller-Thurgau als über Feuerwehrautos und Ritterburgen. Mein Spielplatz im Sommer war der kühle Weinkeller und im Winter die Probierstube. »Das wird alles einmal dir gehören«, war das Mantra meines Vaters, und ich hatte nie Grund, an seinen Worten zu zweifeln, auch wenn meine Mutter oft die Augen verdrehte. Für mich bestand die Welt in den ersten Lebensjahren aus Dettelbach, dem Main und den umliegenden Weinbergen, Kitzingen war fast schon Ausland.

Doch bereits als ich in die Schule kam, war klar, dass mir nie irgendetwas gehören würde; weder ein Weinberg noch ein Weinkeller, selbst eine Mutter hatte ich nicht mehr. Was meinen Vater anging, war ich mir nicht sicher.

Meine Mutter verschwand an einem heißen Sommertag, an dem alle aufs Weinfest strömten und bis tief in die Nacht gesellig bei ihren Schoppen saßen. Als ich ins Bett ging, war sie noch da, und als ich am anderen Morgen aufwachte, war sie weg, für immer.

Meine Mutter rauchte und liebte Musik. Nicht Mozart und Paganini, sondern die Stones und Led Zeppelin. Mein Vater hatte ihr einen Plattenspieler geschenkt, und sie besaß unzählige Schallplatten, die sich den ganzen Tag auf dem Plattenteller drehten. Manchmal beschwerten sich die Nachbarn, aber sie zuckte nur mit den Schultern. Ihre Haare trug sie lang und offen. Sie war anders als die anderen Mütter. Sie mochte Schlaghosen, bunten Holzschmuck und Schuhe mit dicken, hohen Absätzen. Sie stammte aus Berlin und hatte es nicht leicht mit unseren Nachbarn. Das bekam sogar ich mit, obwohl meine Welt sich damals vor allem um mich selbst drehte.

»Ich habe deinen Vater kennengelernt, und er ist mir nachgereist nach Berlin«, hatte meine Mutter erzählt. Aber er war dort nicht heimisch geworden. »Er hat seinen Wein vermisst, das Essen seiner Mutter, den Main.« Mein Vater hatte sich einfach nicht an die große Stadt gewöhnen können. »Dein Vater ist mit seinen Weinbergen verwachsen.«

Später konnte ich das verstehen. Ich verließ Dettelbach, um in Berlin zu studieren. Nach zwei Jahren kehrte ich zurück. Nicht ganz, aber immerhin nach Würzburg. Zwar war ich nicht mit den Weinbergen verwachsen, aber auch mir hatte in der großen Stadt etwas gefehlt, ohne dass ich es recht hätte benennen können.

Meine Mutter legte ihre Platten auf, fasste mich manchmal an den Händen und tanzte mit mir durch die Küche. Schon im Alter von vier Jahren konnte ich ein paar Brocken Englisch. Sie legte Led Zeppelin auf und brachte mir bei, dass »black« schwarz und »dog« Hund heißt. Ich wusste, dass diese Band von einer Art Leiter in den Himmel sang,

und dachte dabei immer an den Weinberg an der Sonnenleite. Meine Mutter war fröhlich, selbst wenn sie auf die
spießigen Nachbarn schimpfte. »Die sehen alles«, flüsterte sie mir verschwörerisch zu, wenn wir zum Bäcker liefen.
»Nichts kannst du hier machen, ohne dass einer es sieht
und seine Nase reinsteckt.« Wenn wir bei Frau Greiner vorbeikamen, grüßte meine Mutter freundlich, nur um dann
zu flüstern: »Die weiß sogar genau, wie viele Zigaretten ich
heute schon geraucht habe.«

Ich habe keine Erinnerung an meine Mutter, wie sie
Staub saugt oder Geschirr spült. In meiner Erinnerung la-
ckiert sie sich die Finger- oder Zehennägel, liegt rauchend
auf dem Sofa, während Musik läuft, und schaut einfach in
die Luft. Irgendwann muss sie die Hausarbeit wohl erledigt
haben, doch ihr Lebensinhalt war das nicht.

Manchmal fuhren sie und mein Vater nach Kitzingen, wo
sie einen der dort stationierten amerikanischen Soldaten
überredeten, sie mit in die Kaserne zu nehmen.

»Die Amerikaner haben die besten Discotheken aller Zeiten«, meinte sie.

Mein Vater stand nicht so auf Funk und Rock, doch ihr
zuliebe machte er mit. Zumindest, wenn er nicht zu müde
war von der Arbeit im Weinberg. Ich liebte meine Mutter,
und wir hatten Spaß. Sie stellte keine Anforderungen, es
gab kaum Verbote, während ich genau spürte, dass mein
Vater mich zwar ebenfalls liebte, aber in mir weniger seinen
kleinen Sohn, sondern vielmehr den Verbündeten sah, den
Nachfolger, den er beizeiten in die Geheimnisse des Win-
zerdaseins einweihen wollte. Er sprach mit mir nicht nur
über Lagen und Anbau, sondern versuchte, mich von klein
auf mit dem Boden und den Reben zu verbinden. Doch meine bewussten Erinnerungen an diese Zeit erstrecken sich

auf vielleicht ein bis zwei Jahre. Dann verschwand meine Mutter, und die Polizei holte meinen Vater.

Als er nach zwei Wochen aus dem Gefängnis kam, war er verändert. Sein Anzug war ganz zerknittert, und die Haare waren strähnig. Außerdem hatte er lauter Stoppeln im Gesicht. Sein Blick ging durch mich hindurch, auch wenn er mir hin und wieder über den Kopf streichelte, wie früher.

Mit der Zeit normalisierte sich alles. Mein Vater nahm seine Arbeit wieder auf. Kümmerte sich um Anbau, Ernte und Verkauf. Die Nachbarn hatten Mitleid und halfen. »Die ist durchgebrannt«, hieß es damals. Das bekam ich erst später mit. Als ich längst erwachsen war und mit Freunden über ihre Erinnerungen aus dieser Zeit sprach. Man hatte meine Mutter nie akzeptiert, sie war zu anders gewesen, mit ihrer Kleidung, ihrer Raucherei, der lauten Musik. »Kein Wunder, sie kommt ja aus Berlin.« Als hätte das alles erklärt.

Um mich kümmerte sich mein Vater jetzt noch viel mehr als früher. Er nahm mich regelmäßig mit in den Weinberg, zu Gesprächen mit Kunden, zeigte und erklärte mir alles zum tausendsten Mal. Es lenkte mich ein wenig vom Verlust meiner Mutter ab. Und vielleicht hätte sich alles wieder eingerenkt. Wenn meine Mutter einfach verschwunden geblieben wäre.

Während ich nach Dettelbach übersetze und dann wieder zurück und das Ganze noch einmal, hilft kein Zählen mehr. Denn meine Gedanken rasen nicht mehr unkontrolliert durch die Tunnel in meinem Kopf. Jetzt haben sie ein Ziel. Ich richte meinen Blick hinüber auf die Hänge, und zum ersten Mal versuche ich nicht, die Gefühle und Bilder zu verdrängen. Endlich kenne ich den Ursprung meines Verlusts. Endlich weiß ich, wer schuld ist, dass ich alles verloren habe.

Ein gutes Jahr später wurde die Leiche meiner Mutter aus einem Wehr gefischt. Wieder musste mein Vater zur Polizei, und diesmal dauerte es länger. Viel, viel länger.

Es gab einen langwierigen Prozess, an dessen Ende er freigesprochen wurde, weil seine Schuld nicht als erwiesen galt. Doch das half nicht. Jemand hatte meiner Mutter den Kopf eingeschlagen, sie war nicht fortgelaufen. Und Gerichtsurteil hin oder her, für die Leute war er schuldig. Alle, die vorher Mitleid mit ihm gehabt hatten, drehten ihm jetzt den Rücken zu. Mit einem Mörder wollte keiner was zu tun haben.

Zuerst verkaufte er den einen, dann den nächsten Hang. Er wurde immer stiller, nahm mich nicht mehr mit. Er kämpfte wohl dagegen an, doch es lag nicht in seiner Hand, kein Fleiß und kein Geschick konnten ihn retten. Schließlich musste er auch den Hof verkaufen, und wir zogen in eine Wohnung nach Kitzingen. Er nahm verschiedene Stellen an, wir waren nicht reich, aber es genügte immer für alles. Wir lebten nebeneinanderher, ließen uns vor allem in Ruhe. Erst als ich in die Pubertät kam und die Musik meiner Mutter für mich wiederentdeckte, hatten wir heftige Auseinandersetzungen. »Mach den Mist aus«, schrie er, wenn ich Deep Purple oder Led Zeppelin auflegte. Den schlimmsten Krach hatten wir, als ich zu einem Stones-Konzert wollte. Er flippte fast aus. Ich fuhr natürlich trotzdem, und er sprach eine Woche lang nicht mit mir. Mit achtzehn zog ich aus. Erst nachdem ich mein Studium abgeschlossen hatte und wieder hier lebte, redeten wir wieder miteinander.

Natürlich ist es zu spät. Nichts kann mir wiedergeben, was ich verloren habe, diesen wichtigsten Teil meines Lebens. Er steht mit seinen Begleitern am Ufer, als ich anlege, bereit für die Rückfahrt, bereit, in wenigen Minuten durch die

Dettelbacher Gassen zu streifen und einen oder zwei Schoppen zu trinken, vielleicht gekeltert aus Trauben von den Hängen, die einmal mir gehört haben. Ich muss schlucken, und es schmeckt bitterer als Galle. Ich weiß, was ich zu tun habe. Ein kleiner Zweifel meldet sich. Ein leises Klopfen in meinem Hinterkopf. Bin ich mir sicher? Nur weil er ein akzentfreies amerikanisches Englisch spricht und eine Frau erwähnt hat, die Angela hieß und die nicht mehr hier ist? Ich bin mir sicher. Genauso sicher bin ich mir, dass nichts, was ich tue oder was er sagt, mich wieder heil machen wird. Und doch schreit es in mir nach Gerechtigkeit. Nach Rache. Ich winke ab, als er die Fahrt bezahlen will, und starre an ihm vorbei. Ich habe Angst, dass meine Augen mich verraten. Es kommen noch einige Passagiere an Bord, von denen ich auch kein Geld nehme. Es sind Kinder darunter, aber das kann ich nicht ändern. Ich lege ab, und als ich die Mitte des Flusses erreicht habe, stelle ich den Motor ab.

Hatte ich es verdrängt? Mir die Erinnerung an wenigstens ein paar wenige glückliche Jahre erhalten wollen? Erst als ich dem Polizisten erzählte, dass seit dem Verschwinden meiner Mutter und dessen Folgen im Leben meines Vaters nichts Bedeutendes mehr geschehen war, als ich meine Kindheit in Worte fasste und versuchte, den Beamten diese heile Welt und die glücklichen Menschen darin nahezubringen, hob sich ein Schleier. Und während ich den Plattenspieler vor mir sah, auf dem sich eine Single drehte, hörte ich Mick Jaggers raue Stimme »Angie« flüstern. Aber ich hörte auch meinen Vater, der verlangte, sie solle endlich den Krach ausmachen. Und ich hörte ihre pampige Antwort und all die Worte und Widerworte, die darauf folgten, immer lauter, bis sie Mick Jagger übertönten. Und ich erinnerte mich, dass sie ihn nie wirklich zu einem Disco-besuch in der amerikanischen Kaserne überredet hatte. Sie hatte einfach darauf bestanden hinzugehen, und er hatte nachgegeben oder hatte sie wütend ziehen lassen.

Während ich erzählt hatte, war einer der Polizisten ein Stück zur Seite gegangen und hatte telefoniert. Nun kam er wieder. »Ihr Vater wurde damals beschuldigt, seine Frau ermordet zu haben.«

Ich zuckte mit den Schultern. »Das habe ich Ihnen doch gesagt. Aber er wurde freigesprochen. Mein Vater ist bestimmt kein Mörder. Er könnte keiner Fliege etwas zuleide tun.«

Der Polizist hob die Augenbrauen. »Von den Nachbarn war damals etwas anderes zu hören. Es soll häufig Streit gegeben haben. Und er wurde nicht für unschuldig befunden, es gab nur einfach nicht genügend Beweise.«

»Also war er unschuldig«, fauchte ich.

Doch etwas in mir war aus dem Gleichgewicht geraten. Eine Gewissheit, mit der ich aufgewachsen war, hatte sich aus der Verankerung gelöst.

Sie hatten sich an jenem Sommertag gestritten. Heftiger als jemals zuvor. Schon am Morgen hatte es angefangen. »Du gehst nicht«, war das Erste, was ich hörte, als ich wach wurde und in die Küche hinuntertapste.

Meine Mutter stand am Herd und hantierte mit dem Tee-kessel. Mein Vater stand mit dem Rücken zu mir. »Es ist Weinfest. Ich brauche dich.«

Meine Mutter sagte nichts, warf nur trotzig ihr langes Haar über die Schulter. Er ging zu ihr und packte sie am Oberarm. »Diesmal nicht«, schrie er. »Dieses Mal werde ich dich hier festbinden, wenn es sein muss. Glaubst du, ich weiß nicht, dass du dich mit jemandem triffst? Dieses dämliche Lied, das du jeden Tag fünfzigmal hörst. Hat er dir die Platte geschenkt?«

Er schüttelte sie, bis sie sich losriss.

»Die Leute haben recht. Du bist ein Amiflittchen.« Er stieß sie von sich. »Dann hau doch ab. Aber komm nicht wieder.«

Dann war er aus der Küche gestürmt.

Und auf einmal schien es, als hätte jemand das Fenster zu meiner Kindheit sauber gewischt. Glasklar sah ich alles vor mir.

Der Tag verging wie im Flug. Ich wuselte durch die Gegend, half beim Vorbereiten des Weinfestes, tollte durchs Haus, voller Aufregung über dieses so wichtige Ereignis. Und da war auch meine Mutter, die an diesem Tag eine Zigarette nach der anderen rauchte, nervös war. Die sich am späten Nachmittag mit einer großen Tasche über der Schulter zu mir herunterbeugte und mich fest umarmte. »Ich hab dich so lieb«, sagte sie. Ich wollte mich ungeduldig losmachen. Doch sie hielt mich fest. »Weißt du noch, was ich dir über Amerika erzählt habe? Wie schön es da ist?« Ich nickte, damit sie nur endlich losließ und ich wieder hinauskonnte, um ja nichts zu verpassen. »Ich habe dich sehr lieb«, wiederholte sie. »Das darfst du nie vergessen, und bald werden wir zusammen in Amerika leben.« Dann hob sie den Kopf und ließ mich endlich los. In der Tür stand mein Vater.

»Du kannst leben, wo du willst«, sagte er mit einer Stimme, die ich noch nie von ihm gehört habe. »Aber du lässt Martin und mich in Frieden.« Er streckte die Hand nach mir aus, und ich folgte ihm willig nach draußen.

Inzwischen hatte sich die Nachricht vom Drama an und auf der Fähre im ganzen Ort verbreitet, und die Weinfestbesucher hatten sich auf den Weg gemacht. In Grüppchen standen sie hinter der Absperrung, die Weingläser noch in der Hand, und kommentierten das Geschehen. Die Polizisten ließen von mir ab, und ich war allein mit meinen Gedanken. An mir nagte die Frage, ob ich seit Jahrzehnten eine geschönte Erinnerung an meine Kindheit kultiviert hatte.

Der Polizist kam wieder. »Würde Ihr Vater Ihnen etwas tun?«, fragte er.

Ich schüttelte entschieden den Kopf. »Mein Vater würde niemandem etwas tun, das habe ich doch schon gesagt.« Sobald ich die Worte gesprochen hatte, begann ich an ihnen zu zweifeln.

Sie setzten mich in ein Schlauchboot mit Außenbordmotor, und ich legte ab. Rechts von mir floss der Main in Richtung Kitzingen, vorbei an den Hängen, von denen einige hätten mir gehören sollen. Darauf hatte mein Vater täglich geblickt, während er von rechts nach links und dann wieder von links nach rechts getuckert war. Ich fuhr die wenigen Meter auf die Fähre zu und fragte mich zum ersten Mal in meinem Leben, warum ich nie Einsicht in die Gerichtsprotokolle genommen hatte. Warum ich mich nie gefragt hatte, warum die Polizei einen glücklich verheirateten Familienvater so lange in die Mangel genommen und sogar vor Gericht gestellt hatte. Zum wirklich ersten Mal in meinem Leben hielt ich es für möglich, dass mein Vater meine Mutter umgebracht hatte. Ich hatte keine Ahnung, was meine freigelegten Erinnerungen mit den Ereignissen auf der Fähre zu tun hatten. Doch irgendeine Verbindung musste es geben. Denn außer den Ereignissen um das Verschwinden meiner Mutter hatte es im Leben meines Vaters nichts gegeben, das ihn auch nur ansatzweise emotional beansprucht hätte.

Mit diesen Fragen im Kopf erreichte ich die Fähre.

Du legst mit dem Schlauchboot an. Vielleicht wirst du mich verstehen. Vielleicht auch nicht. Ich will niemandem etwas Böses, das wollte ich noch nie. Bei der Mutter und ihren Kindern habe ich mich entschuldigt, die Erwachsenen wissen auch, dass sie nie in Gefahr waren. Ich werde sie jetzt alle aussteigen lassen. Alle, bis auf einen.

Ich wollte immer nur meine Weinberge und meinen Wein. Ich war Winzer. Vielleicht war ich ein paarmal etwas grob zu ihr. Aber ich habe sie ziehen lassen. Ich wollte nur meinen Frieden, mein Land, meine Arbeit und meinen Sohn. Aber sie wollte etwas anderes. Sie wollte Aufregung, Musik, Abenteuer. Ich habe sie nicht gezwungen zu bleiben. Ich kannte den Mann nicht einmal, der ihr ein neues Leben nach ihrem Geschmack versprochen hatte. Es interessierte mich auch nicht, was zwischen den beiden war.

Und dann ist er nach all den Jahren hierher zurückgekommen und hat sich verraten. Dafür wird er nun bezahlen, egal, was er sagt. Ein Unfall, hat er beteuert. Er war Soldat, weit weg von zu Hause. Er wollte ein bisschen Spaß, und sie wollte vor mir, vor der Provinz, vor der Langeweile gerettet werden. Alkohol, Streit, ein Stoß, ein Stein. Es war eine Sache zwischen den beiden, verstehst du? Sie hätte zu ihm auf das Army-Gelände ziehen oder mit ihm zurück nach Amerika gehen können. Es ging mich nichts an, ich stand ihr nicht im Weg. Aber ich habe dafür gebüßt. Mit allem, was ich hatte und woran mein Herz hing. Dass er sie umgebracht hat, ist mir gleichgültig. Es war ihre Entscheidung, sich mit ihm einzulassen. Aber warum musste ich da mit hineingezogen werden? Er hat mir mein Leben genommen und wird nun seines dafür hergeben. Und ich bin froh, dass es hier auf dem Fluss geschehen wird. Ich werde ihm die Kehle durchschneiden, eine andere Waffe als ein Messer habe ich nicht.

Es widerstrebt mir, meine Hände um seinen Hals zu legen, ihn anzufassen. Sein Blut wird auf die Planken der Fähre fließen und in den Fluss. Aber kein Tropfen davon wird in die Erde sickern. Das ist ein tröstlicher Gedanke.

Ich legte an der Fähre an. »Sie sollen nicht an Bord kommen«, sagte die blonde Frau, als sie ihren zwei Kindern half, über die Reling zu klettern und mit meiner Hilfe ins Schlauchboot zu hüpfen. Sie selbst kam als Nächste. Gleich nachdem sie sicheren Halt gefunden hatte, drückte sie mir ein Bündel loser, krakelig beschriebener Blätter in die Hand. »Das soll ich Ihnen geben.«

Ihr folgten alle anderen, bis das Boot so tief lag, dass ich froh war, nur wenige Meter vom Ufer entfernt zu sein. Ich blickte nach oben und sah den Kopf meines Vaters im Führerhaus. Vor ihm stand Jonathan Hines, und mein Vater hielt ein Messer an seinen Hals.

Verwirrt legte ich ab und brachte das Schlauchboot zurück ans Ufer, wo die Passagiere von Polizisten und Angehörigen in Empfang genommen wurden. Ich stieg aus dem Schlauchboot, noch immer benommen von der Erkenntnis, dass ich in einer einzigen großen Lügenblase gelebt hatte. Meine Erinnerung hatte mich betrogen, sich versteckt und dadurch das wahre Bild verborgen. Ich tastete nach den Papieren, die ich mir hinten in den Bund meiner Hose geschoben hatte. Welche Rechtfertigungen er wohl für sein Verhalten gefunden hatte?

Da ging ein Raunen durch die Menge, und ich wandte mich wieder der Fähre zu. Mein Vater drängte Jonathan aus dem Führerhaus. Seine Hand mit dem Messer verharrte wie festgewachsen am Hals des Mannes. Er schob ihn zur Reling und deutete mit der anderen Hand den Main hinunter,

als wolle er ihm die Schönheiten der fränkischen Weinland-
schaft zeigen. Dann ließ er den Arm wieder sinken. Nur wenige Sekunden später blickte er zum Ufer herüber, vielleicht
suchte er mich. Ich hob zögernd die Hand. Er wandte den
Kopf ab, und seine Hand fuhr blitzschnell mit dem Messer
über die Kehle des Amerikaners.

Ein einzelner Schuss explodierte in der Luft, und das
ganze Maintal hielt den Atem an. So erschien es mir zumindest für den Bruchteil einer Sekunde. Dann atmeten alle erleichtert aus. Bis auf mich.

Johannes Wilkes

Escherndorfer Lumpen

»Fährmann, hol über!«

Ein böiger Südwest peitschte das Wasser auf und trieb die Wellen gegen die Strömung, sodass es aussah, als eile der Main zurück Richtung Quelle. Mütze und Karl-Dieter waren aus ihrem Manta geklettert und trotzten dem Sturm. Schwarz war es über den Weinbergen aufgezogen, bald würde es regnen. Von der Escherndorfer Mainseite kämpfte sich die kleine Fähre tapfer heran, und doch, wären nicht die Stahlseile gewesen, wie eine Nussschale hätte es sie mitgerissen.

Dem faltigen Fährmann schien das Wetter nichts auszumachen. Routiniert brachte er seine schwimmende Brücke ans Nordheimer Ufer und schob das Eisenblech scheppernd auf die Straße. Mit marodem Gebiss grinste er die beiden Freunde an, die rasch in ihr Auto stiegen, um über den Blechboden auf die schwankende Fähre zu rollen. Am Horizont jagte ein erster Blitz über den Abendhimmel. »Das Wochenende fängt ja gut an«, grummelte Mütze in sich hinein. Am liebsten wäre der Kommissar daheim in Erlangen geblieben, aber was sollte er machen? Versprochen war versprochen. Weil Karl-Dieter seinem Freund, dem Kommissar, unter Einsatz seines Lebens geholfen hatte, den Fall Rückert zu lösen, hatte Mütze ihm unvorsichtigerweise ein Wunschwochenende geschenkt, und Karl-Dieters Wahl war auf Escherndorf und das Seminar »Die Geheimnisse der Möhre« gefallen. Was könne es Schöneres geben, als mit netten Menschen zusammen zu kochen?

Nicht nur das Main-Wochenende, auch die Überfahrt war Karl-Dieters Idee gewesen. »Wo gibt es denn noch Fähren?«, hatte er mit leuchtenden Augen geseufzt. Karl-Dieter war und blieb ein hoffnungsloser Romantiker, dachte Mütze. Ihm selbst fehlte der Sinn für derlei Sentimentalitäten, knallharter Ermittler der alten Schule eben. Wozu Fähren, wenn es Brücken gab? Mit der Fähre spare man sich einen Umweg von zehn Kilometern, hatte Karl-Dieter rasch hinzugefügt. Das überzeugte Mütze schon eher.

Hinter ihrem Manta klapperte noch ein schwarzer BMW auf das Deck, sonst stieg niemand zu. Wer machte bei einem solchen Wetter auch freiwillig einen Ausflug? Seit Tagen hatte eine drückende Schwüle über dem Land gelegen, vielleicht würde das Gewitter etwas Abkühlung bringen. Erneut zackte ein Blitz aus den schwarzen Wolkentürmen, für einen Sekundenbruchteil flammten die Weinberge Escherndorfs gelbgrün auf. Lachend legte der Alte ab und klemmte sich einen kalten Zigarrenstumpen zwischen die letzten Zähne, während ein dumpfes Donnern durch das Maintal rollte und sein schwarzer Staubmantel im Wind zu knattern begann.

»Charon leibhaftig«, entfuhr es Karl-Dieter.

»Charon?«

»Der Fährmann über den Styx, der die Toten zum Hades bringt.«

»Prost Mahlzeit!«

Auf Karl-Dieters Drängen stiegen sie aus dem Wagen, sogleich riss der Sturm an ihren Kleidern, noch aber wollte kein Tropfen fallen. Schnell ein Selfie geschossen! Karl-Dieter zückte sein Handy, und Mütze zwang sich zu einem Lächeln. Auch der Mann aus dem BMW war ausgestiegen, einen schwarzen Aktenkoffer in der Hand, und blickte unverwandt nach Escherndorf hinüber, das sich rasch näherte. Der Alte trat mit seiner Bauchtasche zu ihm, wohl, um den Fährpreis zu kassieren. Als der Fahrgast seinen Aktenkoffer abstellte, um sein Portemonnaie hervorzuziehen, blickte ihm der Alte scharf ins Gesicht und bellte lachend gegen den Wind: »Kenn ich dich nicht? Du bist doch ein echter Lump, nicht wahr?« Ohne auf eine Antwort zu warten, schwankte er weiter zu Mütze und Karl-Dieter, kassierte und begann, die Fahrt zu drosseln. Trotz des Unwetters legte er auf erstaunlich sanfte Weise an.

»Er ist es doch nicht«, flüsterte Karl-Dieter.

»Wer?«

»Na, Charon aus der Unterwelt.«

»Was macht dich da so sicher?«

»Er hätte das Fahrgeld unter unserer Zunge gesucht.«

Karl-Dieter war ein Mann von Bildung. Mütze staunte stets aufs Neue darüber, dabei kannten sie sich schon über zwanzig Jahre. Aber Geld unter der Zunge, was sollte denn dieser Blödsinn?

»So bestatteten die Griechen ihre Toten.«

»Immer schön gleichmäßig von oben nach unten schälen!«

Mütze griff in den Korb und versuchte es mit einer neuen Möhre. Wenn es wenigstens die klassischen Aldi-Karotten gewesen wären, aber die Dinger hier waren krumm und verwachsen und dazu noch von hässlicher Farbe, die einen fleckig violett, fast schwarz, andere blass wie ein Leichentuch. Früchte mit Charakter, hatte Käpt'n Cook gemeint.

Käpt'n Cook hieß eigentlich Herbert (»Wir können uns doch alle duzen?«) und war Küchenchef des *Mainschiffchens*, so hieß das Restaurant und auch das Hotel, in dem sie abgestiegen waren, Mütze und Karl-Dieter und drei weitere Paare, die sich alle noch nicht kannten. Das *Mainschiffchen* zu finden war nicht schwer gewesen. Escherndorf bestand nur aus zwei parallelen Straßen und ein paar Straßenstummeln. Mehr Platz gestatteten die steilen Weinberge nicht, nur einen schmalen Uferstreifen ließen sie den Menschen. Eingeklemmt zwischen Main und Rebhügeln erstreckte sich der berühmte Weinort. Die größere der beiden Parallelstraßen war die Bocksbeutelstraße, sie hieß zu Karl-Dieters Vergnügen tatsächlich so. Rechts ging's nach Volkach, zu dem Escherndorf gehörte, links nach Schwarzach und weiter nach Kitzingen und auch zum *Mainschiffchen*, das am Rande von Escherndorf lag. Käpt'n Cook, von dem es hieß, er habe sich schon etliche Sterne erkocht, jeden aber ausgeschlagen, bot an ausgewählten Wochenenden kulinarische Seminare an.

»Schon viel besser! Aber nicht zu viel runtersäbeln, ein schmaler Streifen reicht. Sind ja alles beste Biomöhren!«

Mützes Motivation war begrenzt, Karl-Dieter aber war mit Feuereifer dabei. Auf Anhieb verstand er sich mit Brigitte und Frank, dem Bankerpaar aus Frankfurt, das neben ihnen an der modernen Arbeitsplatte werkelte. Alles blitzte in dem gleißend hell ausgeleuchteten Raum. Wie in einem Labor, dachte Mütze. Eine solche Hightech-Küche hätte man hier von außen nicht vermutet, war das *Mainschiffchen* doch eines der historischen Fachwerkhäuser, wie man sie in vielen Mainstädtchen noch antreffen konnte. Mütze hatte sich wie immer schlicht als Beamter vorgestellt, unnötige Nachfragen waren ihm zuwider. Die Menschen konnten so neugierig sein, besonders, wenn es um Morde ging.

Außer Brigitte und Frank waren noch Tina und Jens aus Hamburg mit dabei und Gerrit und Marc aus Bayreuth, die das Wochenende zur Hochzeit geschenkt bekommen hatten, die Küken der Gruppe. Käpt'n Cook ging von Paar zu Paar, schaute seinen Eleven über die Schulter, lobte selten

und tadelte viel. Als alle Möhren geschält waren, bat er die
»Crew«, wie er seine Schüler nannte, »zu einer kleinen
Demonstration« näher zu treten. Auf ein dickes Holzbrett
legte er drei unschuldige Möhren dicht an dicht. Dann zog
er aus einem Granitblock zwei lange Messer, strich sie wie
Säbel gegeneinander, hob sie über den Kopf und ließ sie in
schnellstem Stakkato niedersausen. Im Nu waren die Ka-
rotten in feinste Scheiben zerlegt, ohne dass auch nur ein
Möhrenstückchen davongesprungen wäre. »Nicht zum
Nachmachen empfohlen«, lachte Käpt'n Cook selbstzufrie-
den. Alle waren beeindruckt und spendeten den erwarteten
Beifall. Der Mann war ein Profi, das stand fest.

Das Gewitter hatte sich verzogen, und am Abendhimmel
blinkten die ersten Sterne, als Mütze durch das Dorf spa-
zierte. Karl-Dieter hatte ihn ungern ziehen lassen, aber
Mütze musste sich etwas Bewegung verschaffen. Zu viele
Küchendünste waren nichts für den Kommissar. Die Möh-
rensuppe würden sie auch ohne ihn hinbekommen. In einer
halben Stunde sollte serviert werden, dann würde er wieder
zurück sein, großes Indianerehrenwort!
Viel Regen war nicht gefallen. Der Asphalt dampfte, und
auch in den Höfen und Gärten der Winzer stiegen feuchte Schwaden auf. Es war noch schwüler als zuvor. Aus den
Fenstern der Weinlokale leuchtete heimelig das Licht, drinnen schien es lustig zuzugehen. Irgendwo spielte jemand
Schifferklavier, und man hörte Gesang. Auf dem dunklen
Kirchplatz saßen vier junge Männer vor einer monumen-
talen Kreuzigungsgruppe, jeder mit einem Smartphone
in der Hand. Auf ihren Gesichtern lag ein südländischer
Glanz, Flüchtlinge womöglich, die es an den Main ver-
schlagen hatte. Mütze bog in die Stichstraße ein, die zum

Fluss hinunterführte. Die Fähre lag vertäut am Ufer, es sah nicht so aus, als ob sie heute noch einmal ablegen würde. Die dunklen Wellen des Mains flossen wieder in die richtige Richtung, in den Wassern spiegelten sich die Lichter von Nordheim, dessen Weinberge sich weniger spektakulär gegen den Abendhimmel abzeichneten als die von Escherndorf. Mütze wollte gerade umkehren, als er eine schwache Bewegung auf der Fähre bemerkte. Im Schatten der kleinen Kajüte schien jemand gebückt in einem Kasten zu kramen. Charon, der Fährmann, dachte Mütze, ob er sein Boot nie verlässt?

Er blickte auf seine Uhr. Es war höchste Zeit. Im *Mainschiffchen* würde jetzt schon die Suppe serviert werden. Mütze beschleunigte seine Schritte. Schließlich war es Karl-Dieters Wochenende, da wollte er keinen Ehestreit riskieren. Als Mütze das hübsch angestrahlte Fachwerkhaus erreichte, fiel ihm eines der parkenden Autos auf. Das war doch der schwarze BMW, der mit ihnen auf der Fähre gewesen war? Das musste er sein, wer sonst fuhr hier schon mit einem Dresdener Kennzeichen durch die Gegend? Mütze blickte zu dem stattlichen Gasthaus empor. Im oberen Stockwerk schienen sich zwei zu streiten, Männerstimmen waren zu hören. Genaues war nicht zu verstehen, nur so viel, dass man höchst unzivilisiert miteinander umging. Nie hatten Karl-Dieter und er sich jemals so gezofft, dachte Mütze. Er öffnete die Wirtshaustür und trat ein.

Es sollte ein lustiger Abend werden. Zum Glück hatten sie nicht alle Gänge selbst kochen müssen, nur die Vorspeise. Alles andere steuerte Käpt'n Cook bei. Er lobte die orientalische Karottensuppe seiner Crew sehr und schenkte jedem eigenhändig als Aperitif ein Glas Rieslingsekt ein.

»Sekt und Weine, alles aus hauseigener Produktion, wir beginnen mit einem *Lustigen Lump*, Regenfuß extra dry!«

Regenfuß hieß der Winzer, dem auch das *Mainschiffchen* gehörte. Ganz Escherndorf schien aus Winzerfamilien und Wirten zu bestehen, ähnlich wie Nordheim, der Rivale von der anderen Mainseite. Man erfuhr, dass Escherndorf drei Lagen besaß: den *Berg*, den *Fürstenberg* und als Krönung den *Lump*.

»Auf die Kochkunst!«, rief Käpt'n Cook.

»Auf die Kochkunst!«, rief die Crew.

Während im Wirtshaus fröhlich getafelt wurde, flammte unten im Weinkeller eine Taschenlampe auf. Die Gewölbe waren uralt, seit Generationen schien überdies niemand mehr die Wände getüncht zu haben. Im vorderen Bereich standen hohe Weinregale, gefolgt von einer Parade moderner Stahlfässer. Weiter hinten aber, am Ende des geräumigen Kellers, waren drei Eichenholzfässer gelagert. Dorthin wanderte der Schein der Taschenlampe. Das letzte Eichenholzfass unterschied sich von den beiden anderen. Es wirkte schlanker, war nicht rund, sondern oval. Der Schein der Taschenlampe stoppte. Unter das Spundloch wurde ein dicker Krug geschoben und der Hahn vorsichtig geöffnet. Schwarz rann es in den Krug hinein, bis es knapp unter den Rand schwappte. Nun wurde am Nachbarfass ein kleiner runder Deckel geöffnet, der Krug vorsichtig angehoben und sein Inhalt langsam in das Fass gegossen, wobei ein dunkles Blubbern ertönte, das hohl im Gewölbe widerhallte. Als der Weinkrug bis zum letzten Tropfen geleert war, wurde der Deckel wieder verschlossen, und der Schein der Taschenlampe wanderte in leichtem Zickzack zurück, der Treppe zu.

Zum Hauptgang gab es butterweichen Braten vom Iphöfer Eichelschwein, zur Nachspeise wurde zu Karl-Dieters Vergnügen dunkle Mousse mit hausgemachtem Quittengelee aus Weinbergfrüchten angekündigt. Früher hätten die Winzer neben den Trauben noch viele andere Früchte angebaut, habe eine Streuobstwiese jeden Hof gesäumt, wusste Käpt'n Cook zu berichten. Als die Mousse serviert wurde, machte er ein geheimnisvolles Gesicht und kündigte nun einen besonderen Hochgenuss an, einen Wein der absoluten Extraklasse, serviert vom Winzer höchstpersönlich. Auf sein Zeichen betrat ein hagerer, wettergegerbter Mann mit kurzen, grauen Haaren das Nebenzimmer, in dem die Hobbyköche saßen, Willi Regenfuß, der Chef des Hauses. In seiner Hand hielt der schweigsame Mann eine dunkle Flasche Rotwein, die er wortlos entkorkte, um jedem Gast einen kleinen Schluck in ein bauchiges Glas zu gießen.

»Dieser Wein muss mit Andacht getrunken werden«, sagte Käpt'n Cook, »es handelt sich schließlich um einen Weltmeister!«

Mit dem Wein war es Regenfuß gelungen, zu den Topwinzern von Escherndorf aufzusteigen. Jahrzehntelang hatten die Sauers und Fröhlichs alle Trophäen abgeräumt, zum Verdruss von Regenfuß, dem zwar auch Teile des *Lump* gehörten, nicht aber die absoluten Spitzenlagen, welche die Sonnenstrahlen wie in einem Hohlspiegel bündelten. Bei seinen langen Experimenten hatte Regenfuß trotzig auf rote Trauben gesetzt und zuletzt tatsächlich einen Tropfen ausgebaut, von dem alle Weinexperten schwärmten.

»Eine zweite Domina von dieser Qualität findet ihr in Deutschland nicht!«, sagte Käpt'n Cook. »Dieser Rote besitzt nicht nur Kraft und Feuer, er verfügt vor allem über einen unglaublich intensiven Körper.«

Alle schnupperten an ihren Gläsern und nahmen dann behutsam, ja geradezu feierlich einen Schluck von der Köstlichkeit. Lange ließen sie den Wein genießend im Mund verweilen, mancher kaute nach dem Vorbild von Käpt'n Cook sogar auf ihm herum. Selbst Mütze, der alte Biertrinker, war verblüfft. Dass ein Wein ein solches Aroma entwickeln konnte! Unwillkürlich mussten sie alle bei diesem seltenen Genuss die Augen schließen, deshalb bemerkte keiner das faltige Gesicht, das für einen kurzen Moment hinter der Fensterscheibe auftauchte. Charon, der Fährmann.

Es musste in den allerfrühsten Morgenstunden gewesen sein, vielleicht gegen halb drei, als Karl-Dieter plötzlich erwachte. Hatte er schlecht geträumt – oder was war das eben gewesen? Es war ihm, als hätte er torkelnde Schritte gehört, dazu ein Röcheln und zuletzt einen dumpfen Schlag. Mühsam erhob er sich. Mütze schlief tief und fest wie immer. Karl-Dieter hielt den Atem an und lauschte in die Nacht. Vielleicht hatte er sich getäuscht, jetzt war es wieder totenstill. Karl-Dieter wollte sich zurück in die Kissen fallen lassen, da erklang das Röcheln wieder, ja, unheimlicher noch als zuvor. Kein Zweifel, da war jemand in höchster Not! Die Geräusche schienen vom Flur zu kommen. Mit beiden Händen schüttelte Karl-Dieter seinen Freund Mütze, der brummend erwachte.

»Mensch, Karl-Dieter, was soll denn das?«

»Hörst du das nicht?«

»Was denn?«

»Still!«

Beide lauschten in die Dunkelheit hinein. Nichts war zu hören.

»Wird ein Igel gewesen sein«, gähnte Mütze und wollte sich wieder zur Seite drehen, als es vom Flur her erneut zu röcheln begann, leiser zwar, dafür jedoch gefolgt von einem blubbernden Stöhnen.

Mit einem Satz war Mütze aus dem Bett und draußen auf dem Flur. Im Licht der aufflammenden Deckenlampen glänzte eine blutige Spur, hässliche Pfützen und Spritzer überall, die ganze Diele entlang. Am Ende der Blutspur, nahe der Treppe, lag ein Mann auf dem Boden. Aus einer klaffenden Halswunde entsprang noch ein schwacher roter Strahl, wie aus einem versiegenden Brunnen. Mit starren Augen blickte das Opfer Mütze an. Das Einzige, was der Mann noch bewegen konnte, waren seine Lippen. Sie schienen Worte formen zu wollen, aber nur ein letztes Röcheln entfuhr dem blassen Munde noch. Mütze kniete sich rasch nieder und versuchte, mit der nackten Hand die Blutung zu stillen, zugleich legte er sein Ohr dicht an den Mund des Sterbenden. Der Mann tat einen rasselnden Atemzug, dann entwich ihm der letzte Odem. Exitus.

»Der BMW-Fahrer«, sagte Mütze und sah zu Karl-Dieter empor, der vorsichtig näher getreten war.

»Hat er noch was sagen können?«, fragte Karl-Dieter erschüttert.

Mütze schüttelte den Kopf. »Ich meine, etwas wie *Christoph* verstanden zu haben, aber ich kann mich täuschen.«

Darauf sprang der Kommissar blitzartig auf und spurtete den Flur zurück, wobei er sich bemühte, nicht in die Pfützen zu treten. Die Blutspur führte zum letzten Zimmer des Ganges, zum Zimmer Nummer 8, dessen Tür offen stand. Eine riesige Blutlache hatte das Bett durchtränkt, die Schubladen des Nachttisches waren aufgerissen, und auch der Kleiderschrank schien eilig durchwühlt worden zu sein. Das Fenster war sperrangelweit geöffnet, die dünnen Gardinen wehten leise im Abendwind. Mütze lehnte sich hinaus. Unmittelbar unter dem Fenster befand sich ein flacher Vorbau, vielleicht die Garagen. Mütze sprang in die Nacht, unter ihm knirschte der Kies. Vom Ende des Vorbaus sah Mütze auf den Hotelparkplatz, alles lag in vollkommener Stille. Auch von der nahen Bocksbeutelstraße war kein Autogeräusch zu hören. Am Blitzableiter hätte jeder einigermaßen fitte Mensch auf den Anbau klettern können. Ob der Täter diesen Weg genommen hatte oder ob er durch die Zimmertür gekommen war? War die Tür nicht von innen verriegelt gewesen, hätte jeder eintreten können, indem er die Klinke drückte. Mütze hangelte sich den Blitzableiter hinab und lief über den Parkplatz, wo er sich hektisch umsah. Nichts. Grabesstille. Zwecklos hier draußen, der Täter musste längst entkommen sein.

Willi Regenfuß nahm die Nachricht regungslos entgegen. Freilich kenne er den Toten, es sei sein Bruder Hans. Er sei gestern erst angereist, sehr überraschend, nachdem ihm plötzlich eingefallen sei, dass er noch mal nach ihrem alten Vater sehen könnte.

»Ihr Bruder lebte in Dresden?«

»Woher wissen Sie das?« Der Winzer wirkte überrascht.

»Der schwarze BMW, ist das seiner?«

Willi Regenfuß nickte.

»Wie war Ihr Verhältnis?«

»Normal.«

»Normal gut?«

»Normal.«

»Haben Sie sich gestern gestritten?«

»Wie kommen Sie denn darauf?

»Haben Sie sich gestritten?«

»Nein.«

»Herr Regenfuß, wo waren Sie in der Nacht?«

»Hören Sie, Sie glauben doch nicht …«

»Ich glaube gar nichts, also, wo waren Sie?«

»Im Bett.«

»Allein?«

»Allein.«

Natürlich musste Mütze die Ermittlungen übernehmen. Karl-Dieter war das völlig klar, und doch ging es ihm gegen den Strich. Mann, dieses Wochenende gehörte doch ihnen! Ihnen ganz allein! Und nun musste Mütze wieder Kommissar spielen. Aber jeder Widerstand war hier zwecklos, das sah Karl-Dieter seufzend ein.

Überraschend hatte die Crew entschieden, das Kochseminar fortzusetzen, nur Gerrit, das Küken aus Bayreuth, war durch den Wind und wollte heim, konnte jedoch von ihrem jungen Mann überredet werden zu bleiben. Auch Käpt'n Cook sah keinen Grund für einen Abbruch. Karl-Dieter war verwundert über so viel Kaltschnäuzigkeit. Am Morgen bereits waren alle Spuren wieder beseitigt gewesen, nur das Zimmer 8 hatte die Spusi versiegelt.

Niemand. Niemand gab an, etwas bemerkt zu haben. Keiner der Gäste und auch niemand vom Personal, das ebenfalls im Hause nächtigte. Alle schienen fest geschlafen zu haben, benebelt vielleicht auch von den köstlichen Weinen, von denen mancher etwas zu viel genossen hatte. Die Sache blieb mysteriös. Ob der Täter tatsächlich über die Garage gekommen war? Oder vielleicht doch durch das Haus über den Flur? Nicht auszuschließen. Uhr und Portemonnaie fehlten, und auch der Aktenkoffer, in dem sich vielleicht ein

Laptop befunden hatte. Alles sah nach einem Raubmord aus. Oder sollte danach aussehen. Von dem verschlossenen Winzer hatte Mütze erfahren, dass sein Bruder als Pathologe an der Dresdener Universität gearbeitet hatte. Nach dem Studium in Würzburg hatte der Mediziner Franken verlassen, über fünfundzwanzig Jahre war das jetzt her, gleich nach der Wende war er in den Osten gegangen. Während Willi Regenfuß Junggeselle geblieben war, hatte sein Bruder Hans geheiratet.

»Können Sie uns seine Heimatadresse geben?«

Mütze hatte sofort seine Dresdner Kollegen informiert. Tatjana Regenfuß war bei der Todesnachricht zusammengebrochen, es dauerte eine Weile gedauert, bis sie wieder sprechen konnte. – Ihr Mann und Feinde? Keinen einzigen! Nach Escherndorf sei er, um seinen kranken Vater noch einmal zu besuchen. Danach habe er nach Würzburg fahren wollen, zu seinem betagten Doktorvater. Habe mit ihm irgendwelche Forschungsergebnisse besprechen wollen, sie kenne sich damit nicht aus. Sie setze sich sofort ins Auto, sie wolle ihren Hans unbedingt noch einmal sehen. Wo er denn sei?

»Ihre Schwägerin kommt«, sagte Mütze und steckte sein Handy ein.

»Tatjana?«, fragte Willi Regenfuß und erbleichte.

»Wundert Sie das?«

»Nein, natürlich nicht«, beeilte sich der Winzer zu sagen.

»Kennen Sie einen Christoph?«, fragte Mütze.

Der Winzer schaute ihn verständnislos an.

»Jemand aus der Verwandtschaft, ein Nachbar, ein Bekannter Ihres Bruders, ganz egal.«

Willi Regenfuß schüttelte den Kopf.

»Wann haben Sie Ihren Bruder das letzte Mal gesehen?«

»Gestern Abend, so gegen acht, bevor ich runter in die Gaststätte bin.«

»Und wo?«

Vater Regenfuß blickte den Kommissar ängstlich an. Klapprig und mit beiden Armen zitternd saß der weißhaarige Greis in einem hohen Lehnstuhl, irgendjemand hatte ihm eine Stoffserviette umgebunden. Etwas von ihm erfahren zu wollen war zwecklos. Der alte Herr wiederholte immer nur monoton die Fragen, die man an ihn richtete. Manchmal ging sein Blick ins Leere, dann verstummte er. Keine Frage, der Arme hatte den Verstand verloren.

»Vor einem halben Jahr hätte er noch mit Ihnen sprechen können, seitdem geht's steil bergab«, sagte Willi Regenfuß und schob seinem Vater das Kissen wieder ordentlich in den Rücken, »lange wird er nicht mehr bei uns im Haus bleiben können.«

»Was wird dann aus dem Betrieb?«

»Alles längst überschrieben.«

»An wen?«

»An mich.«

»Und Ihr Bruder?«

»Wurde stets korrekt am Gewinn beteiligt«, erwiderte der Winzer.

Täuschte sich Mütze oder klang da eine Spur von Verbitterung mit?

Die Spusi war mit der Arbeit fertig. Verdächtige Spuren? Fehlanzeige! Eine Tatwaffe hatte man nicht gefunden und auch sonst nichts Verwertbares. Das einzig Interessante waren Spritzer von Blut auf dem Garagendach. Wie der Täter geflüchtet war, schien festzustehen, nicht aber, wie er ins Zimmer gelangt war. Natürlich hatte man Fingerabdrücke genommen, aber Fingerabdrücke in einem Hotelzimmer waren so zahlreich wie Trauben in einem Weinberg.

»Lasst uns noch zum Wagen gehen«, sagte Mütze.

Den Schlüsselbund hatte der Täter auf dem Nachttisch liegen lassen, auch der Autoschlüssel hing daran, sodass sich der BMW bequem öffnen ließ. Einen gepflegteren Wagen hatte Mütze selten gesehen. Alles glänzte. Kein Zettelchen lag herum, im Handschuhfach nur der Eiskratzer und das Wartungsbuch, kein Kaugummipapier in den Seitentaschen, nicht das kleinste Krümelchen auf den Sitzen.

»Wird keine Kinder haben«, lachte einer der Spusi-Männer.

Nein, von Kindern wusste Mütze nichts. Nur von der Frau, Tatjana, die jetzt auf dem Weg zu ihnen war. Er hatte sie gebeten, sich zu melden, bevor sie einträfe. Sie wollte ja zunächst nach Würzburg zur Rechtsmedizin und dann nach Escherndorf kommen.

»Sollen wir den Wagen mitnehmen?«

Mütze winkte ab. Lohnte nicht. Er kletterte noch mal auf das Garagendach hinauf, was wahrlich keine sportliche Herausforderung war. Jeder hätte den Weg wählen können. Vielleicht war es ein Dieb gewesen, der geglaubt hatte, er könne sich reinschleichen und leichte Beute machen. Sein Opfer war jedoch überraschend aufgewacht, da hatte er schnell sein Messer angesetzt und ratsch ... Und wenn es doch der Bruder gewesen war? War es nicht seine Stimme gewesen, die er hatte streiten hören? Hatten die beiden, die sich ewig nicht gesehen hatten, eine alte Fehde ausgetragen? Ging es um den Vater, ums Erbe? Hatte Willi Regenfuß seinem Bruder die Beteiligung missgönnt? Er musste schließlich die harte Arbeit des Winzers tun und zugleich noch den alten Vater pflegen. Aber war das ein Motiv, seinen Bruder zu töten?

Mützes Blick ging zum Main hinunter, der heute in der schönsten Augustsonne glitzerte. Zwischen den hohen Weiden sah er die Fähre über den Main setzen. Charon! Der Fährmann hatte Hans Regenfuß nach all den Jahren gleich wiedererkannt.

»In der *Traube* weiß man, wer's war«, sagte Charon, ohne seinen Blick vom Nordheimer Ufer zu lassen, auf das er zusteuerte, um eine Gruppe von Radfahrern abzusetzen.

»So? Na, dann verraten Sie's mir doch«, sagte Mütze.

»Schauen Sie mal das Ufer hinunter.«

»Und?«

»Der Campingplatz dahinten.«

»Was ist mit dem?«

»In der Hälfte der Wagen sind Flüchtlinge untergebracht.«

Mütze kniff die Augen zusammen: »Und wer hat gestern Nacht einen Flüchtling am *Mainschiffchen* gesehen?«

»Ich sag nur, was man so redet.«

»Jetzt sag ich Ihnen mal was: Sie haben Hans Regenfuß gestern auf der Fähre gleich erkannt, nicht wahr?«

»Was wollen Sie? Ich bin ein alter Escherndorfer.«

»Warum ist er all die Jahre nicht zu Besuch gewesen?«

»Wird beschäftigt gewesen sein, der Herr Professor.«

»Nächste Frage: Kennen Sie einen Christoph?«

»Ne, gibt's hier nicht, wieso?«

»Wo waren Sie gestern Nacht?

»Wo wohl? Auf meiner Fähre natürlich.«

»Alleine?«

»Ja glauben Sie, in mich verliebt sich noch jemand?«, fragte der Fährmann und öffnete grinsend seinen Mund.

Die Fähre hatte wieder am Escherndorfer Ufer angelegt, und Mütze wollte schon an Land springen, als er sich noch einmal an den Fährmann wandte: »Wie war eigentlich das Verhältnis der Brüder Regenfuß zueinander?«

Charon kaute lange auf seinem Zigarrenstummel herum, als müsste er genau überlegen, was er darauf antworten sollte.

»Frauen verkomplizieren manchmal alles«, sagte er schließlich vorsichtig.

»Wie meinen Sie das?«

Eilig strebte Mütze dem *Mainschiffchen* entgegen, er musste Willi Regenfuß mit Charons Geschichte konfrontieren. Warum war der Fährmann nicht gleich damit rausgerückt? Da war es, das Motiv! An der Rezeption saß eine junge Frau im Dirndl.

»Wo finde ich Herrn Regenfuß?«

»Der Chef müsste im Weinkeller sein, dort wird er aber nur ungern gestört.«

Ungern gestört? Darauf konnte Mütze nun wirklich keine Rücksicht nehmen. Er ließ sich die Treppe zeigen und sprang mit wenigen Sätzen hinunter. Der Weinkeller war nur schwach beleuchtet, niemand war zu sehen.

»Herr Regenfuß?«, rief Mütze.

Erschrocken tauchte ein Kopf zwischen zwei Stahltanks auf. Käpt'n Cook! Was suchte der denn hier?

»Brauche noch einen trockenen Silvaner für den Möhrenauflauf«, sagte Käpt'n Cook forsch. Er hatte seine Beherrschung sofort wiedergefunden. »Wenn Sie den Chef suchen, der müsste in seinem Büro sein.«

»Und?«, fragte Karl-Dieter gespannt, als sie sich eine Stunde später im Hotelzimmer trafen.

Mütze schüttelte den Kopf:»Undurchsichtige Sache. Die beiden Regenfüße waren sich alles andere als grün. Der Winzer hatte sich in eine polnische Erntearbeiterin verliebt, lange her, zur Wendezeit. An einem Wochenende war sein Bruder nach Hause gekommen, musste gerade sein Arztexamen bestanden haben. Die Polin gab dem Winzer einen Korb und ging mit dem Bruder nach Dresden. Seitdem herrschte Funkstelle zwischen den Brüdern.«

»Wegen der Polin?«

»Du sagst es. Der Doktor hat sie dann geheiratet, Tatjana heißt sie. So hat mir der Fährmann die Geschichte erzählt. Der Winzer spielt sie herunter, eine Steinzeitstory nennt er sie.«

»Glaubst du ihm?«

»Würdest du einem Menschen glauben, der sich, während du mit ihm sprichst, einen gespitzten Bleistift fast bis ins Fleisch bohrt?«

Der Nachmittag war gekommen. Karl-Dieter verabschiedete sich, der zweite Teil des Kochkurses begann. Möhrenauflauf und Karottenkuchen. Mütze beschloss, in alle Richtungen zu ermitteln. Egal, wie man politisch dachte, man durfte nicht auf einem Auge blind werden. Er rief die Kollegen aus Volkach an und bat sie, ihm eine Liste sämtlicher Campingplatzbewohner zu besorgen und von allen Bewohnern die Alibis zu überprüfen. Waren die Flüchtlinge registriert, so besaß man auch ihre Fingerabdrücke, das konnte die Ermittlungen erleichtern. Kaum war das Gespräch beendet, ging sein Handy. Es war Tatjana Regenfuß. Ihre Stimme klang belegt. In einer Stunde würde sie in Escherndorf sein. Mütze bat sie, sich noch einmal zu melden, wenn sie die Fähre nahm. Er würde sie am Mainufer abholen. Mütze wollte auf keinen Fall den Moment verpassen, in dem sie ihrem alten Lover wiederbegegnete.

Erneut lärmte sein Handy. Diesmal war es Karl-Dieter. Der Freund flüsterte aufgeregt, er habe etwas erfahren, das Mütze unbedingt wissen müsse. Mütze seufzte still. Warum schälte Karl-Dieter nicht brav Karotten, statt sich in seine Ermittlungen einzumischen? Eine Minute später trafen sie sich an einer versteckten Ecke des Hotelparkplatzes, Karl-Dieter hatte noch seine Schürze umgebunden.

»Glaub es oder glaub es nicht. Aber es ist doch merkwürdig, nicht wahr?«

Mütze sah ihn belustigt an.

»Lach nicht, der Mann hat hier noch bis vor Kurzem als Kellner gearbeitet. Der wird so einiges mitgekriegt haben.«

»Noch mal, damit ich sicher bin, dass ich's verstanden habe: Der Exkellner sagt, Willi Regenfuß habe den Nachlass eines Weinbauern aus Iphofen gekauft, der seinen Bruder im Weinfass ersäuft hat?«

»Richtig. Etwa vier Jahre her. Der Mann musste in den Knast, seine Frau musste alles verkaufen.«

»An Willi Regenfuß?«

»Nein, aber das Mordfass soll Regenfuß ersteigert haben, ein Eichenfass voller Rotwein.«

»Das Fass, in dem der tote Bruder schwamm?«

»Richtig. Ist das nicht seltsam? Hör mal, wenn ich daran denke, dass wir gestern einen Wein getrunken haben, der vielleicht in einem Leichenfass herangereift ist.«

»Er wird das Fass geleert und gründlich gereinigt haben.«

Karl-Dieter verzog das Gesicht. Mütze musste grinsen. Zugegeben, die Geschichte war mehr als seltsam. Aber was sollte sie mit dem Mord am Pathologen zu tun haben?

»Nur ein Jahr später ist aus dem Allerweltswinzer ein Shootingstar geworden«, sagte Karl-Dieter.

Mütze blickte skeptisch. Wegen eines alten Weinfasses? Das war doch alles an den Haaren herbeigezogen. Da wollte sich ein gefeuerter Kellner durch gestreute Gerüchte rächen. Dubiose Gerüchte. Dennoch, er würde den Winzer darauf ansprechen.

Karl-Dieter ging zurück in die Küche. Mütze blieb auf dem Parkplatz stehen und sah die Straße hinunter. Ob er bis zum Eintreffen der Witwe noch einen Blick auf den Campingplatz werfen sollte? Seine Volkacher Kollegen waren sicher noch dort, vielleicht war schon etwas zu erfahren. Mütze beneidete sie nicht. Ohne Dolmetscher ging bei den Asylanten gar nichts, meist brauchte man sogar mehrere: einen, der Afghanisch konnte, einen fürs Syrische, einen fürs Kurdische ...

Während er zum Mainufer hinunterschritt, ging ihm Karl-Dieters Geschichte nicht aus dem Kopf. Ein Weinfass zu kaufen, in dem ein Toter geschwommen war ... reichlich makabre Geschichte. Was aber bewies sie schon? Dass ein Brudermord zwischen Winzern vorkam, mehr nicht. Brudermorde waren so alt wie die Menschheit. Ob Kain und Abel auch Wein angebaut hatten? Und was wohl in Iphofen das Motiv gewesen war? Eine hübsche Erntehelferin?

Als Mütze den Eingang des Campingplatzes erreichte, dudelte erneut sein Handy. Mütze rollte die Augen. Karl-Dieter.

»Mütze?«

»Was gibt's denn schon wieder?«

»Ich weiß, wer Christoph ist!«

Mütze keuchte, so schnell war er gelaufen. Die Plakette, die am Armaturenbrett des BMW klebte, war ihm bereits beim ersten Mal aufgefallen, er hatte ihr aber keine Bedeutung beigemessen. »Ein religiöser Talisman, der vor Unfällen schützen soll«, wusste Karl-Dieter, »der heilige Christopherus. So sicher der Riese das Jesuskind durch den Fluss getragen hat, so sicher soll er den Fahrer durch den Verkehrsfluss lotsen.« Mütze schaute durch die Seitenscheibe, dann zog er den Schlüsselbund des Toten hervor und öffnete den Wagen. Die Heiligenplakette ließ sich leicht abnehmen, sie war mit einem einfachen Magneten befestigt. Mütze besah sie sich genauer. Dort, wo Christopherus seine Wellen in den Fluss setzte, war ein kleiner Spalt zu sehen. Mütze zog an den Wellen, sie lösten sich und gaben einen kleinen Stecker frei.

»Ich werd' nicht mehr«, sagte Mütze, »ein USB-Stick!«

Zwei Minuten später saßen sie in ihrem Hotelzimmer und starrten auf Mützes Notebook. Seltsame Bilder erschienen, Gewebeaufnahmen offenbar. Wer kannte sich damit aus? Die Kommentare unter den Aufnahmen klangen nicht gut. »Degenerative Areale im limbischen System, Frontalhirndefekte, Färbungen auf Amyloide positiv.« Oder: »Verhärtetes Myokard, Stimmbandhypertrophie, Großhirnatrophie«. Lauter medizinische Fachausdrücke waren notiert, fett dahinter jeweils: »Verdacht auf Adigep« oder »Adigep gesichert« oder auch »Adigep in extremer Ausprägung«.

»Adigep? Was ist das? Vielleicht eine Viruskrankheit?«, meinte Karl-Dieter und googelte auf seinem Smartphone. »Adigep nennt sich ein Steuerbüro in Frankreich, Virus Fehlanzeige.«

Mütze brummte und klickte weiter. Es folgten für jeden Patienten seine Initialen, Alter, Geschlecht, bekannte Vorerkrankungen und dann eine Schilderung des Zustands. »Eingeschränktes Urteilsvermögen, Neigung zur Kritiklosigkeit, latente bis offene Aggressionen sowie erhöhte Reizbarkeit«, stand bei einem verstorbenen Mann zu lesen, bei einem anderen »Kognitiver Abbau, Verarmung der Sprache, zugleich jedoch erhöhtes Mitteilungsbedürfnis, Stereotypien und Perseverationen.«

»Perversionen?«

»Perseverationen«, korrigierte Karl-Dieter, »ständige Satzwiederholungen.«

Da musste ein Fachmann ran. Vielleicht war der Professor einer neuen Krankheit auf der Spur gewesen. Mütze kniff die Augen zusammen. Hans Regenfuß hatte doch zu seinem Würzburger Doktorvater gewollt. Der würde ihnen die Sachen auf dem Stick vielleicht erklären können. Erneut ging Mützes Handy.

Tatjana Regenfuß wartete bereits unten an der Fähre. Sie war eine immer noch hübsche Frau um die fünfzig. Mütze begrüßte sie kurz und sprach ihr routiniert sein Beileid aus. Dann ging er sogleich in die Offensive: »Trauen Sie Ihrem Schwager einen Mord zu?«

Tatjana sah zum Main zurück und zuckte die Achseln. »Lassen Sie uns losfahren.«

Mütze hielt sich im Hintergrund, als die Witwe auf das *Mainschiffchen* zuschritt. Willi Regenfuß schien bereits auf sie gewartet zu haben und kam ihr durch die Eingangstür entgegen. Dann jedoch stoppte er abrupt, und auch seine Schwägerin blieb stehen. Sich an ihre Handtasche klammernd, schien die Witwe um Fassung zu ringen. Gespannt sah Mütze zu. Auch Willi Regenfuß wirkte verkrampft, schüttelte unmerklich den Kopf, drehte plötzlich um und lief ins Haus zurück. Mütze wollte hinterher, als im selben Augenblick im oberen Stock ein Fenster aufgerissen wurde. Karl-Dieter.

»Mütze«, rief er, »komm doch mal hoch!«

»Geht grad nicht.«

»Ich hab aber was Wichtiges!«

»Wehe, wenn nicht!«

Karl-Dieter saß immer noch am Klapprechner, in dem seitlich der Christopherus steckte.

»Siehst du hier die Diagnose?«

»Klar, ist doch immer dieselbe. Adigep. Keine Ahnung, was das für eine Krankheit ist. Muss was mit den Nerven sein.«

»Lies das Wort mal andersrum.«

Tatjana Regenfuß wusste auch nichts zu den Befunden auf dem Stick, nur, dass ihr Mann einer Sache auf der Spur war. Er sei kaum noch aus dem Labor herausgekommen und habe immer ganz geheimnisvoll getan. Deshalb auch die Reise an den Main. Er hatte sich mit seinem alten Doktorvater beraten wollen, der ein Spezialist auf dem Gebiet der Demenzforschung war.

»Ist Ihr Mann bedroht worden?«

»Nicht, dass ich wüsste. Ich sagte doch bereits, er hatte keine Feinde.«

»Hatte er Kontakt zu Pegida?«

»Hans? Niemals!«

»In seinem Arbeitsumfeld vielleicht?«

»Nein! Das heißt ... Da käme höchstens einer infrage.«

Elektrisiert notierte sich Mütze den Namen. Als Leichenpräparator könnte diesem Siebenzweig Dr. Regenfußens plötzliches Interesse an jüngst verstorbenen Pegida-Anhängern aufgefallen sein. Der aktive Pegidianer musste sein Weltbild in Gefahr sehen. Wenn sich das bewahrheitete, wenn sich das herumsprach! Pegida, keine Bewegung von Wutbürgern, kein Zusammenschluss von Rettern des christlichen Abendlandes, sondern nichts anderes als Menschen, die von einer grausamen Gehirnkrankheit befallen waren. So was wie Alzheimer! Ja, schlimmer noch, Pegida war vielleicht sogar ansteckend! Was für ein Schrecken wird den Leichenpräparator durchzuckt haben. Abgesehen von seinem eigenen Schicksal. Wenn das öffentlich wurde, dann war die ganze Bewegung tot!

»Könnt ihr Siebenzweigs Handydaten herausfinden? Ja, alle der letzten drei Tage. – Danke!«

Volltreffer! Erwin Krautwickl hieß der Mann, den sie suchten. Eine Viertelstunde später bereits saß Mütze in seinem Manta. Die Kollegen würden in Volkach auf ihn warten, zusammen ging's dann Richtung Nordheim. Krautwickls Handy konnte recht präzise geortet werden, der Tatverdächtige musste mitten im *Zehnthof* sitzen und ließ sich dort vermutlich seinen Schoppen schmecken. Mehrfach hatte Siebenzweig mit diesem Krautwickl in den letzten Tagen telefoniert. Und noch etwas hatte man herausgefunden: Der als Neonazi bekannte Krautwickl hatte sich in der Tatnacht in Escherndorf aufgehalten, wie sein Handybewegungsprofil eindeutig bewies. Das reichte für einen Haftbefehl. Vorsichtig rollten die drei Polizeiautos vor dem altehrwürdigen *Zehnthof* aus, dann verteilten sich die Beamten an den Ausgängen. Mütze nickte, ging mit einem Kollegen ins Haus und fragte einen Kellner nach Krautwickl.

»Erwin? Der hockt da, wo er immer hockt, unter der Linde, der Einzige, der Bier trinkt.«

»Danke! Los geht's!«

»Und?«, fragte Karl-Dieter neugierig.

Es war später Abend geworden, als sie zusammen in der Weinstube des *Mainschiffchens* saßen, einen hübschen Bocksbeutel Silvaner im Kühler.

»Für einen Fluchtversuch ist dieser Krautwickl viel zu überrascht gewesen. Hat sofort gestanden. Alles. Hatte nachts vor dem Hotel gelauert und ist dann über die Garage ins Zimmer. Messer gezückt, schneller Schnitt durch die Kehle, sich den Koffer geschnappt und ein paar andere Sachen, um eine falsche Fährte zu legen, und wieder hinaus. Was er in seiner Eile nicht bemerkt hat: Sein Opfer lebte noch. Auch den anderen Täter haben wir, Siebenzweig, den Leichenschnippler. Die Dresdener Kollegen haben ihn auf einer Pegida-Demo festgenommen. Er verweigert noch die Aussage, aber die Beweislast ist erdrückend.«

»Unglaublich«, sagte Karl-Dieter. »Und was hat der Würzburger Professor zu den Aufnahmen gesagt?«

»War erschüttert und fasziniert zugleich. Könnte alles zu einer viralen Hirnerkrankung passen: schleichende Verblödung, vermindertes Urteilsvermögen, Tunnelblick, zunehmende Aggressivität. Dazu eine Mitbeteiligung anderer Organe: Verhärtung des Herzens und Stimmbandhypertrophie.«

»Stimmband...was?«

»Na, vergrößerte Stimmbänder.«

»Vom vielen Geschrei, klar.«

»Eine Sensation, das Ganze.«

»Lauter arme Irre.«

»Man hätte es ahnen können.«

»Ob es ein Mittel dagegen gibt?«

»Wäre sehr zu wünschen.«

Die beiden Freunde füllten erneut die Gläser und prosteten sich zu. Ein leichter Geschmack nach Stachelbeeren, gepaart mit einer feinen Säure. Mütze lehnte sich auf seinem Stuhl zurück und blickte ins Nachbarzimmer. Täuschte er sich oder saß dahinten nicht der Winzer mit der schönen Witwe Kopf an Kopf? Na, egal. Der Fall war gelöst, die anderen Dinge gingen ihn nichts an. Obwohl ...

»Es gibt vielleicht noch einen zweiten Fall«, sagte Mütze geheimnisvoll.

»Ach ja?«

»Der ehemalige Kellner ist auch mir über den Weg gelaufen.«

»Und?«

Mütze sah sich vorsichtig um. »Es geht das Gerücht, Regenfuß habe das Mordfass nach dem Kauf nicht geleert.«

»Sondern?«, fragte Karl-Dieter überrascht.

»Er mische von dem Leichenwein heimlich was in seine Domina, das sei das Geheimnis seines Erfolgs.«

»Hör auf!« Karl-Dieter verzog das Gesicht.

»April, April«, rief Mütze lachend.

»Mensch Mütze, wir haben August!«

Mütze trank aus und schenkte noch mal nach. In Escherndorf konnte man glatt zum Weintrinker werden.

»Prost, Karl-Dieter.«

»Prost, Mütze.«

»Und hast du die Geheimnisse der Möhre noch ergründen können?«

»Leider nein. Aber nächstes Wochenende findet ein neues Kochseminar statt: *Entdecke den Spinat*. Wir wären natürlich eingeladen, meint Käpt'n Cook.«

Mütze nahm rasch einen tiefen Schluck. »Ich glaube, Spinat ist zu gesund für mich. Noch ein Fläschchen?«

»Gerne! Aber nur vom Weißen. Der Rote hat mir einfach zu viel Körper.«

Killen McNeill

Die letzte Fuhre

Als die Männer in blauen Kutten, Kapitänsmützen und roten Halstüchern aus dem *Gasthaus Krone* kommen, erscheint plötzlich ein Schwarm Stare am Himmel, er dreht und wölbt sich wie ein losgerissenes Segel im Wind, und man könnte fast meinen, Franken läge doch am Meer. Der Shanty-Chor aus Hamburg bleibt über das Wochenende in Iphofen, ich bin als Stadtführerin bestellt und warte am Brunnen. Morgen wird hier auf dem Marktplatz die *Letzte Fuhre* gefeiert, da hat der Chor einen Auftritt. Das Fest bildet den Abschluss der Weinlese in den Weinbergen um Iphofen, wo die letzten Trauben auf schön geschmückten Anhängern in die Stadt gebracht werden. Der Marktplatz ist dann voller Einheimischer und Touristen, die den frischen Federweißen trinken und Zwiebelkuchen essen. In meiner Kindheit gab es nur den Winzerfestzug.

Der Männerchor stellt sich neben dem Brunnen auf, mit dem Eifer, den Männer nur dann entwickeln, wenn sie unter sich sind und in Uniform. Ihre mitreisenden Frauen gruppieren sich außen herum, und ein paar Iphöfer und Touristen bleiben stehen. Dann geht es los. Einer singt – oder spricht mehr – vor, und der Chor antwortet.

Wo gibt es eine Reeperbahn? – In Hamburg auf St. Pauli
Wo legen all die Schiffe an? – In Hamburg auf St. Pauli
Wo wird die ganze Nacht poussiert? – In Hamburg auf St. Pauli
Wo wirst du achtern tätowiert? – In Hamburg auf St. Pauli

Typisch Männer, den fremden Platz mit ihrem Gesang zu markieren wie ein Kater seine neue Wohnung mit seinem

Urin. Männerchöre ärgern mich grundsätzlich. Ich singe selber in einem gemischten Chor mit, wo Männer Mangelware sind, weil sie lieber unter sich bleiben und von Bergen und Weingläsern und jungen Rehen und alten Böcken singen. Oder in diesem Fall von Tätowierungen am Hintern.

Der Vorsänger ist klein und drahtig, die Augenbrauen hat er weit nach oben gezogen und die Augen aufgerissen, so wie es Männer tun, wenn sie besonders glaubhaft erscheinen wollen und doch nur das Gegenteil erreichen. Der Chorleiter sieht aus wie in den 60er-Jahren eingefroren und in den 10ern reanimiert. Nach vorne gekämmte Haare und Riesenschnauzer. Kann nur der eigenen Frau gefallen, wird aber auf jeden Fall eine Portion Verzweiflung dabei sein. Missmutig betrachte ich die Sänger und stelle sie mir in verschiedenen Männerklüften vor. In Fußballtrikots, im Fahrraddress, mit klappernden Stollen, im Jägergrün, in Grillmeisterschürzen. Alle in Motorradlederjacken, der Helm ein riesengroßer, sich verselbstständigender Hoden, von der rechten Hand baumelnd.

Halt. Der Mann in der letzten Reihe, der Dritte von links. Der stattliche Typ, groß, breitschultrig, mit vollem, weißem Haar und einem gewinnenden Lächeln. So wie der mitwippt, wirkt es nicht aufgesetzt oder nervig, sondern souverän, er ist bestimmt ein guter Tänzer. Der hat was. Etwas von einem Showmaster oder Heimatfilmstar aus den 50er-Jahren, der seine Ausstrahlung bewahrt hat. Diese Lachfalten seitlich der Augen. Dürfte in meinem Alter sein, vielleicht ein paar Jahre älter. Mein Männerfilter hat ihn sofort als interessant eingestuft. Als einen, mit dem es bestimmt nicht langweilig wird. Nicht als einen für die Dauer, das ist mir schon klar. Das ist keiner, der sein Leben lang einer Frau und einer Firma treu bleibt, ein Haus hinstellt,

Kinder aufzieht und sie lebenslänglich unterstützt. Keiner wie mein verstorbener Mann. »Es gibt halt die seddn und die selln«, sagte früher mein Opa aus Neustadt an der Aisch, diese und jene, und manchmal hat man, auch als brave Frau mit zwei erwachsenen, dem Elternhaus entflohenen Söhnen, eben seine Tagesträume von jenen.

Jetzt nimmt er die Mütze ab, es ist heiß, obwohl schon Oktober, und wischt sich mit einem Tuch über die Stirn. Der freigesetzte, schlohweiße Haarwirbel, der von seiner Stirn emporragt, biegt sich leicht nach hinten, wie eine kleine, gegen die Strömung auslaufende Welle, und wippt im Rhythmus mit.

Da rührt sich etwas Verschüttetes in meinen Erinnerungen. Ein kleines Tier tief in einem Haufen Laub, das sich gegen Ende seines Winterschlafs zum ersten Mal streckt.

Ich begrüße die Gruppe und beginne meine Führung. Als gebürtige Iphöferin habe ich als Stadtführerin einen Vorteil. Für mich sind das Knaufmuseum und das alte Schulhaus nicht nur einprägsame Beispiele moderner Stadtarchitektur, die man gelungen oder missraten finden kann. Das eine steht da, wo früher ein schönes Barockhaus war mit einem Krämerladen unten, in dem ich immer zehn Stück Lutscher in einem Tütla kaufte, und das andere ist tatsächlich der Ort, wo ich Lesen und Schreiben lernte. Wenn ich durch die neu gestalteten Räume laufe, meine ich immer noch, Kreide, nasse Putzlappen und den Holzofen zu riechen. Im Beinhaus neben der Veitskirche liegen die Schädel von verstorbenen Iphöfern säuberlich aufgeschichtet, scheinbar seit Jahrhunderten ungestört in ihrem Totenreich. Aber die Ordnung ist nur vorgetäuscht, vorgegaukelt angesichts des heillosen Chaos, das, wie ich fürchte, unserem irdischen Dasein mehr entspricht: 1960 wurden alle Knochen bei einer

Nacht-und-Nebel-Aktion von Stadtarbeitern achtlos auf einen Anhänger geschmissen und in eine Grube am Friedhof geschüttet, und ich habe als Siebenjährige zugeschaut. Für mich reckt sich die sogenannte »Echternadel«, der spitze Turm der Veitskirche, nicht nur eleganter in den Himmel als die stumpfen evangelischen Kirchtürme der umliegenden Orte, sondern auch selbstbewusster und schützender. Und ich weiß, wie es war, als Bahnhofstraßenkind und nicht als Stadtkind aufzuwachsen. Und wie sehnlich man sich gewünscht hat, bei dem Winzerfestzug auf einem geschmückten Anhänger mitzufahren, auch wenn man keine Weinbauern als Eltern hatte.

Aber an diesem Tag lasse ich das Iphöfer Kind in mir gar nicht raus zum Spielen wie sonst, sondern sperre es ganz tief in mir drinnen ein. Ein Verdacht keimt in mir auf; ich will nichts aus meiner Kindheit erzählen. Ich halte mich lieber im Allgemeinen auf, im Unverfänglichen, obwohl ich genau merke, wie das aus der feingewürzten Hausmannskost meiner Führung einen langweiligen Einheitsbrei macht. Ich kann sonst mit Gruppen gut umgehen, bei Männergruppen gibt es immer ein paar Typen, die sich hervortun müssen, die muss man gewähren lassen, auf ihren flachen Witzen mitreiten, ihnen ihre Würde lassen. Heute merke ich, wie mir die Gruppe entgleitet, wie sich Kicherherde bilden.

Am Schluss stehen wir vor dem *Weinhaus Kramer* in der Büttnersgasse, wo morgen eine Weinprobe stattfinden wird.

»Das traditionsreiche *Weinhaus Kramer* baut seit über drei Jahrhunderten hervorragende Weine aus«, erzähle ich. »Eine Sorte davon, ein Riesling vom Julius-Echter-Berg, wurde sogar als Krönungswein beim Diner der Queen Elizabeth serviert.« So weit, so gut, so bekannt. Aber als ich weiterrede, achte ich genau darauf, wie der Mann mit der

Haartolle reagiert. »Im tiefsten Keller des Weinhauses, er erstreckt sich über drei Stockwerke nach unten, befindet sich das berühmte riesige Fass, in das der Spätburgunder alljährlich eingefüllt wird. Das Fass heißt ›Die große Martha‹, ein Mann könnte darin aufrecht stehen, aber der Zugang ist so klein, dass nur ein Kind nach innen gelangen kann, um es zu reinigen. Das Originalfass wurde 1847 gebaut, es war eines der ersten in Ovalform. Das Fass, das jetzt dort lagert, ist ein Nachbau.«

Da. Er zuckt wie elektrisiert, beugt sich zu seinem Nachbarn, flüstert etwas hinter vorgehaltener Hand. Er muss es sein. So eine Haartolle habe ich nämlich nur einmal in meinem Leben gesehen. Damals, in den 60er-Jahren, war sie schwarz und entstand durch einen natürlichen Wirbel, obwohl sie ausschaute wie die kunstvoll hingegelten Tollen, die bei Horst Buchholz und James Dean in Mode waren. Eddi Schätzki ist nach all den Jahren nach Iphofen zurückgekehrt.

Und ich bin fast wieder auf ihn hereingefallen. Wie damals.

Endlich fällst du mir in die Hände, heute zahle ich es dir heim. Für Schorschi.

In meiner Kindheit war der Schorschi Habermeier mein bester Freund. Mein einziger. Ein dünner, hochgeschossener, rothaariger Kerl mit Sommersprossen. Wir kamen beide aus der Bahnhofstraße, er aus dem übernächsten Haus, und kannten uns buchstäblich aus dem Kinderwagen. Das kam so: Wir wurden fast gleichzeitig im Spital geboren, der Schorschi einen Tag vor mir, unsere Mütter lagen im selben Zimmer. Unsere Familien mussten sehr aufs Geld schauen, mein Vater war Lasterfahrer und wochenlang unterwegs,

Schorschis Vater hatte sich aus dem Staub gemacht. Der Preis eines Kinderwagens war für beide Familien eine unüberwindbare Hürde. Nun lag aber die kranke Frau Hülsenbeck aus der Ludwigstraße drei Zimmer weiter. Sie hatte zwei Jahre zuvor Zwillinge bekommen und extra einen Doppelkinderwagen gekauft. Jetzt wollte sie ihn für vierzig Mark verkaufen, fand aber, mangels weiterer Zwillinge in Iphofen, keinen Käufer. Da einigten sich meine Mutter und Frau Habermeier darauf, sich den Kinderwagen zu teilen. Bei der ersten Ausfahrt saßen wir beide darinnen. Aber als Frau Habermeier dann ihren Schorschi alleine ausfahren wollte, klingelte sie nach einer halben Stunde bei uns. »Der hört net auf zum Schreia«, sagte sie. »Ich glaub, dem fehlt die Marie. Kann ich sie mir mal ausleiha?« Danach wechselten sich unsere Mütter beim Kinderausfahren ab. Da gibt es ein Foto, schwarz-weiß natürlich, mit gezackten Rändern, wo wir beide schlafen, ich auf dem Rücken links im Wagen, der Schorschi dreht sich zu mir, mit dem linken Arm umklammert er mich. Es ist das einzige Bild, das ich von ihm habe.

So lange, so nahe kannte ich also den Schorschi; seinen Geruch; früher hat man die Menschen gerochen, der Schorschi roch am Montag noch nach der Luxseife vom Samstagabendbad, ab Dienstag immer mehr nach Schorschi, also nach Wolle und Leder und Erde und nach warmem Heu. Ich weiß auch noch genau, wie er atmete, er schnaufte immer etwas durch den Mund und hatte ihn leicht offen.

Es war dann nur logisch, dass unsere Familien das ausrangierte Doppeldreirad der Hülsenbecks ähnlich preisgünstig abkauften, als die Zwillinge zum Tandem aufstiegen. Mit dem Dreirad erkundeten wir unsere Iphöfer Umwelt. Und entdeckten damals den Stadtgraben. Wir verbrachten dort

Nachmittage beim Bachaufstauen. Die Rollen waren genau verteilt; der Schorschi baute, ich dachte mir Geschichten dazu aus. Ich erinnere mich sogar noch an eine, weil wir am Sonntag davor zu Besuch bei der Verwandtschaft in Mödlareuth waren.

»... und da ist ein Dorf auf der Seite, und auf der anderen Seite ist auch ein Dorf, und die waren mal zusammen, bis der Fluss auf einmal gekommen ist ...«

»Wann war das, wo der Fluss gekommen ist?«, fragte der Schorschi.

»Wieso? Ist doch wurst.«

»Das ist nicht wurst. Wenn es so lange her ist, dann können sich die Leute gar nicht erinnern, dass sie sich gekannt haben, dann stehen sie nicht dauernd am Ufer, sondern haben sich vergessen. Wie mein Papa. Der hat uns jetzt auch vergessen und ist mit einer anderen Frau zusammen, weil das ganz lang her ist, dass er bei uns war.«

Wenn der Schorschi auf seinen Papa zu sprechen kam, galt es, ihn abzulenken, sonst wurde er trübsinnig.

»Es war nicht so lange her, dass sie sich vergessen haben«, tastete ich mich vor, »aber doch so lange her, dass sie nicht wissen, ob sie sich ... immer noch mögen, und Angst haben, es herauszufinden, und jetzt haben sie den Damm gebaut, und keiner traut sich über den Damm, und da sind aber zwei Kinder, die ein Dreirad haben, und die sind die ersten ...«

»Zwei Kinder auf einem Dreirad, das ist gut, das sind wir, gell?«

»Genau, ihr seid die zwei Deppen auf dem Behindertenrad!«, brüllte plötzlich einer von oben. Zwei Jungs standen da.

»Da habt ihr euer Dreirad!«, rief der andere.

Und auf einmal kam unser Rad tatsächlich von oben heruntergerollt, patschte in den aufgestauten kleinen Teich, der Damm krachte zusammen, und Wasser und Schlamm überschütteten Schorschi und mich. Oben lachten und feixten die zwei Jungs, dann fingen sie an, uns mit Dreckklumpen zu bewerfen. Ich erkannte die beiden, sie waren in der sechsten Klasse. Der eine hatte eine Meckifrisur, trug ein kariertes Hemd und eine Lederhose. Der andere trug ebenfalls ein kariertes Hemd und eine Stoffhose, und seine schwarzen Haare türmten sich vorne zu einer nach hinten abfallenden Welle auf. Das war unsere erste Begegnung mit Siegfried Fratscher und Eddi Schätzki.

Von da an mieden wir den Stadtgraben, eigentlich ließen wir die ganze Altstadt hinter uns und schoben die Außenhülle unserer Welt immer weiter hinaus. Damals standen, wenn man durch das Rödelseer Tor kam, davor nur ein paar Häuser. Die Äcker schlossen sich gleich an, und dahinter die Weinberge; die große Welt tat sich auf. Wir fuhren auf ungeteerten Straßen an Bruchsteinmauern in den Weinbergen vorbei bis zum Schwanberg hinauf.

Als wir aber das Schnitzerseela zwischen Iphofen und der B8 entdeckten – da waren wir zwölf –, stellten wir unsere Erkundungsfahrten ein und fuhren nur noch dorthin. Wir hatten in der großen Welt unsere kleine, eigene gefunden. Wie so oft, war sie gar nicht so weit weg von unserer alten.

Der See war erst von einem Zaun und dann von einem Schilfgürtel umgeben, man musste sich einen Weg zur Lattentür im Zaun bahnen, die man dann einfach aufschieben konnte. Ich legte mich ans Ufer und las, was ich mir von der Stadtbücherei ausgeliehen hatte, und der Schorschi spielte Hans Hass.

»Wie lange?« Schorschi schaute mich von der Oberfläche des Sees durch seine riesengroße grüne Taucherbrille an. Ich hätte stoppen sollen, wie lange er unter Wasser die Luft anhalten konnte. Aber mittendrin war es mir langweilig geworden, und ich hatte in *Griechische Sagen des klassischen Altertums* weitergelesen. »Sechsundvierzig Sekunden«, mutmaßte ich mit sicherer Stimme.

»Bloß? Echt?« Das Gummiband um seinen Kopf ließ seine Ohren noch deutlicher abstehen als sonst. »Das muss besser werden.« Dann tauchte er wieder weg.

In den Sommerferien 1966 war der Schorschi beschäftigt, tat geheimnisvoll, hatte keine Zeit für das Schnitzerseela, war wochenlang alleine unterwegs gewesen und erschien dann strahlend an einem Freitagnachmittag an meiner Tür. »Komm mit, Marie, ich muss dir was zeigen!«

»Hab keine Zeit«, sagte ich, obwohl es nichts gab, von dem ich mehr hatte. Ich wollte ihn nur verletzen, aber das war viel zu leicht, sein Gesicht zog sich sofort in die Länge, und ich hielt es nicht lange aus, also ging ich doch mit. Zuerst dachte ich, er würde an den See gehen, aber er führte mich zu einer der Pappeln, die zwischen der B8 und der Stadtmauer damals wuchsen. »Das ist jetzt unser Zuhause«, sagte er und zog an einer Schnur. Eine Strickleiter purzelte herunter.

Voller Neugierde fing ich an, hinaufzuklettern.

»Du bist jetzt das Halbblut Apanatschi«, sprach der Schorschi unter mir.

»Und du bist bestimmt Winnetou.«

»Nee.«

»Dann Old Shatterhand.«

»Nee. Ich bin der Jeff Brown.«

Ich verstummte, und während ich hochkletterte, ließ ich mir die Handlung des Films, den ich im Kitzinger Kino gesehen hatte, durch den Kopf gehen. Ich mochte die

Karl-May-Verfilmungen nicht, aber damals war man froh, überhaupt ins Kino zu kommen, vor allem, wenn die Filme noch in Farbe waren. Wer war wieder Jeff Brown gewesen? Ein Pelzjäger? Ein Bandit? Ich war fast oben, mein Kopf kurz vor dem Loch im Boden, als es mir einfiel.

»Warum bleibst du stehen? Geh halt weiter«, rief der Schorschi. Dann: »Aua! Du bist auf meine Hand gestiegen!«

»Ich will wieder runter. Ich steig nicht in das Haus.«

»Warum nicht?«

»Jeff Brown heiratet die Apanatschi am Schluss, und sie ziehen in sein Haus.«

»Ja und?«

»Ich will dich aber nicht heiraten.«

»Warum nicht?«

»Das ist doch doof.«

»Was ist daran doof? Ich liebe dich.«

»Aber ich dich nicht.«

Ich schaute nach unten, als ich das sagte, und bemerkte zwei Dinge; erstens sein betretenes Gesicht und zweitens, dass ich einen Rock anhatte und der Schorschi meine Unterhose sehen konnte. Er blinzelte zweimal ganz lang, als ob ihm etwas ins Auge geflogen wäre, schaute schnell nach unten und fing an, rückwärtszuklettern.

Ich war mir nicht sicher, ob das, was ich gesagt hatte, stimmte. Ich hatte nur nie darüber nachgedacht, ich wollte nicht darüber nachdenken, ich wollte alles so haben, wie es die ganzen Jahre gewesen war. Ich glaube, ich war verärgert, weil sich in unserer Beziehung auf einmal etwas verschoben hatte und ich es nicht ertrug, dass die Veränderung nicht von mir ausging. Zum ersten Mal war der Schorschi einen Schritt weiter als ich; ich hätte nachziehen müssen, und das war ich nicht gewohnt.

In der Nacht ging es mir nach, ich wollte mich entschuldigen und lief am Samstag gleich zu Schorschis Haus.

»Habt ihr gestritten?«, wollte seine Mutter wissen. »Der Schorschi ist ganz verstört.« Er sei schon am Baumhaus, erzählte sie, er habe sogar darin übernachtet. Ich rannte hin, der Schorschi saß auf dem Boden unter dem Baum, um ihn herum die Trümmer seines Hauses; Bretter, Latten, Schilf, Äste, Wellblech. Er blutete aus der Nase, sein rechtes Augenlid war fast zugeschwollen, und seine Schultern bebten so heftig wie der Blasebalg vom Schmied.

»Was ist denn passiert, Schorschi?«, fragte ich. »Warum hast du's kaputtgemacht? Ist was auf dich draufgefallen? Heute wäre ich mit hinaufgegangen.«

»Die haben Sachen über dich gesagt«, antwortete er mit zittriger Stimme. »Der Fratscher und der Schätzki. Hinaufgerufen haben sie. Da habe ich gesagt, sie sollen aufhören, bin runtergestiegen, dann haben sie mich verdroschen und das Haus kaputtgemacht. Ich hab es nur für dich gemacht, und jetzt ist alles hie.«

»Was haben sie gesagt?«

»Die haben gesagt, du bist ein Schreinerbrett mit zwei Erbsen drauf.«

»Was heißt das?«

»Ach, Marie. Die meinen, du hast keine Titten.«

»Aber ich habe doch welche.« Ich war sogar stolz darauf, meine Brüste hatten in den letzten Wochen angefangen zu wachsen, sodass meine Mutter gemeint hatte, wir müssten in Kitzingen einen BH kaufen.

»Aber keine großen. Mir macht das nichts.«

Er schaute eine Weile auf die Trümmer, ich auf meinen Busen. Dann sagte er: »Gell, du hast jetzt eine Jeans? Ich hab net unter deinen Rock geschaut, ich schwöre es.«

»Ach, Schorschi, das ist halt jetzt einfach modern.«

Vielleicht, wahrscheinlich, wären wir ein paar Jahre später sowieso auseinandergewachsen, wäre ich auf eine andere Schule gegangen, hätten wir uns aus den Augen verloren, und wenn wir uns wiederbegegnet wären, hätte ich mich gefragt, was ich jemals in ihm gesehen hatte.

Oder wir wären ein Leben lang zusammengeblieben.

Hätten, wären. Ich hätte gerne selbst darüber entschieden.

In dem Sommer hatte jeder von uns ein eigenes Fahrrad, wir fuhren trotzdem gemeinsam bis zum Schuttplatz bei Markt Einersheim, wo wir den Müll von den Amis aus Kitzingen nach Skippy Peanut Butter und Schokolade durchwühlten. Hershey's Kisses waren ganz leicht auszumachen wegen der bunten Papiere. Eines Tages, als die Schule wieder angefangen hatte, schob aber der Schorschi einen halb vollen Karton Lucky Strike nicht beiseite, sondern hob ihn auf und betrachtete ihn sinnierend.

»Willst du das Rauchen anfangen?«, fragte ich irritiert.

Er grinste. »Nicht rauchen«, sagte er. »Verkaufen.«

Und so entwickelte sich ein lukratives Geschäft mit Lucky Strike, Camel, Winston, L & M und Marlboro unter der Brücke am Rödelseer Tor, wo sich die Raucherclique der Schule in den Pausen traf. Früher waren es ja die interessanten Typen, die rauchten, und die amerikanischen Zigaretten in ihren lässig-weichen Zellophanhüllen ließen sich noch ein Stück cooler aus der Hemdtasche ziehen, obwohl es das Wort »cool« zu der Zeit noch gar nicht gab. Von den Rauchern damals ist einer Verkaufschef beim Knauf, einer Kellermeister vom Wirsching, einer Schulrektor und einer Bürgermeister geworden.

Zwölf Zigaretten kosteten eine Mark, wir verkauften die vollen Packungen mit zwanzig ebenfalls für eine Mark und einzelne für fünf Pfennig. Mit dem Verdienst wuchsen mein Selbstvertrauen und gleichzeitig, wenn auch zusammenhanglos, meine Brüste, auf die, wie ich merkte, die Buben immer mehr schauten. Dass ich nicht nur für den Schorschi interessant war, schmeichelte mir; ich merkte, wie ihm das wehtat, und wollte die Begierde der Buben dazu benutzen, den Schorschi zu einer zweiten Liebeserklärung anzustiften, die ich dann erwidert hätte. Ich glaube wenigstens, dass das mein Plan war, aber der Schorschi ging hartnäckig nicht darauf ein.

Inzwischen war ich in der siebten Klasse, wie der Schorschi auch, und hatte eine beste Freundin, die Rosi; das Gefühl, übrig geblieben zu sein, nachdem auch die Realschüler weg waren, schweißte uns zusammen. Rosi war es, die mich im Blitzkurs aufklärte, wir kauften die *Bravo* gemeinsam beim Seidel, staunten und mutmaßten über das unendliche Universum von Liebe und Sex wie Sternenbeobachter im 17. Jahrhundert mit einem mickrigen Teleskop. Ich blühte auf, auch schulisch, Lehrer Hügelschäfer meinte, ich könnte vielleicht auf die Realschule in Kitzingen wechseln. Der Schorschi war aber nach wie vor ein Außenseiter, es schmerzt mich, es zu sagen, aber manchmal nervte er mich mit seinen Dackelaugen und seinem traurigen Blick. Manchmal war er mir einfach peinlich. Manchmal war er einfach ein Verlierer.

Eines Tages waren auch Siegfried Fratscher und Eddi Schätzki unter der Brücke dabei. Sie arbeiteten in einer Autowerkstatt und hatten ebenfalls Pause. Sie beobachteten unsere Geschäfte, ohne was zu kaufen. Später, nach der Schule, zischte es aus der Gasse, die von der Maxstraße am inneren Stadtgraben entlangführt: »Psst! Marie! Komm mal her!« Es war Eddi Schätzki. Inzwischen trug er ein Holzfällerhemd und Bluejeans, aufgerollt am Knöchel. Die Haartolle war aber immer noch dieselbe. Er lächelte, als er mich zu sich winkte. Es war das gleiche gewinnende Lächeln mit dem Zwinkern in den Augen, das er fünfzig Jahre später aufsetzte, und es wirkte damals genauso. Ich folgte seiner Aufforderung.

»Was ist denn?«

»Mensch, Marie, du bist ja groß geworden. A ganz fesches Mädchen. Hast a Zigarettn?«

»Die kostet aber fünf Pfennig.«

»Komm, ich geb dir eine aus. Da hast zehn Pfennig, gib mir eine und nimm dir eine.«

Das war meine erste Zigarette. Ich dachte, es würde sein, wie das erste Mal »ficken« sagen, das hatte ich kurz zuvor mit Rosi vollbracht, zuerst fühlte sich das Wort riesengroß und dreckig im Mund an, dann fiel es immer leichter. Nun würde ich beides ohne den Schorschi geschafft haben. Ich wollte nicht mehr an ihn gekettet sein.

Die Zigarette schmeckte aber scheußlich. Ich musste mich beherrschen, nicht zu speien. Eddi schaute mich amüsiert an.

»Was ich fragen wollt«, sagte er: »Magst beim Winzerfestzug mitfahrn? Der Siegfried und ich haben einen Anhänger geschmückt, da könntest Schoppen ausschenken. Und in einem Dirndl tätst richtig gut aussehen. Gibst uns halt a paar Stangen Kippen, und die Sache ist geritzt.«

»Warum bezahlt der Schätzki nichts für seine Zigaretten?«, wollte der Schorschi wissen, als wir ein paar Tage später den Schuttplatz durchstöberten. »Und außerdem schaut er dich immer so an.«

»Wir machen ein Geschäft.«

»Was für ein Geschäft?«

Ich erzählte es ihm.

»Wenn des mal gut geht«, meinte er, »ich tät dem net trauen.«

»Du bist nur eifersüchtig.«

»Ja, des stimmt. Und trotzdem tät ich ihm net trauen.«

Der Schorschi hatte seine Liebeserklärung immer noch nicht wiederholt, und Rosi fand den Eddi toll und den Schorschi doof, das merkte ich genau. Inzwischen hatte ich dem Eddi eine halbe Stange Chesterfield und eine ganze Stange Kent zukommen lassen. Seine Pause war so kurz, dass ich ihm lieber die Zigaretten zur Autowerkstatt in der Bahnhofstraße brachte.

»Ich habe schon ein Dirndl«, sagte ich beim nächsten Mal. »Für den Winzerfestzug, weißt noch?«

»Ach so, ja, der Winzerfestzug. Da wär noch was.«

»Was?«

»Die große Martha.«

Die große Martha, erklärte er mir, war ein Fass im tiefsten Keller von Siegfried Fratschers Onkel, dem Weinbauer Thomas Kramer. Es müsste einmal im Jahr vom Weinstein gereinigt werden, das hätten sie, Eddi und Siegfried, bisher gemacht. Nur dieses Jahr seien sie zu groß, die Schultern zu breit, sie kämen nicht mehr durch den kleinen Eingang. Ob nicht ich das machen könnte? Dann wäre die Sache mit dem Umzug kein Problem.

»Ich geh auf jeden Fall mit«, sagte der Schorschi, als ich ihm davon erzählte. »Und da hast eine Schachtel Kool für deinen Freund.«

»Er ist nicht mein Freund. Und du brauchst net überall mitzugehen.«

Er schaute mich mit seinen großen traurigen Augen an. »Nur dieses eine Mal noch. Ich trau dem net. Dann lass ich dich in Ruhe.«

In der Büttnersgasse am Hintereingang zu Kramers Weinkeller stiegen drei Rauchsäulen in die Nachtluft und lösten sich langsam auf.

»Was will denn der da?«, fragte Eddi.

»Ich will mithelfen«, sagte der Schorschi. Und dann, zu mir: »Du rauchst ja.«

»Geht dich nichts an«, sagte ich.

»Wegen mir geht er mit«, sagte der Siegfried Fratscher, als er seine Zigarette mit dem Fuß austrat. »Aber Geld gibt's keins.«

Wir liefen durch den Hinterhof, wo ein Bulldog stand, schön geschmückt.

»Da, Marie, da wirst du morgen hinten sitzen«, sagte Eddi und stupste Siegfried mit dem Ellbogen in die Seite.

Einen Betontreppenlauf nach unten, Stahlfässer, Schläuche, dann eine Steintreppe weiter hinab in den untersten Keller, altes Gewölbe, mit schwarzen Pilzflecken durchzogen, unterschiedlich große Fässer links und rechts, runde, ovale, manche mit bunten Bildern verziert, andere nur mit Jahresangaben in schnörkeliger Schrift. Heute ist der Keller die Probierstube für das Weingut, wird aus nachträglich eingebauten Vitrinen in den Seitenwänden edel-bläulich beleuchtet. Damals hing eine einzige nackte Glühbirne von der Decke, die nur die Kellermitte in ein funzliges Licht tauchte, die Ecken blieben im Dunkeln.

»Das Letzte isses«, sagte Siegfried. »Hinten an der Wand.«

Es überragte die anderen Fässer um einige Zentimeter, trotzdem war der Eingang unten sichtlich kleiner. Siegfried schraubte den Holzstab vorne weg und machte das kleine Türchen auf. »Alles einsteigen«, sagte er. »Rechter Arm voraus, dann Kopf. Schlauch, Taschenlampe und Bürsten reichen wir nach.«

Bei der Gerichtsverhandlung entschied der Richter, es habe kein Vorsatz seitens Eddi Schätzki und Siegfried Fratscher vorgelegen, obwohl weder Schlauch noch Taschenlampe noch Bürsten im Keller gefunden wurden. So wurden die zwei, auch weil sie noch Jugendliche waren, freigesprochen.

»Es war nur ein Spaß«, gab Fratscher zu Protokoll.

»Wir wollten sie nur erschrecken«, pflichtete ihm Schätzki bei. »Weil sie immer so genervt haben mit ihren Rädern und Baumhäusern.«

»Wie lange wollten Sie sie erschrecken?«, fragte der Richter.

»Nur über Nacht«, antwortete Schätzki.

»Und dann haben wir verschlafen«, sagte Fratscher.

»Und dass die den Wein schon am nächsten Morgen einfüllen wollten, das konnten wir echt nicht wissen.«

»Jetzt schnell!«, hörte ich Eddi noch zischen.

In dem Augenblick, als das Türchen von außen wieder zugemacht wurde, war es stockfinster. Der Schorschi haute mit dem Fuß gegen das Türchen, aber Eddi und Siegfried schraubten es schon zu.

Dann hörten wir von außen Fratschers Stimme: »Die hat wirklich gedacht, du nimmst sie auf dem Anhänger mit.«

»Nie im Leben«, sagte Schätzki. »Ich zeig mich doch nicht mit dera Bohnenstange. Da ist doch nichts dran. Von der will ich bloß die Zigaretten. Ich geh mit der Rosi. Die geht ab wie eine Rakete.«

Gelächter, Schritte auf den Steinstufen und nach einiger Zeit das entfernte Geräusch eines Stahltores, das zugeschlossen wird.

»Glaubst es mir jetzt?«, kam Schorschis Stimme aus dem Dunkeln.

»Wenn du nur wieder recht haben kannst«, sagte ich. »Das kann jetzt dauern.«

Wir setzten uns hin.

Dann absolute Stille. Fast.

»Kannst du net durch die Nase schnaufen wie alle anderen auch?«, fragte ich.

»Tut mir leid.«

Es wurde ruhiger, langsam kroch die Feuchtigkeit durch den Jeansstoff an den Beinen hoch. Nach einigen Minuten hörte ich wieder Schorschis Schnaufen.

»Ich kann net anders, tut mir leid. Wenn wir draußen sind, übe ich das.«

»Nicht so schlimm. Es fällt bloß so auf, wenn es so dunkel ist.«

»Gell, gescheit dunkel ist es.«

Es gibt nichts Dunkleres als das Innere eines Fasses in einem Keller bei Nacht. Obwohl, einen Ort gibt es noch.

»Schorschi?«

»Ja.«

»Ich bin froh, dass du da bist.«

Und ich bin froh, dass ich das dem Schorschi noch gesagt habe.

Danach schliefen wir wohl ein.

»Schorschi?«

»Ja.«

»Hast du ins Fass gepinkelt?«

»Nein!«

»Weil es nass wird.«

»Stimmt. Es steigt immer höher. Das ist Wein. Die füllen den Wein in das Fass. Hallo! Hallo!«

Es dauert eine halbe bis Dreiviertelstunde, bis so ein Fass voll wird, und es wird ganz bis oben gefüllt. Kein Bläschen Luft bleibt drin. Wir schrien und hämmerten mit den Fäusten gegen das Holzfass, aber der Weinbauer war nicht im Keller, er hatte nur den Pfropfen oben herausgezogen und den Schlauch unten angeschlossen, während wir noch schliefen. Dann schaltete er die Pumpe ein und ging wieder nach oben, um im Hof den Anhänger für den Winzerumzug fertig zu machen.

Ab dem Moment, in dem das Fass halbvoll war, wusste ich, dass wir sterben würden. Als der Wein mir bis zum Hals stieg, nahm mich der Schorschi in den Arm und hob mich hoch, als der Wein uns beiden bis zum Hals reichte, sagte er: »Du musst dich auf mich stellen.«

Er holte tief Luft, tauchte unter, ich merkte, wie er sich auf allen vieren niederließ, ich kletterte auf seinen Rücken und hämmerte und schrie weiter.

Wie lange hielt er die Luft an? Dreißig, sechzig Sekunden? Über eine Minute? Lange genug. Der Bauer kam doch in den Keller und hörte mich, der Weinpegel stieg nicht weiter, ich konnte gerade noch die Nase darüber halten, aber nicht den Mund, dann fing der Pegel an zu sinken. Der Schorschi sackte unter meinen Füßen weg. Als ich wieder auf dem Fassboden stehen konnte, tauchte ich nach unten, aber ich konnte ihn nicht hochheben. Als das Fass endlich leer war, lag er regungslos mit dem Gesicht direkt vor dem Eingangsloch; ich musste ihn wegziehen, bevor ich wieder aussteigen konnte. Bis ich dem Weinbauer erklärt hatte, was passiert war, bis der Arzt kam, bis die Feuerwehr kam, bis das Fass aufgesägt war, bis der Schorschi herausgeholt war: eine Ewigkeit. Und das Schlimmste war, die ganze Zeit glaubte ich, man könnte ihn noch retten. So wie er mich gerettet hat.

Er liegt auf dem Friedhof beim Stadtgraben; ich gehe jeden Samstagvormittag hin.

Nach den Führungen zerfallen die Gruppen, das ist immer so, die Leute stehen zu zweit herum, zu dritt, einzeln. Er steht abseits, keine Frau gesellt sich zu ihm, er ist alleine. Manche geben mir ein Trinkgeld, viele schütteln mir nur die Hand und bedanken sich. Er hält sich im Hintergrund, er wartet, bis alle fort sind, er will offenbar als Letzter zu mir kommen. Jetzt steht er vor mir. Niemand ist in Hörweite, alle schlendern zurück zum *Gasthaus Krone*, wo Kaffee und Kuchen auf sie warten.

»Das haben Sie sehr schön gemacht, vielen Dank.« Er drückt mir einen Fünfeuroschein in die Hand. »Wissen Sie, ich bin gebürtiger Iphöfer, auch wenn man das nicht mehr hört.«

Er hat mich nicht erkannt.

»Dann kennen Sie doch eh alles.«

»Nee, ich war seit 1966 nicht mehr da. Und als Kind schaut man sowieso nicht so auf die Dinge.«

1966, genau. Da ist seine Familie in den Norden gezogen, das habe ich noch am Rande mitgekriegt. Die Fratschers sind ebenfalls fortgegangen, etwas später, nach Lübeck.

»Es würde mich interessieren, ob noch jemand aus meiner Kindheit da ist«, fährt er fort. »Ich habe alle Kontakte verloren, wie es halt so ist.«

»Ich kenne die meisten Leute hier«, sage ich. »An wen denken Sie?«

»An einen Siegfried Fratscher. Der war mein bester Freund. Den würde ich wahnsinnig gerne wiedersehen.«

»So ein Zufall. Ich weiß genau, wo er ist. Ich kann Sie zu ihm bringen.«

»Ach. Würden Sie das tun?« Er ist ganz gerührt, holt wieder das Taschentuch heraus und wischt sich über die Augen. »Ist es weit?«

»Wir müssen ein Stück fahren. Am besten jetzt sofort, ich habe gerade Zeit.«

»Wahnsinn. Ich sage bloß schnell Bescheid.«

»Nee, kommen Sie doch gleich mit, dann können Sie mit ihm etwas ausmachen, und wir sind in einer Stunde wieder da.«

Wir fahren über Markt Einersheim und Mönchsondheim nach Hüttenheim. Es ist ein schöner Oktobernachmittag, die Dörfer liegen versunken in den wogenden Feldern, Wäldern und Weinbergen, wie eingekuschelt in eine Patchworkdecke.

»Wunderschön hier«, sagt er. »Wissen Sie, ich bin als Kind gar nicht aus Iphofen herausgekommen, ich hatte nicht mal ein Fahrrad.«

Jetzt bloß kein Mitleid. Er sitzt etwas schief und angespannt im Beifahrersitz, wie Männer, die es nicht gewöhnt sind, gefahren zu werden, mit der rechten Hand klammert er sich an die Schlaufe oberhalb der Tür, sein linker Ellenbogen liegt auf der Mittelkonsole. Wie mein Mann, wenn ich ihn nach einer Schoppentour heimgefahren habe. Hätte er in einer anderen Welt mein Mann sein können?

Vielleicht. Egal. In dieser nicht. Ich überlege mir besser stattdessen, was alles schiefgehen kann, ob das Risiko sich lohnt. In Iphofen hat uns keiner gesehen, soweit ich weiß, und unterwegs auch nicht. Eine Taschenlampe habe ich dabei, er hat nur ein altes Handy, vorhin hat er vergeblich nach Nachrichten geschaut, also kein Smartphone mit Taschenlampenfunktion. Das Risiko ist hinnehmbar.

»Der Siegfried, Wahnsinn, der wird schauen. Was wir alles angestellt haben.« Er schüttelt den Kopf, und seufzt wie einer, der sich auf nicht mehr viel freut. »Hat er eine Frau?«

»Nee, er ist alleine. Wir sind gleich da. Ich hole bloß den Schlüssel.« Ich halte vor dem flachen Büro der Grube Hüttenheim und steige aus dem Auto. Hier ist kein Mensch mehr, alle sind schon im Wochenende. Hoffentlich wurde das Schloss nicht ausgewechselt. Nein, der Schlüssel meines Mannes passt noch, er war hier Betriebsleiter, bevor er starb. Und der Schlüssel zum Tor hängt da, wo er immer hing, an der Wand gleich links.

Wir fahren vor zur Einfahrt in die Grube, GLÜCK AUF steht darüber. Kavalier der alten Schule, der er ist, steigt Schätzki aus und schließt das Tor zu seinem Schicksal selber auf. Er steigt wieder ein, wir fahren hinein.

»Hier drin soll er sein, was macht er denn da, ist er Wachmann oder so was? Der müsste doch auch schon im Ruhestand sein«, sagt er nach einiger Zeit.

»Ja, schon. Er verdient ein bisschen was dazu.«

Die wogenden Wiesen, die wir vorher gesehen haben, sind unterirdisch von hier bis zum Frankenberg von der Grube Hüttenheim ausgehöhlt, aber nur die eine Schicht, wie eine Torte, in die ein gieriges Kind mit dem Finger hineinbohrt, nur die Sahne in der Mitte herauspult und die Erdbeeren liegen lässt, damit die obere Biskuitteigplatte nicht einstürzt. Die Grube ist Bayerns größtes Bergwerk, hier wird auf zwei Quadratkilometern Anhydrit für Fließestrich abgebaut, alles auf einer Ebene, in einer Höhe von vier Metern, ein Labyrinth von Durchgängen und Tausenden von stehen gelassenen Stützpfeilern. Das Scheinwerferlicht bestrahlt nur den Weg vor uns und die Pfeiler links und rechts davon, die anderen dahinter kann man nur erahnen. Links, rechts, links, wir fahren den Hauptgang entlang. Immer geradeaus, nach einem Kilometer wird der Weg schotterig, und das Auto rumpelt darüber. Hierher kommt kein Arbeiter mehr, dieser Abschnitt ist seit über dreißig Jahren verwaist.

Nach einem weiteren Kilometer nach links, noch mal nach links, nach rechts, noch ein paar Hundert Meter. Jetzt stopp, Scheinwerfer und Motor anlassen. Irgendwo hier war mein Mann in den 80er-Jahren alleine, seine Helmlampe ging aus, ein Suchtrupp fand ihn nach fünf Stunden, weil sie wussten, wo er ungefähr war. »Allein hätte ich keine Chance gehabt«, sagte er nach seiner Rettung. »Nach fünf Sekunden bin ich schon gegen einen Pfeiler gelaufen, der gar nicht hätte da sein dürfen.« Handys funktionieren hier nicht, den Baggerlärm hört man nicht mehr, Wasser gibt es nicht.

»Wir sind da«, sage ich. »Jetzt müssen wir noch ein kleines Stück laufen.«

»Also, der Siegfried spinnt ja! So arg nötig kann er das Geld doch nicht haben.«

Wir steigen aus, ich knipse meine Taschenlampe an, wir laufen zwanzig Meter nach vorne. Im Lampenlicht leuchtet ein Pfeiler in der Mitte auf und links und rechts davon zwei weitere. Die Gänge dazwischen sind finster. Leere Augenhöhlen in einem Totenschädel.

»Irgendwie denke ich, wir kennen uns von früher«, sagt er.

»Kann sein. Moment, ich glaube, ich höre ihn dahinten. Wir wollen ihn überraschen, bleiben Sie hier stehen, bewegen Sie sich ja nicht weg, sonst finde ich Sie nie mehr. Ich hole ihn hierher.«

»Au ja. Schwenken Sie die Taschenlampe kurz über mich, und dann auf sein Gesicht. Das will ich sehen. Er erschrickt bestimmt zu Tode!«

»Mache ich.«

Ich laufe zurück, nach rechts, nach links, ich bin am Auto, schnell eingestiegen, Tür zu, Rückwärtsgang, gewendet, das Scheinwerferlicht streift ihn und seinen Haarwirbel ein letztes Mal, wie er leicht verunsichert und schon verloren eine Hand zum Gruß hebt. Dann fahre ich los.

Vorsätzlich, sicher. Aber eine Chance hat er, immerhin. Zugegebenermaßen keine große. Sie ist genauso klein wie die von Siegfried Fratscher damals, vor fünfzehn Jahren, als er mit der Reisegruppe aus Lübeck ankam.

Na, vielleicht treffen sie sich wirklich wieder.

Kilian Bartsch

Trinker, wollt ihr »Ewig Leben«?

RANDERS-
ACKER

Die Würzburger Ausflüglergruppe war ratlos. Auf dem Weinfest am Mainufer war eine Führung durch das angeblich geheimnisvolle Randersacker angekündigt worden. Ausgangspunkt Museum, Dauer eine Stunde. Vor dem ersten Rätsel standen sie schon. Denn das Steinhauermuseum im ehemaligen Mönchshof war zwar erleuchtet, die Tür jedoch versperrt. Auf ihr Klopfen hin meldete sich niemand. Jemand entdeckte den Aushang: »Da steht es, schwarz auf weiß: *Nächtliche Führung durch die Geheimnisse von Randersacker. Am Ende Weinverkostung im Keller des Weingutes Schmitt.* Das ist heute.« Der Mann, der das feststellte, war Mitte vierzig und trug ein teures Freizeithemd.

»Und die Uhrzeit stimmt auch«, sagte eine Dame, seine Frau. »Elf Uhr bis Mitternacht. Oder?« Von der St. Stephanuskirche kam der Glockenschlag, zwölfmal.

»Mist«, ließ sich eine jüngere Stimme vernehmen. »*Bis* Mitternacht. Ich dachte: *ab*.«

»Ja, du hast auch gesagt: *ab*. Verdammt. Jetzt stehen wir hier, bloß weil du auf Gespenstergeschichten abfährst.« Seine Freundin war sauer. »Mama, er ist so unzuverlässig«, wandte sie sich an die erste Sprecherin.

»Ab Mitternacht wäre viel logischer gewesen«, wehrte der Junge sich. Es wurde still, sehr still. Außer ihnen schien in Randersacker niemand mehr auf zu sein in dieser lauen Sommernacht. Der Festlärm vom Ufer hatte sie nicht lange begleitet. Schon die Hauptstraße hatte wie ausgestorben gewirkt. Jetzt drückte das schwere alte Gemäuer auf ihre Köpfe.

»Da stehen ja auch noch die Lampen.« Eine pragmatische Stimme ließ sich vernehmen. Der Mann, dem sie gehörte, trat an den Ständer und holte eines der Lichter heraus. Es sah aus wie eine mittelalterliche Laterne, hatte aber eine Glühbirne im Inneren und einen Schalter, wie die meisten Martinslaternen der Kinder heutzutage. Er knipste sie ein und schwenkte sie. Der dunkle Torweg, in dem sie standen, erhellte sich. Er musterte die Gesichter seiner Mitstreiter: Sie waren zwei Ehepaare, er hatte noch die Schwägerin dabei und diese eine Freundin. Die anderen waren mit ihrer Tochter und dem unzuverlässigen Schwiegersohn in spe unterwegs. »Wollen wir so losgehen?«, fragte er. »Zumindest bis zum Weinkeller?«

Die Meinungen waren geteilt. Jemand gähnte. Da waren Schritte auf dem Pflaster zu hören. »Hallo?« Der Mann mit der Laterne ließ seinen Bass ertönen. »Hallo, sind Sie vom Museum?«

Die Schritte verharrten. Zunächst sahen sie, gegen den Hintergrund der aufgelassenen Klosterkirche im Inneren des Hofes, nur einen Schattenriss. Der Mensch war groß, der da stand, groß und dünn. Er trug eine Art Schlapphut, nichts Modernes. Allenfalls Kirchweihburschen sah man noch in so einer Tracht. Oder eben die Leiter von historischen Stadtführungen. »Sind Sie hier zuständig?«

»Ja«, fiel eine Frauenstimme ein. »Wir haben uns verspätet. Aber vielleicht sind wir ja genug Leute für eine zweite Führung?« Sie faltete den Flyer auf, den sie mitgebracht hatte. Dort war die Veranstaltung zwischen den vielen anderen Festen der Weinregion aufgelistet. »Zumindest für eine verkürzte Runde?« Sie versuchte, ein wenig zu flirten. Ihr Mann legte den Arm um sie.

Der Angesprochene trat näher. Er war wirklich groß und wirklich dünn. Sein Gesicht, beschattet von dem Hut, leuchtete blass. Doch man sah nicht viel davon. Traurig, wie die ganze Gestalt wirkte, ließ er den Kopf beständig ein wenig hängen.

»Kommen Sie, Mann. Nur ein, zwei der Geheimnisse von Randersacker.« Der Junge war wieder obenauf. »Wir sind extra von Würzburg gekommen.« Es klang weit, und für ihn war es das, auch wenn Randersacker streng genommen eingemeindet war.

Der Mann schien die Antwort auf dem Boden zu suchen. »Geheimnisse«, sagte er dann. Seine Stimme klang rau, wie lange nicht benutzt. »Von Geheimnissen will meist keiner was wissen.« Doch er griff nach einer der Laternen. Er schien eine erwischt zu haben, die defekt war, denn ihr Licht flackerte unruhig und gelb. Doch er hielt sie hoch und schien bereit, sie zu führen.

»Oh, wir schon«, zwitscherte die Dame und nickte den anderen zu, jeder möge sich ein Licht schnappen.

Ihr Führer setzte sich in Bewegung. Auf die mittelalterlichen Mauern des Mönchshofs folgten ein moderner Kindergarten und die Durchgangsstraße, die sie hergeführt hatte. Selbst im Dunkeln war zu sehen, dass sie sich in einem engen Tal befanden, bedrängt von den Hängen der Weinberge, die überall zwischen den Dachfirsten sichtbar wurden, schwarz unter dem durchsichtigen Mitternachtsblau des Himmels. Jetzt, im Dunkeln, schienen sie die Tageshitze auf die kleine Gemeinde an ihrem Fuß zurückzustrahlen. Der Main lag nicht weit hinter den Häusern, allerdings abgetrennt vom Ort durch die Bundesstraße. Er war nicht zu sehen, nicht zu hören, und er sandte keine Kühle zwischen die alten Steine. Die Dunkelheit hüllte gnädig die Bausünden ein, die sich zwischen die alten Fachwerk- und Muschelkalkhäuser geschlichen hatten. Man sah vor dem Sternenhimmel nur noch die geschwungenen Barockgiebel, die steilen, mittelalterlich anmutenden Dächer des Altdorfes, die sich eng ineinanderschoben, und den Kirchturm von St. Stephanus mit seinen barocken Bögen. Die Illusion einer unbestimmten Vergangenheit war perfekt. Wo immer sich der Lichtstrahl hinrichtete, wenn sie die Laterne hoben, zeigte sich altes Mauerwerk, berankt von Wein, ein schmiedeeisernes Torgitter, eine enge Gasse, die geduckt in die Finsternis lief, ein goldfunkelndes Wirtshausschild, eine Madonna, den Fuß auf dem Kopf der Schlange, oder das gramerfüllte Gesicht eines Heiligen auf einer Gartenmauer.

»Verdammt viel katholischer Kram hier«, flüsterte der Junge.

Endlich, als sie schon dachten, es würde gar nichts mehr geschehen, blieb ihr Führer stehen. Seine Stimme, noch immer rau, klang leiernd. »Hier sehen Sie den Gartenpavillon des berühmten Barockbaumeisters Balthasar Neumann. Es ist das kleinste erhaltene Bauwerk des Künstlers. Mit schiefergedeckter welscher Haube, kupfernen Firstvasen, eingezogenen Ecken und Pilasterkapitellen krönt das Gartenhäuschen die ehemalige Dorfmauer. Alle Maßverhältnisse basieren auf dem Goldenen Schnitt.« Die Frau des Mittvierzigers zog ihr Faltblatt zurate. Sie seufzte, als sie feststellte, dass die Worte des Führers exakt dem Text im Werbeflyer entsprachen, bis auf das Komma genau. Er schien zu der Sorte zu gehören, die jeden Tag dasselbe auswendig herunterleierten. Schade, von diesem Menschen waren wohl kaum Geheimnisse zu erwarten.

Der Stadtführer blieb im Dunkel des Gartengrundstücks zurück, während seine kleine Gruppe Besucher die Stufen hinaufstieg, um mithilfe der Laternen den winzigen barocken Bau zu besichtigen. »Die Baumaterialien sind Würzburger Werksandstein und Randersackerer Muschelkalk«, murmelte er.

Der Mittvierziger flüsterte seiner Frau zu: »Bleibt das jetzt so spannend?« Sie tätschelte ihn beruhigend.

Als hätte er sie gehört, fuhr ihr Führer fort zu sprechen. »Die Einnahmequellen von Randersacker waren immer schon der Fischfang im Main, der Wein und der Abbau des Kalksteins, der hier welteinmalig als Quaderkalk vorliegt. Das heißt, durch tektonische Spannungen wurde der abgelagerte Muschelkalk in quaderförmige Blöcke aufgespalten.«

Die Frau des Mittvierzigers raschelte mit ihren Unterlagen. »Hier steht, dass man das an einem Modell im Museum sehen kann. Wir gehen doch nachher noch ins Museum?«

»Eine Nacht im Museum«, witzelte ihr Beinahe-Schwiegersohn. »Hoffentlich wird das nicht so stressig wie in dem Film. Lebende Mumien, huhu!« Er kitzelte seine Freundin, die aufkreischte.

Ihr Führer regte sich nicht. Seine Gesichtszüge waren seltsam verschwommen.

»Aber Sie haben hier keine Gespenster?«, fragte der Jugendliche wieder. »Keine spukenden Mönche im Mönchshof? Keine gemeuchelten Winzer in Kellergewölben?«

Der Führer verzog keine Miene. »Wir gehen jetzt zum Zehnthof. Er besitzt die älteste Weinzehnttafel Frankens. Sie stammt von 1332.«

Die Frau des Mittvierzigers seufzte. »Hier steht«, verkündete sie nach kurzem Studium ihres Flyers laut, »dass der Zehnthof einst ein Asylrecht besaß. Wer immer den Knauf des Tores berührte, wurde drei Tage von Strafverfolgung verschont.« Sie schaute ihre Tochter an. »Da haben sich bestimmt dramatische Szenen abgespielt.«

»Frag meine Frau«, rief der andere Mann. »Drei Tage Asyl gibt's bei uns daheim net.« Er erntete lachenden Protest von Gattin und Schwägerin, die ihn begleiteten.

»Sind Sie von hier?«, erkundigte sich die Freundin der Schwägerin beim Führer. Sie war vom Typ her eine ehemalige Lehrerin, resolut, zugeknöpft, neben der Laterne einen Stock handhabend.

Der Führer, der sich eben mit der ganzen Gruppe wie angekündigt in Richtung Zehnthof in Bewegung gesetzt hatte, neigte sich zu ihr hinunter. »Mein Vater war hier noch Fischer«, sagte er, »bis in den Sechzigern mit dem Ausbau des Mains zur Wasserstraße Schluss war. Ich erinnere mich noch an sein Boot, ›Schelche‹ nannte man das. Und an den Geruch der Netze, wenn sie zum Trocknen aufgespannt waren.«

»Oh«, sagte die Dame. »1960. So alt sehen Sie gar nicht aus.«

Er war stehen geblieben, einen Dank murmelnd. Irgendetwas hatte seine Aufmerksamkeit erregt. Die ganze Gruppe kam mit ihm zum Stillstand. Da er nichts sagte oder erklärte, hoben einige die Laternen. Sie standen an der Einmündung einer engen Gasse, eher einer Toreinfahrt. Das Eckhaus war aus den typischen grauen Kalksteinbrocken gebaut, nicht verputzt, die Fenster- und Türstürze verziert, eine Jahreszahl über der Tür verriet, dass der Bau seit 1783 stand. Über seinen Zweck allerdings ließ sich nichts sagen. Kein Schild gab Auskunft. Alles wirkte eher verwahrlost als historisch. Die Scheiben waren trüb, teils zersplittert, aus einigen Ritzen wuchs Gras. Die Holztür hatte jemand wenig einladend mit Brettern vernagelt. Kein Heiliger stand mehr in der Nische an der Hausecke. Nur ein schmiedeeiserner Halter über der Tür war bemerkenswert. Das Schild darin konnte keiner mehr lesen, es zeigte aber noch schwach einige Trauben unter der verwitterten Schicht. Stand man vor einem Wirtshaus? Einem Weingut?

Es gab in Randersacker viele Lokale, große, kleine, altmodische, moderne, elegante, mit stolzen Namen wie *Löwe* und *Bär*, *Edelhof*, *Krone* oder *Ewig Leben*. Sie alle waren gut besucht und lebendig. Keines ähnelte dieser Kaschemme.

»Das war der *Horstl*«, sagte ihr Führer, als sie schon dachten, er würde nie wieder einen Mucks machen. »Hier saß mein Vater mit den anderen Fischern. Hier hockten sie nach der Arbeit, und später die Einheimischen, alle halt, die sich kannten. Touristen kamen nie zum *Horstl*, dafür war das Essen nicht gut genug, eigentlich gab es gar kein Essen. Nur den hiesigen Wein.«

»Also ein Geheimtipp«, witzelte der Mittvierziger.

»Die kleine Kneipe in unserer Straße«, summte der, der Asyl von seiner Frau gesucht hatte.

Der Führer schaute auf. »Sie haben doch nach Gespenstern gefragt.« Sein Gesicht flackerte, was seltsam war, weil das Licht der Laternen doch elektrisch war und stetig brannte. »Wir haben keine in den Weinbergen oder im Kloster oder in St. Stephanus. Aber hier, beim *Horstl*, da haben wir welche. Vier Mann sind hier gestorben. Und danach hat niemand mehr das Haus betreten wollen.«

»Vier, das ist ja Serienmord«, sagte die Frau des Asylsuchenden, die viele Sendungen über die Arbeit von Polizei und Gerichtsmedizin schaute. »Alle vom selben umgebracht?« Sie zog die Schultern hoch und griff nach dem Arm ihres Mannes.

»Jetzt wird es doch noch interessant«, flüsterte der Mittvierziger seiner Frau zu. »Besser als Balthasar und Quaderkalk.« Laut fügte er hinzu: »Erzählen Sie.«

Ihr Führer hatte den Kopf gesenkt. Sein Gesicht war von der Hutkrempe beschattet. »Der Horstl war aus einer Winzerfamilie, wie wir hier viele haben. Siebzehn Weingüter gibt es in Randersacker heute. Die Leut vom Horstl besaßen ein achtzehntes. Aber sein Vater war ein Trinker, und der Horstl wurde auch einer, und am Ende waren alle Lagen, die sie besessen hatten, verkauft, und geblieben war nur die Wirtschaft, und auch dahin kamen nur noch die, die selber zu viel tranken. Die und ein paar Eingesessene, die schon den Vater gekannt hatten und den Horstl nicht im Stich lassen wollten.«

»So was gab's bei uns daheim auch«, meinte der Asylsuchende. »Die Frauen gingen nicht mit hin, weil die Tische klebten, aber es war halt ein Teil vom Dorf.« Der Blick seiner Frau sagte, dass sie es liebend gerne sähe, wenn ihr Mann nicht so regelmäßig Anteil an dieser Art Geschichte nähme.

»Darf ein Alkoholiker überhaupt Wirt sein?«, fragte die Freundin des Jugendlichen, die Arzthelferin lernte und nicht rauchte. »Ist das nicht verboten?«

Der Führer lächelte. »Am Ende war es so, dass der Horstl keine Schanklizenz mehr hatte. Aber in Randersacker geht einem der Wein nicht aus, und die Stammgäste kamen durch die Hintertür. Vier am Ende, wie gesagt, sie spielten Schafkopf. Der Horstl saß dabei, der konnte die Karten eh nicht mehr halten.«

»Wenn's bei mir mal so weit ist«, sagte der Mittvierziger zu seiner Frau, »dann lass mich notschlachten, bitte.«

»Reden Sie doch nicht so gottlos daher«, erwiderte die Lehrerin und bekreuzigte sich. Die anderen Damen dagegen kicherten.

»Die vier anderen waren: Der Andi vom Fischer und der Wilhelm Teufel, der Kellermeister gewesen war. Als Dritter der ehemalige Sportlehrer, der Dellingers Fritz, und schließlich der Albert Herbst. Der Albert war das Problem in der Gruppe, denn er war so einer, der nervte.«

»Kenn ich«, rief der Asylsuchende. »So einen gibt es in meiner Runde auch.«

»Einer nervt immer«, meinte der Mittvierziger stoisch. Er war Personalchef und kannte sich aus. »Was war an dem Mann denn so nervig?«

»Am meisten aufgeregt hat die anderen, dass er immer seine eigene Flasche Wein mitbrachte«, erklärte der Führer. »Der Horstl war zwar nämlich ein Wrack, aber eines mit Beziehungen, und bei ihm gab es gute Tropfen. Er hatte Kontakte zu einigen der Weingüter, und was er da zugesteckt bekam für seinen privaten Gebrauch, das war nicht zu verachten. Da wurde beim Kartenspielen so einiges verkostet. Zum Beispiel ein im Eichenfass gereifter Silvaner vom Lämmerberg. Das war ein Tropfen. *Ewig Leben Silvaner* von 1978.« Er seufzte, als schmecke er den Wein noch.

»*Ewig Leben*, klingt schon fast schaurig«, meinte die Schwägerin des Asylsuchenden. »Ewig leben, wer will das schon?«

Ihr Schwager nickte. »Die Ewigkeit dauert lang, vor allem gegen Ende.«

Seine Frau kicherte. »Das kann sich hinziehen.«

»Das kommt von ›zum ewigen Lehen gegeben‹«, erklärte der Führer. »Und das war das Nächste, was am Albert nervig war. Denn er hörte nicht auf, allen zu erklären, dass die eigentliche Lage *Ewig Leben* mal seiner Familie gehört habe und alles, was heute so heiße, Schwindel sei. Was Unfug ist.«

»Hier um Randersacker heißt doch alles *Ewig Leben*«, meinte der Asylsuchende. »Stimmt doch, oder?«

Der Führer nickte. »Jawohl, egal, ob Sonnenstuhl oder Marsberg, alle Lagen nennen sich so, außer dem Pfülbel.

Man nennt das eine Großlagenbezeichnung. Aber eine heißt selber und wirklich so: *Ewig Leben*. Die zieht sich hinten in Richtung Gerbrunn. Und die hat der Albert für sich reklamiert. Er hätte da Urkunden, man würde noch sehen. Eines Tages müssten alle sich umbenennen.« Er winkte ab.

Der Mittvierziger konstatierte: »Ein Großmaul, wie es im Buche steht.«

»Vielleicht wurde er ja umgebracht, weil was dran war an der Erbschaftssache?«, meinte der Junge. Als alle ihn anschauten, fügte er hinzu: »Äh, er wurde doch umgebracht, oder?« Die Köpfe wandten sich dem Führer zu. Der aber schien völlig in seine Geschichte versunken. »Der Andi hat ja auch nie davon geredet, wie das war, als das Mainufer noch den Menschen gehörte und sie dort Fische fingen. Nicht wie jetzt, wo nur Erklärungstafeln und Liegestühle herumstehen und so tun, als gäbe es die Bundesstraße mit ihrem Lärm und Gestank nicht. Und der Wilhelm wollte auch nicht immer davon reden, wie das war, ehe jedes Weingut eine Homepage brauchte und vegane Weine und eine Speisekarte mit Gänseleber. Und der Dellinger ... aber lassen wir das.«

»Klingt ja spannend«, meinte die junge Arzthelferin gelangweilt.

»Sehen Sie, der Albert nervt sogar Sie.« Der Führer hob den Kopf. »Aber am meisten hat alle diese Flasche geärgert, die er immer mitbrachte. Als ob es beim *Horstl* nichts Gutes gäbe. Als ob er zu geizig wäre. Ein Bocksbeutel, Kerner von 1981. *Ewig Leben*, versteht sich, aus der ehemaligen Lage Gerstberg, südwestlicher Hang, dritte Reihe von links, vierter und fünfter Rebstock. Pfff. Wollte uns immer einreden, nur das könne man trinken. Und nur dieses Jahr.« Er machte eine wegwerfende Handbewegung. »Eines Tages dann, es konnte auch daran liegen, dass der Albert oft beim Schafkopfen gewann ... oder daran, dass er so schlecht über seine Frau zu reden pflegte, wo doch jeder wusste, dass die Anita eine Gute war ...« Er verstummte, ohne den Satz zu beenden.

Die Schwägerin neigte sich zu dem Asylsuchenden hinüber. »War 1981 denn ein so guter Jahrgang?«

Er zuckte mit den Schultern.

»So was weiß der doch nicht«, flüsterte seine Gattin ihr über die Schulter zu. Sie kicherten. Ihr Mann dachte an den Türknauf des Zehnthofes.

»Pscht«, machte der Jugendliche. Er wollte endlich von den Morden hören.

»Jedenfalls«, ließ ihr Führer sich vernehmen, »eines Tages kommt einer seiner Freunde auf eine Idee: Er will dem Albert seinen Wein austauschen, heimlich, wenn die Flasche auf der Anrichte steht, wo der Horstl sie entkorkt und aufträgt, zusammen mit denen, die er selber aufgetrieben hat. Da will er die Flasche nehmen und ausleeren und einen anderen Wein hineinschütten. Mal sehen, ob das dem Albert wirklich auffällt, wo er doch immer so groß tönt, was anderes käme ihm nicht zwischen die Kiemen.«

»Kiemen«, stellte der Mittvierziger fest, »das war dann wohl der Fischer, der solche Intrigen spann.«

»Er war nicht der Einzige.« Der Führer klang traurig. »Die anderen beiden hatten auch ihre Pläne, nur wusste keiner vom anderen.«

»Was für Pläne?«, fragte der Asylsuchende. Er bekam keine Antwort.

»Jedenfalls ging für den Andi alles glatt. Er stand auf, um dem Horstl beim Servieren zu helfen, der zitterte ja eh so, das fiel keinem auf. Eigentlich halfen sie eh immer alle zusammen. Nur der Albert blieb meist sitzen, das war auch so was, was alle nervte.« Er hob die Laterne und ließ das Licht einmal über die verkommene Fassade gleiten. Für einen Moment war es, als könnte man die Buchstaben des Wirtshausschildes doch noch lesen: *Beim Horstl*. Dazu die Trauben und ein lachendes Faunsgesicht. Hinterlistig zwinkernd schaute es sie an.

»Der Albert bekam seinen Bocksbeutel samt Glas, die anderen bekamen Gläser und eine Flasche Rotling dazugestellt. Der sollte in dem Jahr besonders gelungen sein.«

»Wie 2015«, sagte der Asylsuchende mit Kennermiene. »Das war auch ein Jahrhundertjahr für Wein. Habe ich gelesen«, fügte er hinzu, als seine Frau ihn für die Angeberei leise puffte.

»Natürlich war der, der den Wein vertauscht hat, gespannt«, fuhr der Führer unbeirrt fort. »Und er wurde nicht enttäuscht, nein, er wurde überrascht. Der Albert nämlich hatte den falschen Wein kaum im Mund, da spuckte er ihn auch schon in weitem Bogen über den Tisch. Der Dellinger hatte die besten Reflexe, der brachte gerade noch die Spielkarten in Sicherheit. Dann nannte der Albert sie Sauhunde, allesamt, stand auf und verschwand. Den Bocksbeutel ließ er da.

Sein Benehmen fanden alle seltsam, selbst für den Albert. Der den Wein vertauscht hatte aber fand es bemerkenswert. Dass der Albert doch so eine feine Zunge haben sollte. Er schenkte sich selber davon ein und probierte einen Schluck: War irgendwas damit nicht in Ordnung, so, dass es auffiel? Aber es war ein süffiger Weißer, und er schenkte auch den anderen ein. Der Dellinger Fritz probierte vorsichtig, der Wilhelm Teufel schien verstimmt und nahm gar nichts. Allen war nicht mehr wohl; der Abend war verdorben, und sie brachen bald auf.

Am nächsten Morgen war der Horstl tot. Lag in der Wirtschaft. So, wie er umgefallen war, den Bocksbeutel vom Albert noch in der Hand, den er, kaum alleine, offenbar auf Ex geleert hatte. Nachdem er den Rotling zuvor schon alle gemacht hatte. Alle dachten: typisch. Säuferexitus.«

Die Gruppe schaute ihn an. Hielt den Atem an.

Der Führer kratzte sich unter dem Hut am Kopf. »Also haben wir den Horstl begraben.«

Der Jugendliche konnte nicht an sich halten. »Ja? Und?«

»Der Dellinger, der nur ein Glas nahm, ist eine Woche später schwer krank geworden. Nach einer Woche sagten die Ärzte, sie verstünden es nicht, aber sie könnten nichts für ihn tun. Er würde sterben.«

»Mein Gott«, entfuhr es der Schwägerin. »Das muss man sich mal vorstellen.«

Betroffen schauten alle einander an. Ihre Laternen, gesenkt, beleuchteten ihre Schuhe auf dem Kopfsteinpflaster, zwischen dem Moos und Anemonen wuchsen.

»Da hat der Dellinger gebeichtet, dass er das Abführmittel in den Wein gegeben hatte. Er hätte den Albert nur ärgern wollen, weil der immer so einen Scheiß geredet hätte, da hätte er sich halt auch mal richtig ausscheißen sollen. Das mit dem Horstl, das hätt er nicht gewollt. Er hätt ja sogar selber ein Glas getrunken.«

»Wieso eigentlich, der Depp?«, fragte der Asylsuchende.

»Also, wenn ich dir Abführmittel in den Wein schütten würde, würde ich schon ein Schlückchen nehmen, damit kein Verdacht auf mich fällt«, stellte seine Gattin fest.

»Genau«, pflichtete die Schwägerin ihr bei. »So was nennt man Alibi.«

»Das waren also die Pläne.« Der Jugendliche pfiff. »Einer tauscht nur den Wein aus, ein zweiter geht weiter und will seinem Kumpel eine Darmspülung verpassen. Schöne Freunde.«

»Na, der Erste wollte den Albert ja nur auf die Probe stellen«, wandte der Führer ein. »Dem ging das auch alles sehr nach. Er hat deshalb den Albert aufgesucht, um ihm zu beichten. Hat geschworen, dass er von dem Abführmittel nichts wusste. Und hat wissen wollen, was der Albert so schnell erkannt hat, dass er gleich ausgespuckt hat: den falschen Wein oder das Medikament? Gerade, als der Albert was sagen wollte, hat das Telefon geklingelt: Der Fritz war gestorben. Da saßen sie da.«

»Aber man stirbt doch nicht von einem Abführmittel«, wandte die junge Arzthelferin ein.

»Genau«, gab die Lehrerin zu bedenken. »Dass ein Säufer im Endstadium so ein Mittel nicht verträgt, verstehe ich ja. Aber ein gesunder Mann, noch dazu ehemaliger Turnlehrer. Ich kenne solche Menschen doch. Die wirft ein Abführmittel nicht um.«

Der Führer wurde noch eine Schattierung blasser. »Deshalb wurde der Dellingers Fritz am Ende auch obduziert. Und als sie damit fertig waren, haben sie auch den Horstl ausgegraben und ihn auch noch aufgeschnitten. Und dann stand fest: Die waren an Rattengift gestorben. Und das Gift war in der Flasche mit dem Kerner vom Albert. Drum hat die Polizei ihn auch am nächsten Tag verhaftet.« Der Mittvierziger nickte. »Klar, dass das verdächtig wirken muss.«

»Ja, aber es war ja nicht sein Wein, den hatte ja dieser Fischer ausgetauscht. Der Albert war doch das Opfer, um das es ging.« Die Lehrerin stellte die Dinge richtig. »Ich hoffe doch sehr, der Fischer ist zur Polizei gegangen und hat das zugegeben? Junger Mann?«

112

Der Führer nickte. »Aber die Polizei war nicht überzeugt, die hat auch wissen wollen, wieso der Albert den Wein ausgespuckt hat. Da hat er endlich geredet, der Albert. Es stellte sich heraus, dass er Alkoholiker war. Alkoholiker, aber trocken, schon seit Jahren. Weshalb er in seinem Bocksbeutel immer heimlich Eistee mitbrachte, gut verkorkt, sodass es keinem auffiel. Denn reden wollte er nicht drüber. Und dumm dastehen als Wassertrinker auch nicht. Hatte wohl Angst, dass er sonst nicht mehr richtig dazugehörte, zu der Runde im *Horstl*. War halt seine Art von Stolz. Der Albert war eben ein nerviger Mensch.«

»Ah«, machte die Lehrerin. »Und als er dann merkte, dass Wein in seinem Glas war statt Tee, hat er ihn sofort ausgespuckt und natürlich gewusst, dass er gefoppt wurde. Das war ja kein Kunststück.«

»Das hat ihn gerettet«, stimmte der Führer zu. »Der dumme Scherz von seinem Freund hat ihn gerettet. Der Horstl, der alles soff, der musste dran glauben.«

»Und der, der sich für seine Abführmittelattacke ein Alibi verschaffen wollte, der krepierte auch, der arme Idiot.«

»Aber das heißt ja ...«, entfuhr es der Gattin des Asylsuchenden. »Alle drei Freunde dieses Albert ...«

»... waren keine«, vollendete ihre Schwester den Satz: »Einer legt ihn rein, einer erlaubt sich einen üblen Scherz. Und einer will ihn töten.«

»Hat man den Täter festgenommen?«, erkundigte sich der Mittvierziger. »Das war doch wohl jetzt wirklich der Kellermeister! Ich meine, von einem Wein mit Rattengift, da nimmt man dann wirklich keinen einzigen Schluck, nicht mal für ein Alibi.« Er nickte der Gattin des Asylsuchenden zu.

»Was für ein Teufel, dieser Teufel«, meinte die Schwägerin.

»Nomen est omen«, verkündete die Lehrerin.

»Der Teufels Wilhelm konnte nicht mehr dazu befragt werden«, sagte der Führer leise. »Der hat sich aufgehängt, übrigens in seinem Haus beim Tanzplan, wir kommen an dem Torbogen nachher noch vorbei. Er trägt eine sehr schöne Barockmadonna von einem rheinischen Bildhauer.«

»Und man hat nie erfahren, warum? Ich meine, warum er seinen Freund umbringen wollte?« Die Frau des Mittvierzigers legte sich die Hand auf den enormen Busen.

»Hören Sie schlecht? Der Typ hat genervt.« Für den Jugendlichen war der Fall klar.

»Ja, aber man ermordet doch keinen, weil er nervt, junger Mann.« Die Lehrerin.

»Fragen Sie nicht meine Frau«, meinte der Asylsuchende.

»Fragen Sie meinen Mann«, meinte die gleichzeitig.

Allgemeines erleichtertes Gelächter. Sie rollten die Schultern und schwenkten die Laternen und dachten daran, dass bei Tageslicht die steilen Rebhügel rings noch über die Dächer des Ortes aufragten und wie behütet und idyllisch das aussah. Sie waren bereit für den Zehnthof, bereit auch für das Museum und die Urmeersohle. Bereit für alles, was weniger finster war als dieses steile Sträßlein.

»Das sind jetzt drei Tote, Sie sprachen aber von vier«, warf da die Lehrerin ein, den Rotstift in der Stimme.

»Stimmt«, meinte der Jugendliche. »Serienmord. Wer war der Vierte?«

»Der Albert hatte an dem Abend einen Schluck Wein in den Mund bekommen«, erklärte der Führer. »Was ihn anging, so reichte das wohl, um mit dem Saufen wieder anzufangen. Ist kein halbes Jahr später stockblau mit dem Auto in den Main gebrettert und ersoffen. Vielleicht hatte es auch damit zu tun, dass seine Frau, die Anita, fast jede Woche Blumen auf das Grab vom Wilhelm legte.«

»Aha!«, rief die Schwägerin. »Da haben wir ja das fehlende Motiv. Erwin, du solltest nachsehen, ob deine Frau wirklich nur das Grab von unserem Vadder pflegt, wenn sie immer auf dem Friedhof ist.«

»Asyl!«, rief der Angesprochene mit komischer Miene. »Wo ist der Zehnthof?«

»Es ist der älteste Zehnthof Frankens«, leierte der Führer automatisch los.

»Ja, aber Moment.« Die Lehrerin ließ sich nicht beirren.

»Was wollen Sie, vier Tote. Jetzt ist das Maß voll.« Der Mittvierziger war willens, nunmehr aufzubrechen.

»Vier Tote, ja, aber in der Wirtschaft waren fünf Mann. Die vier Kartenspieler und der Wirt. Drei Spieler und dieser Horstl sind tot. Was wurde aus dem Vierten, diesem …« Sie überlegte.

»Der Fischer!«, fiel es dem Jugendlichen ein. »Genau. Der Fischer Andi. Der sich die harmlose Sache mit dem vertauschten Wein, also mit dem Tausch von Eistee gegen Wein ausgedacht hat.« Er schaute in die Runde. »Der hat ja nichts Schlimmes getan.«

»Na ja, wegen ihm hat der Albert wieder getrunken«, gab die Gattin des Mittvierzigers zu bedenken.

»Quatsch, der hat gesoffen, weil seine Alte ihn mit einem Kellermeister betrogen hat. Und vielleicht sogar mit ihrem Liebhaber gemeinsam seinen Tod plante.« Der Asylsuchende ließ da keine Zweifel aufkommen.

»So eine Sucht ist eine lebenslange Sache«, erklärte dagegen die Arzthelferin. »Bei manchen genügt ein Schluck, schon saufen sie wieder los – und: Filmriss.«

Ihr Freund drückte sie an sich und versuchte sie zu küssen. »So geht's mir mit dir auch immer«, erklärte er.

»Mach mir das bloß nie«, verlangte sie, während sie sich im Spaß wehrte.

»Wieso nicht?« Er kitzelte sie wieder.

Dem Asylsuchenden und seinen Damen fielen gemeinsame Freunde ein, deren Schicksal ähnlich verlaufen war.

Der Mittvierziger und seine Frau waren peinlich berührt von der einsetzenden Knutscherei der Jungen. Sie sahen sich unsicher an; es war so lange her.

»Also ich sehe das so«, begann die Lehrerin. Dann fiel ihr etwas ein. »Sagten Sie nicht, Ihr Vater sei Fischer gewesen?« Sie drehte sich nach ihrem Führer um. »So war es doch: Fischer bis 1960. Kannten Sie diesen Fischer Andi denn?«

Die Turmuhr von St. Stephanus begann zu schlagen.

Von ihrem Führer war keine Spur zu sehen. So groß und dünn und blass er gewesen war, schien er samt seinem Hut von der Dunkelheit verschluckt worden zu sein.

»Hallo?« – »Hallo!« – »Wo steckt der Typ denn?« – »Frechheit!« – »Hallo!« Doch der Mann mit dem Hut zeigte sich nicht mehr.

Hilflos hob der Mittvierziger seine Laterne, um ihren Schein zu vergrößern.

»Das Wirtshausschild!«, rief die Lehrerin. Alle starrten es an. Es war kein Schild, nur eine verwitterte Holzscheibe, auf der nichts mehr zu erkennen war: kein Schriftzug, keine Trauben. Schon gar kein Faunsgesicht. Auch wenn im selben Moment alle das Gefühl hatten, das Lächeln dieses Wesens lauere hinter ihnen in der Dunkelheit.

»Was zum …«, murmelte der Asylsuchende.

Von St. Stephanus schlug die Kirchturmuhr zum vierten Mal für die volle Stunde. Dann einmal, bronzen und tief.

»Ende der Geisterstunde«, murmelte der Jugendliche.

Christian Klier

Der heißt Ed Feynes

Der Bankangestellte Joachim Fuchs hatte etwa achteinhalb Schoppen Silvaner intus, als er am Nachmittag des zweiten Juli in den Dorfweiher von Rödelsee fiel. Sein Verhalten erregte nur für kurze Zeit Aufmerksamkeit. Einer seiner Saufkumpane, der am Rand des Ufers stand, schrie laut auf und klatschte sich auf seine Lederhose. Abgesehen davon rief Joachim Fuchs' Sturz nur lautes Gegröle hervor.

Es war Weinfest. Die Sonne schien. Blaskapellen spielten. Und jeder hatte das Recht, in dieser Zeit der fröhlichen Ausgelassenheit betrunken in den Dorfweiher zu fallen.

Der Bankangestellte Fuchs rappelte sich auf. Bis zu den Knien stand er jetzt im Wasser. Er wischte sich das Haar aus der Stirn und lachte. Seine Kumpels prosteten ihm zu, und er lallte einen Satz oder irgendetwas, das wie ein Satz klang. Er wiederholte die Worte immer wieder, mischte wahlweise ein Grunzen oder ein Quieken unter und erfreute sich seines Lebens.

Bis plötzlich eine fünf Meter hohe Fontäne aus dem Teich spritzte. Eine Explosion, die den Körper des Bankangestellten in tausend Stücke riss. Es ging ein Regen aus Wasser und Blut nieder. Mit großen Augen und offenen Mündern starrten die Menschen rund um den Weiher in den Himmel, die Sonne, den See. Die Musik hatte aufgehört zu spielen, und für Sekunden war es totenstill.

Peter Sendler stand oberhalb seines Weinberges, etwa hundert Meter von der Küchenmeisterhütte entfernt. Er sah hinab, sah über Rödelsee hinweg in die Ebene. Spähte

Richtung Würzburg, das er durch den Dunst hindurch zu erblicken glaubte.

Er hatte keine Lust auf den Trubel des Weinfestes. Er wollte seine Ruhe. Hatte sich hierher verzogen, in die raue Trockenheit seiner Weinreben.

Peter Sendler befand sich seit zwei Jahren im Ruhestand. Er hatte weder Frau noch Kinder. Seine Tätigkeit beim Bundesnachrichtendienst, aufgrund derer er seinen Aufenthaltsort häufig wechseln musste, hatte es nicht zugelassen, dass er eine Familie gründete. Schon immer besaß er eine große Leidenschaft für Wein, und er hatte sich bereits vor vielen Jahren vorgenommen, dass er im Alter einen Weinberg kaufen und sich ins Fränkische zurückziehen würde. Was er dann auch tatsächlich getan hatte.

Sendler warf einen Blick auf seine Breitling. Es war fünf vor halb vier. Eigentlich musste er in einer halben Stunde in Castell sein, um ein spezielles Raupenfahrzeug zu begutachten, das für den Weinbau geeignet war und zum Verkauf stand. Man konnte den Termin allerdings auch absagen.

Sendlers Überlegungen wurden vom Anschwellen einer Sirene unterbrochen. Wenig später sah man flackerndes Blaulicht, das sich Rödelsee näherte. Es handelte sich um mehrere Einsatzwagen der Polizei und Feuerwehr. Auch ein Krankenwagen war dabei. Sie fuhren durch den Ort, bis sie am Dorfweiher haltmachten. Irgendetwas Folgenschweres musste passiert sein.

Peter Sendler, dessen Leben von außergewöhnlichen Ereignissen geprägt war, begann ein leises Interesse an den Vorgängen dort unten im Ort zu entwickeln. Bevor er sich nach Rödelsee aufmachte, holte er sein Handy hervor und sagte den Vier-Uhr-Termin ab.

Der ehemalige Bundesnachrichtendienstler hatte den Dorfweiher noch nicht erreicht und wusste schon Bescheid.
Am Eingang von Schloss Crailsheim verkündete ein Au-
genzeuge zum wiederholten Male der umstehenden Men-
schenmenge, was er erlebt hatte: Joachim Fuchs, der in den
Weiher fällt, kurz darauf die Explosion, die Wasserfontäne,
die verstreuten Leichenteile.

Sendler ging weiter. Als er das Flatterband erreichte und
ein Grün-Weißer ihm klarmachte, dass er hier nicht weiter-
könne, holte er seinen Dienstausweis hervor. Die unter dem
Eintrag »Gültig bis« befindliche Datumsangabe deckte er
einfach mit dem Daumen ab. Der Beamte, sichtlich beeindruckt, ließ ihn passieren.

Auf einer Plastikplane lagen diverse Körperteile, die noch
vor einer Dreiviertelstunde ein Ganzes gebildet hatten. Von
einem Schlauchboot aus begaben sich Taucher ins Wasser,
um die restlichen Leichenteile zusammenzusuchen. Sendler
schaute sich um. Außer den uniformierten Rettungskräften
bemerkte er einen Mann, der etwas abseits stand. Er trug
einen Trenchcoat, was angesichts der Temperaturen doch
etwas seltsam erschien.

»Guten Tag, mein Name ist Peter Sendler, Bundesnachrichtendienst.« Wieder der Ausweis. Ein aufmerksamer
Blick.

»Was hat denn der BND mit der Sache zu tun?«

»Wir gehen einem Hinweis nach, der den Vorfall als eine
Bedrohung für die Sicherheit der Bundesrepublik Deutschland einstuft«, log Sendler.

Der andere sah ihn ungläubig an. »Sie glauben, es könnte sich um einen gezielten Anschlag handeln? Ein Attentat,
hier in Rödelsee?«

Sendler nickte.

»Da muss ich Sie leider enttäuschen, Herr ...«

»Sendler.«

»Der Mörder von Joachim Fuchs ist nämlich schon gefasst. Und es handelt sich dabei nicht um einen Kämpfer des Islamischen Staates, sondern um einen Einzeltäter, der offenbar noch eine Rechnung mit Herrn Fuchs offen hatte. Wenn Sie Näheres erfahren wollen, dann reden Sie am besten mit meinem Chef, Herrn Hauptkommissar Schimmel.«

Kurz bevor Peter Sendler die Häckerstube des Weingutes Vollhals betrat, hörte er ein schallendes Lachen, das auf die Straße drang. Er erkannte die Quelle desselben, nachdem er eingetreten war. In der Mitte des Gastraumes saß ein feister Mann an einem Tisch. Ein Hawaiihemd, das stark an die 80er erinnerte, spannte sich um seinen Bauch, und auf seinem Kopf befand sich ein seltsam gelbliches Gestrüpp. Auf den ersten Blick sah es so aus, als läge ein totes Tier auf dem Kopf von Hauptkommissar Schimmel. Auf den zweiten Blick erkannte man allerdings, dass sich Schimmel in puncto Frisurenmode wohl an Donald Trump orientierte.

Der Kriminaler lachte wieder laut in sein Handy. »Ja, ja ... Nein, er hat noch nicht gestanden, aber das wird er. Wir haben 48 Stunden Zeit, das wird genügen ...«

Schimmel hatte Sendler bemerkt. Nun winkte er ihm und forderte ihn mit einer Geste auf, ihm gegenüber Platz zu nehmen. »Der BND-Mann ist jetzt da, ich muss aufhören. Sie machen das schon, Müller.« Schimmel legte auf und das Handy auf den Tisch. »Mein Assistent«, sagte er und deutete auf das Mobiltelefon. »Der Typ mit dem Trenchcoat.«

Sendler nickte. »Sie haben den Täter?«

Statt zu antworten nahm Schimmel das Weinglas, das vor ihm stand. Er trank es in einem Zug aus. Dann griff er nach dem danebenstehenden Bocksbeutel und schenkte sich nach. Das Glas hatte sich gerade bis zur Hälfte gefüllt, da war die Flasche leer.

»Ein exzellenter Silvaner, dieser *Rödelseer Schwanleite*!« Schimmel sah über Sendlers Schulter hinweg. »Noch eine Flasche!«, brüllte er durch den Gastraum. Offensichtlich hatte er die Bedienung im Blick. »Was meinten Sie noch mal?« Der Kommissar sah Sendler aus gelangweilten Augen an. Dieser wiederholte seine Frage.

»Jawohl, wir haben ihn«, sprach Schimmel stolz und stürzte das halbvolle Glas Silvaner hinunter. »Und dabei war alles ganz einfach. Der Zerrissene, der Explodierte, also der Verstorbene, er hat es selbst gesagt.«

»Was hat er gesagt?«

»Er hat den Namen seines Mörders genannt, kurz bevor er in die Luft gesprengt wurde.«

»Wie bitte?« Sendler wollte das nicht glauben.

»Es gibt einen Augenzeugen, einen Freund des Verblichenen. Er stand nur wenig entfernt vom Opfer, und er schwört, dass Fuchs kurz vor seinem Ableben immer wieder einen Satz wiederholt hat.«

»Und der wäre?«

»Der heißt Ed Feynes!«

»Wie bitte?«

»Das ist der Satz! ›Der heißt Ed Feynes.‹«

»Der heißt Ed Feynes?«

»So ist es. Edgar Feynes. Wohnhaft in Rödelsee, Talstraße 25.«

»Und das soll der Mörder sein?«

»Ja.«

Peter Sendler fragte sich, ob es sich bei diesem Schimmel tatsächlich um einen Ermittlungsbeamten der Polizei handelte oder ob dieser Mann einem Irrenhaus entlaufen war. Für einen kurzen Moment verspürte er den Impuls, aufzustehen und zu gehen. Dann besann er sich. »Es tut mir leid, Herr Schimmel. Aber aus welchem Grund sollte das Mordopfer kurz vor seinem Ableben den Namen seines Mörders nennen, vor allem, wenn man die Begleitumstände bedenkt? Da ist ein Mann, der *zufällig* in einen See fällt. Es kommt zu einer Explosion, und dieser Mann stirbt. Wissen Sie überhaupt, wie oder wodurch die Explosion ausgelöst wurde? Die naheliegendste Vermutung ist doch, dass da ein Sprengkörper im See lag.«

»Ganz genau, Herr Sendler.« Schimmel lächelte, als ihm die Bedienung den georderten Bocksbeutel auf den Tisch stellte. »Der Sprengkörper muss zuvor in dem See deponiert worden sein. Und Joachim Fuchs ist nicht zufällig ins Wasser gestürzt, er muss geschubst worden sein. Und außerdem, jetzt sag ich Ihnen mal was. Vielleicht liegt es ja an Ihrer Tätigkeit beim BND, aber Sie stellen einfach zu viele Fragen. Sie überlegen viel zu viel. Man muss nicht immer alles infrage stellen. Die meisten Kriminalfälle lösen sich quasi von selbst, wenn man sie lässt. Man muss auch mal loslassen können!«, sagte Schimmel und schüttete einen silberglänzenden Strahl Silvaner in sein Glas.

Sendler zweifelte keinen Augenblick lang daran, dass dieser Schimmel ein Meister des Loslassens war. Dieser Eindruck wurde besonders durch einen Rülpser verstärkt, dessen Geruch nun zu ihm herüberwehte.

»Ich sag Ihnen, wie man Kriminalfälle löst«, sprach Schimmel weiter. »Nicht durch unsinnige Ermittlungsarbeit. Sondern mit Bauchgefühl. Aus dem Traum, aus dem Halbschlaf heraus werden die großen Dinge geschaffen.« Zum ersten Mal bemerkte Sendler, dass Schimmel lallte.

»Ich will Ihnen mal was erzählen«, sagte Schimmel. »Wir hatten da einen Vermisstenfall vor einigen Jahren. Jemand war eines schönen Tages in einem schwedischen Möbelhaus verschwunden. Wir schlugen dort also auf, die Beamten der Vermisstenstelle und der Kripo, und schauten uns die Überwachungsvideos an: Man sah, wie der Vermisste das Gebäude betrat, nicht aber, wie er es wieder verließ. Wenn also alles mit rechten Dingen zuging, musste der Mann noch im Gebäude sein. Wir durchsuchten alles. Jeden Schrank, jede Kommode, jede Kiste und jede Schublade öffneten wir. Nichts.« Schimmel machte eine Kunstpause. »Wissen Sie, was *ich* tat?«

Sendler schüttelte den Kopf. Der Kommissar nahm das Weinglas in die Hand und hielt es in die Höhe. Dann lächelte er. »Ich trank. Ich ging in dieses IKEA Restaurant, stöberte herum, bis ich genug Alkoholika gefunden hatte, und betrank mich. Prost.« Schimmel schüttete das nächste Glas Silvaner hinunter, und Sendler fragte sich, was er hier tat. Und doch interessierte es ihn irgendwie, was ihm dieser wahnsinnige Kommissar zu erzählen hatte und ob da noch eine Pointe oder eine unvorhergesehene Wendung käme.

»Und als ich genug getrunken hatte«, fuhr Schimmel fort, »verließ ich den Ort. Das heißt, ich wollte ihn verlassen. Als Letzter wohlgemerkt, die anderen waren schon alle fort, schlummerten in ihren warmen Betten.« Der Kommissar kratzte sich am Kinn. »Ich kam im Eingangsbereich an, war also schon fast draußen, als ich plötzlich stolperte. Ich fiel, und während ich fiel, dachte ich daran, was ich mir alles brechen würde, wenn ich am Boden landete, morgens um halb vier, stockbesoffen in der IKEA, und keiner wäre da, um mir zu helfen. Zu meiner Überraschung fiel ich weich. Ich machte die Augen auf, sah mich um. Langsam begriff ich, wo ich mich befand. Ich war in dieses Bällebad gefallen. Dieses Spielbecken für Kinder. Ob es der Alkohol war? Ich weiß es nicht. Auf jeden Fall war ich so glücklich, dass mir nichts passiert war, dass ich in diesem Bällebad herumtollte. Ich warf die bunten Bälle in die Luft, vergrub mich und lachte. Doch dann, auf einmal, griff ich nach etwas, das nicht in dieses Bällebad gehörte.« Schimmel grinste hintersinnig und trank. »Nämlich nach einer menschlichen Hand. Nun, was soll ich sagen. Ich hatte ihn gelöst, den Fall. Der Vermisste war in das Bällebad gefallen und hatte sich dort, vermutlich im Todeskampf, immer weiter nach unten vorgearbeitet. Und ich hatte ihn gefunden. Niemand war auf die Idee gekommen, der Vermisste könnte sich in dem Bällebad befinden. Es widersprach allen Gesetzen der Logik. Und deshalb hat auch keiner dort gesucht.«

»Warum Todeskampf? Hat ihn jemand umgebracht? Was war denn passiert?«

»Die spätere Obduktion brachte klar zutage, dass der Mann an einer Herzattacke verstorben war. Auf jeden Fall, was ich sagen will: Das hier«, Schimmel klopfte mit dem Zeigefinger gegen das Weinglas, sodass ein feiner Ton erklang, »das hier hat das gemacht, mein lieber Herr Sendler vom Bundesnachrichtendienst. Der Geist des Weines. Und nicht irgendwelche irrsinnigen Ermittlungen, die auf Struktur und vermeintlicher Logik basieren.«

Die Flasche Silvaner war geleert. Der betrunkene Schimmel lehnte sich zurück und schrie nach einem weiteren Bocksbeutel. Peter Sendler beschloss, dass er hier nichts mehr zu suchen hatte, und verabschiedete sich.

Als Sendler aus der Häckerstube trat, vernahm er Blasmusik. Der Duft frisch gegrillter Bratwürste umwehte seine neugierige BND-Nase. Inzwischen hatte er Blut geleckt. Obwohl jemand auf besonders brutale Weise getötet worden war, ging das Weinfest weiter seinen Gang. Man hatte eine Stunde lang innegehalten, dann, nach Ablauf dieser Anstandsfrist, war man wohl zu dem Schluss gekommen, dass Feiern vermutlich der beste Ausdruck tief empfundener Trauer sei.

Sendler ging zurück zum See. Die Taucher waren dabei, ihre Ausrüstung zusammenzupacken. Die Plane mit den sterblichen Überresten von Joachim Fuchs wurde in einen Krankenwagen verfrachtet. Assistent Müller stieg in einen dunklen BMW und entfernte sich vom Tatort. Bald würde man die Absperrung wieder aufheben, und das Weinfest würde auch hier, am Platz eines blutigen Zwischenfalls, wieder Einzug halten. So, als sei nichts geschehen.

Sendler dachte nach. Er musste sich eingestehen, dass sich mit den Informationen, die er von Schimmel bekommen hatte, im Grunde nichts anfangen ließ.

Er sah auf den See, auf die kleine Fontäne, die darin vor sich hinsprudelte, auf die dahinterliegenden Häuser, auf die nahe gelegene Bartholomäuskirche. Dann wanderte sein Blick von der gelb-weißen Fassade des Sakralbaus abrupt zurück. Blieb an einem kleinen Haus hängen, einem Neubau. Dort oben im Dachgeschoss blickte eine alte Frau aus dem Fenster einer Gaube. Sendler machte sich auf den Weg.

»Und das war vor drei Tagen, sagen Sie?«

Die Frau nickte. Dabei fielen graue Locken in ihre Stirn. »Ganz genau. Der Mann hat die Enten gefüttert. Und dann, ich weiß auch nicht, warum, sprang er plötzlich in den See.«

»Und das war an der Stelle, wo es heute die Explosion gab?«

»Ich denke schon.« Kopf und Hände der Frau zitterten. Es war schwer zu sagen, ob es an der Aufregung lag oder ob es sich dabei lediglich um eine Alterserscheinung handelte.

»Also, sicher sind Sie sich nicht?« Sendler sah der alten Dame in die geweiteten Pupillen.

»Doch, doch. Es war die Stelle. Irgendwie hatte ich den Eindruck, dass er etwas suchte.«

»Wie meinen Sie das?«

»Na ja. Ich weiß nicht genau, aber es ist doch komisch, dass da einer einfach so in den Dorfweiher hineinspringt. Vielleicht hat er etwas gesucht. Er hat auch so komisch mit seinen Händen ins Wasser gegrapscht.«

»Was hat er dann gemacht?«

Die Frau schüttelte den Kopf. »Das kann ich Ihnen nicht sagen. Da kam ja mein Taxi. Die Dialyse. Würzburg. Verstehen Sie?«

»Natürlich. Aber eine letzte Frage noch, Frau Roth. Sie wissen nicht zufällig, wer der Mann war, wie er heißt?«

»Doch, doch.«

»Und wer war der Mann?«

»Er heißt Feynes. Edgar Feynes.«

Die Bebauung der Talstraße war neueren Datums, auch wenn das Gebiet nicht weit vom Ortskern entfernt war. Aber wo hier in Rödelsee gab es schon lange Wege? Als er vor der Haustür von Nummer 25 stand, atmete Peter Sendler erst einmal durch. Er war nicht erschöpft. Er dachte nach.

Glaubte man dem Klingelschild, so wohnten drei Parteien in dem Haus. Ganz oben: B. + E. Scheuer. Im Erdgeschoss: Frieda Lang. Und offenbar im Keller: Feynes. Sendler entschied sich für die goldene Mitte.

Er schätzte Frau Lang auf Mitte 40. Sie war schmal, hatte etwas Diszipliniertes an sich und einen Pferdeschwanz aus dünnem Haar.

»Also, unser schwarzer Hartzer wurde vor einer Stunde von der Polizei abgeholt.«

»Schwarzer Hartzer?«

Frau Lang stieß ein kurzes, spitzes Lachen aus. Sendler tippte auf Lehrerin, vielleicht auch Kindergärtnerin.

»Ja, so nennt man den Ed hier. Weil er Mitglied im CSU Ortsverband ist, obwohl er seit Jahren Hartz IV bezieht.«

Sendler dachte einen Moment über das »Obwohl« nach. Dann fragte er: »Kennen Sie einen Joachim Fuchs?«

»Den kennt jeder hier. Schlimm, dass er so gestorben ist.«

»Wie standen Herr Fuchs und Herr Feynes zueinander?«

»Der Ed hat sich ganz schön geärgert über diesen Korinthenkacker, wie er sich ausdrückte. Erst vorletzte Woche wieder.«

»Was ist passiert?«

»Ed wollte, dass der Jo ihm einen kleinen Dispo einräumt. Wegen einer Fahrt mit der CSU. Die haben letztes Wochenende einen Ausflug nach Heidelberg gemacht. Am Monatsende wird's für den Ed natürlich immer ein bisschen eng. Er bekommt ja nicht viel. Auf jeden Fall hat das mit dem Dispo nicht geklappt, und der Ed musste zu Hause bleiben.« Frau Lang trat aus der Wohnung und sperrte die Tür ab. »Wenn Sie keine weiteren Fragen mehr haben, würde ich mich jetzt gerne verabschieden. Wissen Sie, ich bin nur kurz heim, um meine Schuhe zu wechseln. Ich möchte meine Freunde nicht allzu lange warten lassen.«

Frau Lang ließ den leicht verwirrten Sendler im Hausflur zurück. Hatte Kommissar Schimmel am Ende recht? War das mit dem verweigerten Dispokredit möglicherweise ein Motiv?

Sendler ging die Treppe zum Keller hinunter. Die Tür zu Feynes' Wohnung war nur angelehnt. Vermutlich hatte der Mann in der Aufregung vergessen abzusperren. Sendler trat ein.

Es war muffig und dunkel. Sendler schaltete das Licht an. Die Wohnung bestand aus einem Zimmer, einer Küchenzeile und einer Dusche. Das Klo befand sich auf dem Gang. Sendler setzte sich auf einen Schemel und sah sich um.

Das Bett war gemacht. Davor stand ein kleiner Flachbildfernseher. An einer Wand hing ein Poster. Es zeigte Schloss Neuschwanstein. Daneben ein Foto: Günther Beckstein neben einem Mann. Das musste Feynes sein. War wohl schon ein paar Jahre her, die Aufnahme. Zwischen dem Foto und dem Poster stand eine Angelrute.

In einem Gestell neben dem Spülbecken: sauberes Geschirr und Besteck. Auf der Küchenzeile: ein Brotkasten, eine Packung Cornflakes, ein Toaster. Dann: ein u-förmiger Klotz aus Metall. Sendler stand auf und nahm das Ding in die Hand. Es war bestimmt mehr als ein Kilo schwer. Sendler hielt das Teil in Richtung Besteck. Noch bevor er die Gabeln, Messer und Löffel erreicht hatte, klebten diese an dem Magneten. Sendler entfernte das Besteck und stellte den Magneten zurück.

Er verbrachte noch einige Minuten in der Wohnung. Schaute sich unbestimmt um. Fand weiter nichts Auffälliges. Ging.

Kurz bevor er die Kellertreppe erreichte, fiel ihm eine offen stehende Tür auf. Er trat ein. Drei Waschmaschinen. Leere Plastikkörbe. Auf einer der Waschmaschinen eine Jacke. Sie schien achtlos auf die Maschine geworfen worden zu sein. Da war etwas an dem Stoff über der rechten Jackentasche. Sendler beugte sich nach vorne. Legte den

Zeigefinger auf die Stelle. Brotkrumen. Er griff in die Tasche. Noch mehr Brotkrumen.

Sendler verließ das Haus.

Als er die Alte Iphöfer Straße erreichte, begegnete er wieder Frieda Lang. Sie stand an einer Ecke, mit einem Weinglas in der Hand, und unterhielt sich mit ein paar Leuten. Sendler näherte sich der Gruppe.

»Frau Lang, nur ganz kurz, bitte.« Sendler legte eine Hand auf ihre Schulter, die beiden gingen ein Stück zur Seite. »Sagen Sie, vor drei Tagen. Ist Ihnen da irgendetwas aufgefallen? Irgendetwas, das nicht war wie sonst?«

Frieda Langs Augen schweiften in die Ferne. Sie schien nachzudenken. »Ja, doch. Jetzt, wo Sie's sagen. Also, es wird so gegen elf gewesen sein. Da kam Ed nach Hause. Er war pitschnass, bis zur Hüfte. Das war schon seltsam. Ich bin ihm im Waschraum begegnet. Er schien in Eile. Kurz angebunden. Zog seine Jacke aus, nahm sich seine Angel und dieses Ding ...«

»Den Magneten.«

Frieda Lang nickte. »So schnell, wie er gekommen war, verschwand er auch wieder.«

»Er betrat also nicht seine Wohnung, ist das richtig?«

»Nein, also ja. Er war nur im Waschraum meines Wissens. Aber ich kontrolliere den Ed ja auch nicht. Soweit ich weiß, war er nur im Waschraum, nahm die Angel und den Magneten und verließ das Haus dann wieder.«

Peter Sendler überlegte, ob er sich auf seinen Weinberg zurückziehen sollte. Vielleicht würde ihm da oben die Erleuchtung kommen, wer weiß. Er schlenderte durch den Ort, sah sich die Leute an, die sich amüsierten, und wusste nicht so genau, wohin mit sich und seinen Gedanken. Letztlich landete er dort, wo seine privaten Ermittlungen begonnen hatten. Er hielt an und sah hinauf zu dem Schild, auf dem »Schloss Crailsheim« stand. Dahinter, etwas nach rechts versetzt, ein wuchtiger Barockgiebel. Sendler ging in den Schlosshof hinein.

Als er drei Stunden später durch denselben Eingang den schattigen Innenhof wieder verließ, war Peter Sendler sturzbetrunken. Er musste sich sogar an einem Torpfeiler abstützen, um nicht hinzufallen. Da kam jemand auf der Straße vorbei, von dem Sendler vage ahnte, dass er ihn kannte. Er wusste allerdings den Namen des Mannes nicht mehr, außerdem konnte er kaum geradeaus schauen, deshalb vermied er einen Gruß.

Schließlich fing er sich wieder und trat den Heimweg an. Zum Glück hatte er es nicht sehr weit. Peter Sendler lebte in einem historischen Haus in der Wiesenbronner Straße.

Als er am nächsten Tag erwachte, blickte er direkt in die Sonne. Er kniff die Augen zusammen. Und während er das tat, stand es plötzlich klar vor ihm: die Verkettung der Umstände, die zum Tod von Joachim Fuchs geführt hatten. Er musste dringend diesen wahnsinnigen Kommissar treffen.

Schimmel war weder in der Häckerstube noch am Dorfweiher anzutreffen. Dafür traf Sendler dort den Assistenten Müller. Er bat diesen, seinen Vorgesetzten anzurufen, um dessen Aufenthaltsort zu ermitteln.

Schimmel saß im Gasthaus *Rödelseer Schwan* und wartete auf sein Mittagessen. Zur Abwechslung trank er mal keinen Silvaner, sondern einen Bacchus, einen *Rödelseer Küchenmeister*. Sendler setzte sich und orderte ein großes

Glas Wasser. Dann erzählte er. Entgegen seiner sonstigen Art hörte Schimmel gespannt zu.

»Verstehen Sie nicht, Herr Schimmel? Es war Edgar Feynes, und er war es nicht. Also nicht absichtlich. Es war ein tragischer Unfall. Ein Unfall, der zustande kam, weil Edgar Feynes beim Entenfüttern der Hausschlüssel in den Dorfweiher fiel. Er hatte die Brotkrumen in der Jackentasche, in der sich auch der Schlüssel befand. Er greift nach dem Brot, wirft es und stellt mit einem Mal fest, dass er aus Versehen den Schlüssel mit in den See geworfen hat.«

Der Kommissar lächelte und nahm einen tiefen Zug von seinem Getränk.

»Edgar Feynes springt in das Wasser und versucht, den Schlüssel mit Händen zu greifen, was ihm leider nicht gelingt. Dann hat er eine Idee. Er geht nach Hause. Unten im Waschraum befinden sich seine Angel und ein starker Magnet.«

»Warum hat er denn nicht den Schlüsseldienst gerufen?«, unterbrach ihn Schimmel.

»Feynes hat kaum Geld. Der Mann lebt von Hartz IV.«

Der Kommissar nickte. Sendler fuhr fort: »Also. Mit Angel und Magnet kehrt er zurück zum See. Er versucht, den Schlüssel mithilfe des Magneten aus dem Wasser zu holen. Was ihm nicht gelingt. Stattdessen hängt da plötzlich dieses Ding an dem Magneten.«

»Dieses Ding?«

»Eine Handgranate aus dem Zweiten Weltkrieg.«

»Oha!«

»Ja, so ist es. Also: Feynes nimmt die Granate und lässt sie vorsichtig zurück in den Teich gleiten. Tage später, das Weinfest ist in vollem Gange, fällt Joachim Fuchs ins Wasser. Er tritt auf die Granate und löst eine Explosion aus.«

»Hm«, Schimmel kratzte sich nachdenklich am Kinn. »Ein bisschen viel Zufall, finden Sie nicht? Wir ermitteln Feynes als den Täter, und Sie erzählen uns, dass dieser *zufällig* etwas ausgelöst hat.«

»Das ist nun wirklich Zufall. Theoretisch hätte es jemand ganz anderes sein können als Edgar Feynes, der da diese Handgranate aufwühlt.«

»Ich weiß nicht, ob das alles Zufall ist. Joachim Fuchs hat doch kurz vor seinem Tod den Namen seines Mörders genannt. ›Der heißt Ed Feynes‹, das hat ein Augen- oder besser Ohrenzeuge gehört.«

»Was es damit auf sich hat, kann ich Ihnen erklären, Herr Schimmel.«

»Können Sie?« Der Kommissar schien erstaunt.

»Während meiner Tätigkeit für den BND kam es häufiger vor, dass eine ordentliche Verschlüsselung von Nachrichten nicht möglich war, weil es die Umstände nicht zuließen. Wir Agenten griffen dann auf eine Methode zurück, die sich ›À-peu-près‹ nennt.«

»Auch noch Französisch«, grummelte Schimmel.

»Ganz genau. Französisch. ›À-peu-près‹ heißt auf Deutsch so etwas wie ›Halbheit‹ oder ›das Ungefähre‹. Wir verschlüsselten unsere Nachrichten, indem wir Sätze bildeten, die lautlich so ähnlich klangen wie das, was wir sagen wollten.«

»Haben Sie ein Beispiel?«

»Wenn man etwa mitteilen wollte: ›Vier Uhr Treffen an der großen Brücke‹, dann schrieb oder sagte man: ›Bier nur dem Fan mit Soßenstücken.‹«

»Bier nur dem Fan mit Soßenstücken? Was ist das denn für ein Quatsch? Da kommt man doch nie drauf, was das eigentlich heißen soll.«

»Eben doch«, widersprach Sendler. »Weil man den Zusammenhang kannte. Und das machte diese ›À-peu-près‹ eben so effektiv. Nur derjenige, dem der Kontext bekannt war, konnte die verstellte Nachricht verstehen. Für einen Agenten der Gegenseite war ein solches ›À-peu-près‹ nutzlos.«

»Außer, auch er wusste über die Begleitumstände Bescheid.«

Sendler nickte.

»Aber was wollen Sie mir mit dieser Geschichte eigentlich sagen?«

»Ich will Ihnen sagen, dass es sich mit dem Satz ›Der heißt Ed Feynes‹ ähnlich verhält.«

»Wie bitte?«

»Der Bekannte von Joachim Fuchs glaubt diesen Satz gehört zu haben, weil er im Zusammenhang mit dem Tod des Bankangestellten irgendwie einen Sinn zu ergeben scheint. In Wirklichkeit hat Fuchs etwas ganz anderes gesagt.«

»Und was bitte?«

»Der Geist des Weines.«

»Der Geist des Weines?« Auf Schimmels Stirn hatte sich eine große Denkfalte gebildet.

»Der Geist des Weines«, wiederholte Peter Sendler.

»Das macht natürlich Sinn«, sagte der Kommissar. Griff nach seinem Glas und stürzte den *Küchenmeister* hinunter.

Das Essen kam. Die Bedienung stellte einen dampfenden Sauerbraten vor Schimmels Bauch, und Sendler beschloss, auch eine Kleinigkeit zu essen.

Eine Dreiviertelstunde später verließen die beiden das Gasthaus. Bevor sie sich verabschiedeten, sagte Schimmel: »Ich wusste, dass Sie diesen Fall für mich lösen würden.«

»Wie bitte? Sie wussten? Alles, was Sie mir gestern in der Häckerstube erzählt haben, war also Unsinn?«

Schimmel schüttelte den Kopf. »Nicht ganz. Aber wissen Sie, Herr Sendler, es ist einfach so: Ich vertraue dem Bauchgefühl, und ich glaube daran, dass im Traum oder im Zustand der Trunkenheit die besten Dinge zum Vorschein kommen.«

»Oder dass in diesen Zuständen Kriminalfälle gelöst werden.«

»Jawohl.«

»Aber woher wussten Sie dann, dass ich diesen Fall aufklären würde?«

»Ich habe Sie gestern gesehen. Am Tor von Schloss Crailsheim. Sie waren sturzbetrunken. Ich bin mir sicher, Sie haben mich nicht erkannt.«

Sendler beschlich ein Gefühl der Peinlichkeit.

»Auf jeden Fall haben Sie von ihm gekostet«, fuhr Schimmel fort.

»Wovon?«

»Von ihm, der alles gut macht. Der alles in Wohlgefallen aufzulösen weiß.«

»Von wem?«

»Von ihm, dem Geist des Weines.«

Theobald Fuchs

Des Apothekers letzter Schoppen

Es muss ohne Unterlass Nebel über der Mainschleife gelegen haben. Denn so betrunken kann ich überhaupt nicht gewesen sein, dass ich mir das nur einbilde. Wenn ich mich nämlich recht entsinne ... als ich an jenem Tag im September, ein paar Monate vor der Jahrhundertwende, aufbrach in Neuses am Berg, da schien oben die Sonne, während unten über Sommerach kurz vor Mittag noch das kalte Leichentuch lag, das mit dem Morgen dem Main entstiegen war. Und ich meine, dass es auch am Abend feucht und neblig war, als ich den Gasthof *Zur Schwane* – oder war es das *Weiße Lamm*? Nein, es war die *Schwane* – ansteuerte, um mich mit einem letzten Viertelchen zu stärken und mir alles so lange gründlich durch den Kopf gehen zu lassen, bis ich verstand, was im Haus des Apothekers vorgefallen war ... So oder so war für Georg Christoph Ulhamer die Sonne an diesem Tag nicht mehr aufgegangen. Er musste schon deutlich vor Mitternacht seine Seele ausgehaucht haben. Zumindest reimte ich mir das später, nachdem ich die Leiche untersucht hatte, solchermaßen zusammen. Allerdings war es da schon Abend, und ich merke jetzt, dass die Ereignisse in meinem Gedächtnis ganz schön durcheinandergepurzelt sind. Also hübsch aufgepasst und eifrig aufgeräumt – wer weiß, wann ich in diesem Leben noch einmal Gelegenheit haben werde, jemandem zu erzählen, was sich damals zutrug, im Herbst anno 1899.

Ulhamer starb einen Tod, der seiner Stellung als Apotheker in Sommerach würdig war: beim Genuss von Wein, der eine ganz spezielle Zutat enthielt. Ich denke, sogar er selbst wäre stolz auf dieses Ende gewesen, hätte er zu Lebzeiten die Chance gehabt, davon zu erfahren. Ich war im *Goldenen Hirschen* gesessen, bei meinem vormittäglichen Schoppen, als das Telefon klingelte, das hinten neben dem Schankbrett an der rohen Wand hing. Das erste und einzige Telefon im Dorf war das, und manch einer, der in leichtfüßige Träumereien versunken saß und dem Beerengrund des *Neuseser Glatzen* nachschmeckte, erschrak jedes einzelne Mal zu Tode, wenn dieser Höllenapparat zu rumpeln begann. Wäre ich doch lieber zum Düll gegangen für meinen Frühschoppen, dachte ich mir, dann hätte mir der ganze Schlamassel am A... vorbeigehen können, wenn ich es ausnahmsweise so sagen darf.

»Tot«, das war auch das einzige Wort, das der Wirt, der sich den quäkenden Hörer ans Ohr presste, sagte, und da wusste ich Bescheid. Ich entließ einen tiefen Seufzer, denn egal, worum es sich konkret handeln sollte, mit dem gemütlichen Frühschoppen war es vorbei. Schnell schenkte ich meinen Becher noch mal voll bis zum Rand, ich wollte jeden Tropfen Silvaner auskosten, ehe ich losziehen musste.

Es war reiner Leichtsinn gewesen, dass ich zugesagt hatte. Dem Doktor Fuchs aus Volkach und dem Feldscher Hartl aus Sommerach, die beide nach Erlangen gereist waren. Wahrscheinlich hatte ich mir gedacht, dass sowieso nichts passieren würde während der paar Tage. Und wenn, dann vielleicht, dass sich ein Bauer meldet mit einer Gelbsucht oder einem Leistenbruch oder einem Gichtanfall – alles, was zur Not auch bis zum nächsten Tag hätte warten können.

Meine Praxis hatte ich schon vor ein paar Jahren aufgegeben, hatte genug von all den kranken Körpern, den Wunden, den Sekreten, den Entzündungen und Geschwüren – überhaupt: den versammelten Zumutungen der Sterblichkeit. Jedoch für ein paar Tage die Kollegen zu vertreten – das konnte ich schlecht ablehnen. Denn immerhin hatte ja auch ich in jungen Jahren den Eid des Hippokrates geschworen. Los wirst du das dein ganzes Leben nicht mehr.

Es war früh Herbst geworden in diesem Jahr, ich erinnere mich jetzt lebhaft, dass über den Hängen, die zum Main abfielen, dicker Nebel lag, und als ich das Ufer erreichte, war mein grauer Filzmantel feucht. Ich war aufs Geratewohl auf der Schwarzenauer Straße aus dem Ort hinaus und zwischen den Weinbergen hinunter zum Fluss spaziert, weil in der Regel dort jemand mit einem Schiffchen zugange war, der mich übersetzen konnte. Und tatsächlich war da der alte Streller unterwegs, der seit Sonnenaufgang fischte und mich in seinen Kahn einlud.

»Bringst du mich rüber, Streller?«, rief ich.

Er nickte und grinste mich an. »Sie wollen gewiss zur Leichenschau, Herr Doktor.«

»Ja. Dann hast du's wohl auch schon gehört.«

Auf dem Wasser war er mit seiner Stange beschäftigt gewesen und hatte nur gefragt, warum ich mich denn um den toten Apotheker in Sommerach kümmerte, so kurz vor Mittag, wo ich doch längst zum alten Eisen gehörte. Ich erklärte ihm, dass meine Kollegen in Erlangen beim dortigen Universitätsmechanikus Gebbert einen der unheimlichen Apparate anschaffen wollten, die dieser Professor Röntgen vor wenigen Jahren an der Universität in Würzburg erfunden hatte.

»X-Strahlen nennt sich das Zeug, das die Begierde meiner Standesgenossen geweckt hat. Den vollen Durchblick wollten sie mit diesem technischen Firlefanz aus Erlangen erlangen, einen Blick, welchen die jugendliche Verblendung ihnen verwehrt.« – Aus Erlangen erlangen: Ich kicherte über meinen eigenen schlechten Scherz und konstatierte für mich selbst, dass ich bereits einen in der Krone hatte. Angenehm war das, zumal bei dem Sauwetter.

»Unerfahrene Küken sind sie, meine Kollegen«, fuhr ich fort, »die nichts anderes im Kopf haben, als jedem neuen technischen Höllengerät hinterherzurennen, als ob sie keine Augen im Kopf hätten, um selbst zu sehen, was den Leuten fehlt.«

Wir trieben von der südlichen Spitze der Mainaue flussabwärts bis auf die Höhe, wo die Lindenallee hinauf nach Sommerach führt.

»Ob ich mir jetzt auch ein Mikroskop anschaffe«, fuhr ich fort, »haben mich die Herren einmal gefragt, solange ich noch selbst praktizierte. ›Blödsinn‹, habe ich geantwortet. Der Herrgott schenkt oder nimmt einem jeden die Gesundheit, und nicht irgendwelche unsichtbaren Schmutzwesen. Ich war noch nie ein Sternengucker, und für mich ist das nichts anderes: in ein umgedrehtes Fernrohr gucken, als ob ich dort drinnen in Rotz und Schleim die Antwort auf Leben und Tod finden könnte.«

Ich mochte den Streller, ein kluger Kopf war das, und ich konnte in seinen Mienen lesen, dass er verstand, was ich meinte. Er band seinen Nachen an einem eisernen Ring fest, der in die gepflasterte Rampe eingelassen war, und wir setzten uns auf eine Bank, die etwas erhöht über dem Ufer stand. Streller zog einen Bocksbeutel aus der Manteltasche, zwei Zinnbecher, die er in ein riesiges, rotes Taschentuch gewickelt hatte, und ein Stück Weißbrot. »Zum Wohlsein, Herr Doktor«, sagte er und hielt mir die Flasche hin.

»Der Ulhamer, ja, ja«, sinnierte er, quasi als Anlauf, und ich ahnte sofort, dass er mir etwas, das ihm wichtig erschien, mitteilen wollte.

Er brachte sein Gesicht ganz nah an meines heran, seine wässrigen blauen Augen waren mit gelblichen Schlafratzen verklebt, ich roch seinen fauligen Alkoholatem.

»Sie sind ein gebildeter Mann, Herr Doktor, und sicherlich halten Sie das alles für Unsinn. Aber der Ulhamer – ganz koscher war der nicht. Das Wort ›Giftmischer‹ soll mir nicht über die Lippen kommen, nur, so ein Apotheker, der kennt doch ganz andere Mittelchen als wir arglosen Wichte.«

Ich wusste, worauf der Streller hinauswollte: »Du meinst das Gerede der alten Frau Spiegel.«

Ich hatte dieses Gerücht nun schon zum x-ten Mal gehört. Einen Trank für ewiges Leben könne Ulhamer bereiten, hieß es, und die wichtigste Zutat sei die Leber eines jungen Burschen, zwischen zwölf und fünfzehn Jahre alt, keinesfalls älter. Obendrein gab es besagte Frau Spiegel, eine Witwe, die nicht mehr ganz richtig im Kopf war und die seit einigen Jahren behauptete, der Apotheker hätte ihren Sohn getötet und dessen Leber ausgekocht, um diesen Trank zu gewinnen, der Unsterblichkeit verleihen solle. In erster Linie Ulhamers eigene Unsterblichkeit, sagte man, was ja hieß, dass zusätzlich zu Abscheu und Gehässigkeit eine gehörige Portion Neid in dieser bitterbösen Mischung steckte, welche enorme Löcher in die Reputation des Apothekers geätzt hatte. Ein haltloser Unsinn allemal und eigentlich zum Lachen, wenn es nicht immer noch ein erkleckliches Häuflein Verstockter gegeben hätte, die daran glaubten. Als ich selbst zum ersten Mal davon gehört hatte, war ich schnurstracks zu Ulhamer gegangen und hatte ihn darauf angesprochen. Doch er hatte nur bitter gelacht und über die Unbildung und Rohheit der Einheimischen gespottet.

»Warte nur«, hatte er zu mir gesagt, »es ist alles andere als gewiss, dass wir beide nicht noch in den Genuss kommen, Zeugen einer Hexenverbrennung zu werden.«

»Wie die Leute nur immer auf diese Ideen verfallen?«, hatte ich mich gewundert. Ulhamer hatte erneut gelacht und war mit seiner Erklärung herausgerückt.

»Es gibt eine Rezeptur in meinem altehrwürdigen Rezeptbuch, die sich falsch verstehen lässt, wenn man sein Latein nicht sicher beherrscht. Wo Rauch ist, da ist auch Feuer – cum grano salis. Da wird ein bemerkenswertes Getränk vorgeschlagen, das *gegen* Leberleiden hülft. Und es steht angemerkt, dass ein junger Mensch, den die Gelbsucht überkommen hat, dank dieses Trankes gesunden werde und im Prinzip ewig leben könne.«

»Zum Donnerwetter! Wie man die Worte nur so arg verdrehen kann, dass eine alte Frau denkt, du wärst ein Kinderfresser. Bloß, wie ist es überhaupt dazu gekommen, dass jemand fehlerhaft aus deiner Apotheke zitiert?«

»Erinnere mich nicht daran«, empörte sich Ulhamer, »den Gefallen tat mir ein äußerst vorwitziger Gehilfe, der sich für den Zauberlehrling hielt. Keine zehn Tage stand er in meinen Diensten, dann jagte ich ihn davon. Täglich hatte er den Leuten im Kontor aus dem Buch übersetzt und dazu geprahlt, er könne alle und jede Krankheit heilen. Und als er fort war, musste ich sämtliche Cocain-Tinkturen auffüllen, an denen er sich offenbar großzügig bedient hatte. Wenig später begann dann auch diese schreckliche Alte mit ihren Anwürfen, ich hätte aus ihrem Sohn einen Hexentrank destilliert.«

Frau Spiegel war in ihrer Blütezeit eine resolute Frau gewesen, groß und stark wie ein Kerl war sie mit gespreizten Beinen im Wirtshaus gesessen und hatte Zigarren gequalmt. Doch dann hatte sich ihr Verstand beinahe über Nacht eingetrübt, als ihr Sohn um 1893 oder 1894 herum nach Amerika gegangen war, um nie wieder etwas von sich hören zu lassen. Die große Welle ins Land der unbegrenzten Möglichkeiten ist heutzutage freilich nahezu gänzlich abgeebbt, aber damals sorgte in unserer Gegend immer noch alle paar Wochen irgendein junger Kerl für Gesprächsstoff, der sein Glück in Übersee suchte. Lothar Spiegel war keine Ausnahme gewesen.

Das alles ging mir durch den Kopf, während ich am Ufer saß und zum Wein ein wenig auf dem Kanten Brot herumkaute, den mir der Streller wortlos gereicht hatte. Nach zwei wahrlich erquicklichen Bechern stand ich auf und sagte meinem Fährmann Dank und Auf Wiedersehen. Ich klopfte meinen Mantel ab, der sich klamm und schwer anfühlte, und stapfte auf feuchtkalten Füßen hoch zum Maintor. Ich könnte dennoch schwören, dass die Stadtmauer in diesem Moment von der Sonne beschienen wurde, das Grün des Efeus und der Weinranken, die roten Gerbera und lilablauen Hortensien hell leuchtend.

Doch Obacht, Andreas Eugenius, sage ich mir, du hast Grund, deiner Erinnerung zu misstrauen, denn ich war diesen Weg durchs Maintor schon so unzählig viele Male gegangen, dass sich da leicht ein Bild aus schöneren Tagen vor mein inneres Auge schieben mag. Eine Gnade Gottes, möchte ich meinen, dass wir Menschen uns letzten Endes Unwohlsein und Schmerzen nicht so gut einprägen wie die freudigen Momente, die das Dasein jedem beschert. Andernfalls würden wir womöglich auch alle verrückt wie die Frau Spiegel, die darüber irrewurde, dass ihr Sohn auswanderte.

Davon, dass es Gift gewesen war, was den Apotheker getötet hatte, sprach seine eigene Frau als Erste. Gusti,

Ulhamers Ehegattin, eine rabiate Furie, die ihren Mann gehasst hatte, weil er sie ihrem Vater quasi abgekauft hatte. Eine geborene Sonnenmayer war sie, aus Bad Windsheim stammend. Vater Sonnenmayer, der dort ebenfalls eine Apotheke betrieben hatte, war vor einem schwierigen Problem gestanden, denn ihm waren, eine nach der anderen, vier Töchter geschenkt worden, deren jede, sobald sie ins mannbare Alter gekommen war, unübersehbare Anzeichen der Verrücktheit entwickelt hatte. Zu manchen Zeiten strichen sie wie rollige Katzen von einem Zimmer des herrschaftlichen Anwesens der Sonnenmayers zum anderen, jaulend und knurrend, bisweilen drei oder vier Tage und Nächte nacheinander, ohne zu ruhen oder sich zu beruhigen. Die Älteste hatte sich einmal in einem Anfall der Raserei mit dem Rasiermesser den Kopf kahl geschoren, die Zweitälteste kletterte in Vollmondnächten auf den Küchenschrank und wimmerte wie ein Hundewelpe.

Gusti, die Jüngste – was soll man dazu sagen? Mannstoll sei sie, meinten die einen, einfach nur garstig, die anderen. Ich erinnere mich gut daran, da muss sie um die zwanzig gewesen sein und frisch verheiratet, als sie vor den Augen der versammelten Volksmenge ihr Kleid hochhob, beim Auszug aus der Kirche, am Pfingstsonntag. Und einige Burschen, darunter nicht nur die üblichen Schluckspechte und Aufschneider, hatten berichtet, dass sie auch gerne einmal ihre Bluse öffnete, während sie am Fenster im ersten Stock stand und sich weit hinauslehnte, um zu sehen, ob da nicht ein Männlein vorbeispazierte, das sie trätzen konnte.

Aber ich will nicht in alten Geschichten wühlen, das ist alles längst vorbei, und kein Mensch könnte mehr auseinanderklauben, was die Wahrheit und was nur üble Nachrede war. Gusti war kinderlos geblieben, obwohl es nie auch nur den geringsten Hinweis gab, dass sie der Apotheker nicht ordentlich hergenommen hatte, wie es sich für einen Mann seiner Statur gehört. Und Gusti war ruhiger geworden, ihre Lüsternheit war umgeschlagen in Gemeinheit gegenüber den Schwächeren, aber auch da will ich nichts weiter dazu sagen, was weiß ich alter Mann schon mit Gewissheit? Was die Leute alldieweil daherreden, ist letzten Endes doch nur dumm und frei erfunden, und wenn ich zurückdenke an die Zeit, als ich noch praktizierte, dann fällt mir gleich wieder ein, wie oft ich mir gewünscht habe, der Apotheker könnte einen Trank ersinnen gegen die Ratschsucht und die Geiferlust.

Die Haustür war nur angelehnt, und da es inzwischen nieselte, klopfte ich nur der Form halber an und trat rasch ein. Links, im Kontor, dessen Wände vom Boden bis zur Decke mit Apothekerschränken verstellt waren, war es grabesstill. Dunkelbraunes, fast schwarzes Holz, trübes Licht, das durch das schmale Fenster sickerte. Ich schritt rasch weiter, zur Treppe am Ende des Flurs, wo ich oben Schritte hörte. Als ich das Arbeitszimmer des dahingeschiedenen Ulhamer betrat, kam mir Bürgermeister Schönleber entgegen.

»Endlich, Herr Doktor. Ich warte schon auf Sie! Ich hatte schon gefürchtet, dass ich den königlich-bayerischen Gendarm aus Volkach kommen lassen muss.«

»Nun, das wollen wir mal nicht hoffen«, beruhigte ich ihn. Doch sogleich fiel mir der verschwörerische Unterton auf, den dieses Gespräch gleich zu Beginn annahm, und um mich abzusichern, fügte ich schnell hinzu: »Wenn es jedoch notwendig sein sollte, werden wir allerdings um den Sergeanten nicht herumkommen.«

Schönleber wechselte nun sein Auftreten und seine Haltung wie ein Kleid, indem er sich amtlich räusperte und seinen dicken Bauch nach vorne streckte. Das Hausmädchen habe am Morgen den Apotheker gefunden, erklärte er mit all der Würde, die ihm sein Amt verlieh. Dieser sei so wie jetzt am Schreibtisch gesessen, mit rotem Gesicht, der Herr Doktor möge es sich bitte mit eigenen Augen ansehen, alles sei noch genauso, wie Minna, die Bedienstete, es vorgefunden habe.

Ich besah mir in aller Ruhe und Gründlichkeit den Raum und die vielfältigen Einrichtungsgegenstände. Der Bürgermeister wiederum beobachtete mich aufmerksam. Schließlich fragte ich: »Und wo steckt Minna jetzt?«

»Ich vermute, sie ist in der Küche, bei Ulhamers Frau. Sicher weiß ich es jedoch nicht, denn ich rief bereits zum dritten Mal nach ihr, ohne jede Antwort.«

Der Tote saß am Tisch, über ihm pendelte die Petroleumlampe, jemand musste vor Kurzem mit dem Kopf daran gestoßen sein. Auf dem Tisch: Gläser und ein geöffneter Bocksbeutel. Ich griff danach, um an der Öffnung zu riechen.

»Oha!«, sagte ich. »Die Flasche ist ja noch voll. Darf ich Ihnen auch ein Glas einschenken?«

»Vorsicht!«, erwiderte der Bürgermeister. »Der könnte vergiftet sein! Ich sehe mal, ob es hier jemanden gibt, der uns eine frische Flasche anbietet.« Er verließ das Zimmer, was ich nutzte, um einen großen Schluck zu nehmen.

Aber ach! Da hätte ich beinahe wieder nicht darauf geachtet, der Reihe nach zu erzählen. Denn bevor ich endgültig meine Schritte zum Anwesen des Apothekers gelenkt hatte, war ich noch auf einen Schoppen eingekehrt. Wenn ich mich nicht irre in meiner Einschätzung der Witterung, dann musste mir die Sonne wieder Durst gemacht haben. Schon auf dem Weg zum Maintor waren mir viele Dinge durch den Kopf gegangen, die ich, ehe ich mich mit der Leiche des Apothekers auseinandersetzen würde, bei einem kleinen Viertel überdenken wollte. Ich war demnach ins Baderhaus eingetreten und hatte mich gleich am Eingang niedergelassen. Der alte Meyer war der Einzige, der mir in der Wirtsstube Gesellschaft leistete. Albert Meyer, ein pensionierter Lehrer der königlichen Lateinschule in Kitzingen, saß dort tagein, tagaus und trank. Er war ein 35er Jahrgang, war aber noch '70 auf '71 gegen Frankreich dabei gewesen, im selben Sanitätszug wie Friedrich Nietzsche übrigens, was zu erwähnen er nie müde wurde.

Während ich so dagesessen war, war es mir wieder in den Sinn gekommen. Zwanzig Jahre hatte ich nicht mehr daran gedacht: Der alte Sonnenmayer musste hart mit diesem Entschluss gehadert haben, doch schließlich hatte er seiner Töchter wegen das Geschäft aufgegeben und die königliche Lizenz verkauft, aus der Mineralquelle Heilwasser in braune Fläschchen abzuzapfen und teuer an Magen- und Darmkranke zu verkaufen. Alles zusammen brachte ihm das angeblich 100.000 Goldmark ein – eine stolze Summe. Die vier Töchter waren jedenfalls danach ruck, zuck unter der Haube gewesen. Ihm selbst war nichts als sein Rezeptbuch geblieben, und als er, recht bald nachdem zuletzt Gusti verheiratet war, auf dem Sterbebett lag, hatte es ihm sein frischgebackener Schwiegersohn Georg Ulhamer quasi in letzter Minute abgeschwatzt.

»Ein elendiglich trübes Wetter«, fluchte ich laut, wohl auch, um meine Gedanken wieder aufs Hier und Jetzt zu lenken. Fort mit diesen alten Geschichten!, riet ich mir zugleich im Stillen, ab in den Orkus des Vergessens, wo sie hingehören!

»Doktor Andreas Eugenius Hofmann, wenn ich mich nicht täusche«, sprach mich da absichtlich gestelzt Studienrat i. R. Meyer an und prostete mir zu. Er hatte wohl nur auf eine gute Gelegenheit gewartet, mich in ein Gespräch zu verwickeln. Das ist eben der Nachteil einer Weinstube: Zwar ist man nicht alleine beim Trinken, aber es besteht jederzeit die Gefahr, von einem der alten Säufer ein Ohr abgekaut zu bekommen.

»Meyer, zum Wohl!«, antwortete ich und hob den Becher. Gefüllt mit einem sehr süffigen Riesling, wenn ich mich nicht komplett irre.

»Was treibt Hochwohlgeboren herab in unsere trüben Niederungen, gar zu solch mittäglicher Stunde?«

»Irgendjemand muss ja den Ulhamer beschauen. Der offenbar heute Nacht verstorben ist«, fügte ich hinzu, als ich an seiner verständnislosen Miene erkannte, dass Meyer noch nicht davon wusste.

»Was? Der alte Giftmischer? Schade! Ich vertrete ja die Meinung, dass er viel zur Volksgesundheit beitrug: Indem er seine Wässerchen zu horrenden Preisen verhökerte, schreckte er die Bauern davon ab, überhaupt erst krank zu werden.«

Meyer lachte meckernd über seinen eigenen Scherz, doch ich sah mich gezwungen, die Ehre des Apothekers zu verteidigen.

»Meyer!«, ermahnte ich daher den Lehrer, dessen großer, von einem feinen Netz Adern überzogener Zinken bereits knallrot leuchtete. »De mortuis nil nisi bene!«[*]

»Ist ja schon gut«, knurrte der alte Lateiner. »Übrigens, weil wir's von der verrückten Frau Spiegel hatten ...«

»Hatten wir es von ihr?«

»Selbst wenn nicht, ganz gleich. Was ich dir erzählen wollte: Es heißt, dass Lothar wieder da ist.«

»Der ausgewanderte Sohn?«

---

[*] »Nichts Schlechtes über Verstorbene!«

»Ja. Meine Zugehfrau behauptete das gestern. Es war ja schon gegen Abend fürchterlich diesig, eine einzige Suppe, und als Frau Brechtelsbauer zu mir kam, mit einem Napf Bohnengemüse, sprach sie davon. Nur kurz habe sie ihn gesehen, ehe er um die Ecke bog, aber erkannt habe sie ihn ohne jeden Zweifel. Und ein Weibsbild sei an seinen Rockschößen gehangen.«

Ein merkwürdiger Zufall wäre das, überlegte ich, vorausgesetzt, der Meyer redet keinen Stuss. Ob er überhaupt wusste, welchen Tag wir schrieben?

Nun – einer Sache entsinne ich mich noch ganz genau: Das feine Tröpfchen hatte mich rechtschaffen erfrischt, mein Kopf fühlte sich leicht und klar an. Diese Gunst der Stunde nutzend, stand ich, vielleicht etwas zu abrupt, auf, warf dem Wirt ein paar Münzen aufs Schankbrett und verließ den Saal. »Na, was ist denn in den gefahren?«, fragte der alte Meyer in die menschenleere Stube, aber schon war ich draußen.

Danach ging es nun endgültig hinauf zur Hauptstraße, durch Nebel und Kälte zum Haus des Apothekers: neben der Metzgerei Roppelt, an der Hauptstraße No. 6. Wie schon gesagt: Da stand ich dann im Arbeitszimmer, lauschte zusammen mit dem Toten ins Dunkel des Hauses, wo irgendwo der Bürgermeister nach der Witwe und dem Hausmädchen suchte. Aber es war mucksmäuschenstill. Der Verstorbene hörte ja sowieso nichts, und da trank ich noch ein stummes Glas auf sein Seelenheil und ließ den Blick durch sein Privatissimum schweifen.

Ein Bild der Eheleute Ulhamer hing über dem Schreibsekretär, der neben dem Fenster zum Hinterhof stand. Es zeigte das Paar am Tage der Hochzeit. Rechter Hand, hinter der Tür, war ein präparierter Elefantenfuß verstaut, in dem ein bunter Papierschirm steckte. Links, auf einem kleinen

Regal vier oder fünf Gläser mit in trüber Flüssigkeit konservierten Präparaten, und wenn mich nicht alles täuscht, schwamm da in einer grünlichen Brühe sogar ein menschlicher Fötus. Daneben eine Reihe zerfledderter Buchrücken: des Apothekers Handbibliothek, pharmazeutische und medizinische Nachschlagewerke, wie ich schnell bemerkte, da ich einen Teil der Bücher selbst zu Hause stehen hatte. Die Hand des Toten umklammerte ein Rezeptbuch, das aufgeschlagen auf dem Tisch lag. Als hätte er noch im Todeskrampf an nichts anderes denken können, als die Seele seiner Apotheke fest bei sich zu halten. Es war das Rezeptbuch seines Schwiegervaters aus Bad Windsheim, jenes Buch, in dem, wenn man dem Geschwätz der einfachen Leute Glauben schenken möchte, das kannibalische Gebräu zur Erlangung ewigen Lebens niedergeschrieben war.

Dem Toten war Blut aus Nase und Mund geronnen, sein Gesicht war stark angelaufen, dunkelrot, beinahe schwarz. Das hätte auch auf einen Schlaganfall hindeuten können, aber ich war mir ziemlich sicher, dass das nicht die wahre Todesursache war.

Da kam endlich der Bürgermeister zurück und sagte: »Keine Spur von dem Mädchen, wie vom Erdboden verschluckt.«

»Und Gusti?«

»Ebenfalls, das Haus wirkt wie ausgestorben.«

Schönleber stand vor dem Bild der Ulhamers, und als wolle er mir die Antwort auf eine Frage geben, die ich überhaupt nicht gestellt hatte, neigte er den Kopf in Richtung der Fotografie und sagte: »Der Gusti ist die Bösartigkeit doch ins Gesicht geschrieben!«

»Ich werde selbst einen Blick hinunterwerfen«, sagte ich und ließ den Bürgermeister beim toten Apotheker zurück.

Als ich durch den Flur in den hinteren Teil des Hauses trat, sah ich am anderen Ende im Halbdunkel eine Frauengestalt um die Ecke verschwinden.

»Minna?«, rief ich ihr nach. Und noch einmal, mit mehr Nachdruck: »Minna!«

»Verzeihung? Kann ich Ihnen dienlich sein?«, begrüßte sie mich, als sie doch endlich wieder hervorkam.

»Minna – was ist heute los mit dir? Ist dir der Nebel ins Ohr gekrochen? Wo ist Frau Ulhamer? Ihr Mann sitzt oben am Schreibtisch und ist tot. Weiß sie das nicht?«

Und so fand ich zu guter Letzt Ulhamers Ehefrau, in einem hochgeschlossenen schwarzen Kleid mit weißem Kragen ganz entspannt bei einer Tasse Tee im Wintergarten sitzend. Sie erinnerte mich unwillkürlich an eine Hexe – oder besser: an die Abbildungen in Kinderbüchern, die eine Hexe darstellen sollten. Eine scharf geknickte Hakennase, ein schwarzes Bärtchen auf der Oberlippe, widerborstige schwarze Haare, die in alle Richtungen vom Kopf abstanden, ein verkniffener Mund, so schmal wie eine Klinge. Am Kinn eine unregelmäßig geformte dicke Warze. Doch so sehr mich der Anblick der Ulhamerin im ersten Moment fesselte, entging mir der Chinese nicht, der im selben Augenblick, als ich den Wintergarten betrat, durch den Spalt einer Tür im hinteren Bereich in einen hölzernen Verschlag schlüpfte. Ich traute meinen Augen nicht. Kurz, eine angstvolle Minute lang, fürchtete ich, mich getäuscht zu haben und dass der köstliche Volkacher Grauburgunder des Apothekers doch vergiftet gewesen war, weshalb mir der bevorstehende Atemstillstand die ersten Trugbilder vors Gesicht zauberte. Doch dann riss ich mich zusammen. »Da ist eben ein Chinese in die Kammer gehuscht, oder spinne ich?«

»Nein«, sagte Gusti und kicherte so seltsam, wie wohl das Kichern einer Mücke klingen mochte. »Du spinnst nicht.«

»Und der ist jetzt in der Speisekammer verschwunden?«

»Ja«, sagte Gusti und setzte einen hasserfüllten Blick auf. »Das geht dich jedoch einen feuchten Sch...dreck an.«

Na ja. So war sie, die frisch verwitwete Frau Apotheker Ulhamer. Duzte und beschimpfte mich, aber es kümmerte mich nicht.

»Vergiftet hat er sich, der geile Säufer!«, fuhr sie fort zu zetern. »Das sagte ich heute früh dem Bürgermeister, und jetzt sage ich es dir! Schafft ihn fort, ich mag ihn nicht mehr sehen.«

Ich ließ auch hier meinen Blick durch den Raum schweifen, während ich so pietätvoll, wie es das ungehobelte Betragen Gustis zuließ, mit ihr über den Tod ihres Mannes und das alsbald anstehende Begräbnis redete.

Ein paar Kleinigkeiten nur waren es, die mir auffielen, sodass sie noch heute überdeutlich in meinem Gedächtnis haften. Ein kleiner goldener Buddha, der am Fenster stand, eine hübsche geschnitzte Garderobe, die einen Drachen darstellte, und die beiden chinesischen Teetassen, aus deren einer die Witwe immer wieder einen Schluck nahm, ohne mir etwas anzubieten.

»Haben Sie mir noch etwas zu sagen, Frau Ulhamer? Ehe ich Sie wieder mit Ihrem Chinesen alleine lasse ... dass Sie sich nicht schämen, wo Georgs sterbliche Hülle noch nicht einmal aus dem Haus ist.«

»Hast denn *du mir* noch etwas zu sagen, Doktorchen?«, giftete sie mich an. »Weil, wenn nicht: dann hinaus mit dir!«

»Ich habe genug gesehen«, sagte ich zum Bürgermeister, nachdem ich mich, so knapp es die Höflichkeit erlaubte, von Gusti verabschiedet hatte. »Meine Diagnose lautet: Sekundentod durch Schlaganfall. Falls Sie mich suchen, ich bin in der *Schwane*.«

Fünf Minuten später betrat ich den Gasthof. Ich hängte meinen Hut an die Wand und setzte mich an den Tisch in der Ecke. Der Wirt, dem ich schon als Kind die Masern kuriert hatte, lachte, als er mich sah, und fragte: »Herr Doktor, haben Sie sich mit einer Katze gebalgt? Sie sind ja völlig verstrubbelt.«

Das nahm ich dem Kerl nicht übel. Im Gegenteil: Anscheinend bin ich noch nicht alt genug, um mich nicht mehr geschmeichelt zu fühlen, dass mein Kopf noch lückenlos mit dichtem Haar bedeckt ist, wenngleich natürlich das Alter seine graue Tünche auch bei mir großzügig ausbrachte. Die Eitelkeit, wie tief sie doch noch in mir steckt! Und während ich den ersten Becher Grauburgunder vom Rosenberg an die Lippen setzte und über menschliche Schwächen nachsann, kam mir plötzlich in den Sinn, dass mit den Haaren des Toten etwas nicht gestimmt hatte. In seiner Jugend war der Apotheker stolz gewesen auf seine blonde Mähne, die kaum zu bändigen gewesen war. Viel war ihm davon nicht geblieben, doch den Rest, der noch von Ohr zu Ohr hinten um seinen Kopf verlief wie ein Kranz, hatte er stets akkurat glatt gestrichen, nikotingelbe Locken kräuselten sich über seinem Hemdkragen.

Doch nichts dergleichen, wie er vorhin mit dem Gesicht auf dem Tisch lag. Ich möchte sogar sagen: Im krassen Gegensatz zu seiner üblichen Aufmachung war das Haar an seinem Hinterkopf nach oben gebürstet, stand nach vorne weg über seine rot leuchtende Glatze. Ich überlegte, ob diese Beobachtung vielleicht von Bedeutung war, denn eine der möglichen Erklärungen, die mir in den Sinn kamen, lautete: Irgendjemand hatte ihm eine Halskette abgenommen, als er sich nach dem Aushauchen seiner Lebensgeister nicht mehr dagegen wehren konnte.

Dann saß ich da und dachte nach. Der Gegenstand fiel mir wieder ein, den mir am Mittag der Streller zugesteckt hatte. Ich zog die kleine, weiße Glasflasche aus der Manteltasche und betrachtete sie eingehend. Am Ufer habe er das Ding gefunden, hatte der Streller gemeint. Lange im Wasser gelegen konnte es noch nicht haben, kein Bewuchs, kein versteinerter Dreck haftete daran. Ich bilde mir ja ein, eine gute Nase zu haben. Das lehrt einen der Wein, wenn man ihm so viele Jahre liebevolle Aufmerksamkeit schenkt wie ich. Und daher war ich mir sicher, als ich mit geschlossenen Augen den Hals des Fläschchens unter meinen Nasenlöchern schwenkte, eine Spur Bittermandel zu riechen. Oder vielmehr etwas, das sehr ähnlich war. Und worauf mich auch schon der Streller hingewiesen hatte: Am Boden des Fläschchens waren fremdartige Schriftzeichen eingeprägt, die ich für chinesisch hielt.

Außerdem – der Bürgermeister, der alles andere als ein leidenschaftlicher Leser war, hatte es schlichtweg übersehen, aber mir war es sofort aufgefallen: Das Rezeptbuch war verkehrt herum unter Ulhamers kalter Hand gelegen, sodass er wohl schlecht darin gelesen haben konnte. Entweder hatte er einer anderen Person, die ihm gegenübergesessen hatte, eine Passage zeigen wollen oder ... ein anderer Mensch, der des Lesens unkundig war, hatte ihm das Buch untergeschoben, als er schon tot war – und dabei nicht bemerkt, dass die Buchstaben aus der Sicht des Apothekers auf dem Kopf standen.

Im Verlauf meiner Überlegungen forderten dann die Strapazen des Tages ihren Tribut, und ich nickte kurz am

Tisch ein. Ich weiß noch, dass ich träumte, wirres Zeug, von einem Erpel und zwei Enten, die aus dem Main ans Ufer stiegen, worauf die beiden Enten sich auf den Erpel setzten, jede auf einen Flügel. Den Erpel schien das nicht zu stören, er flog los mit seinen beiden Weibern und … jemand rüttelte an meiner Schulter. Als ich die Augen öffnete, saß Minna ums Eck am Tisch. Das heißt: die Frau, die sich als Minna ausgab.

»Schön, dass du meiner Bitte Folge leistest«, sagte ich. Denn ehe ich die Apotheke verlassen hatte, hatte ich das Dienstmädchen unauffällig zur Seite genommen und ihr mit Nachdruck klargemacht, dass ich die ganze Angelegenheit für höchst anrüchig hielt. Und dass ich mit ihr ein ernstes Wort sprechen musste – in Ruhe unter vier Augen.

»Wie heißt du noch einmal?«, fragte ich sie zunächst. »Ich komm nicht drauf, ich komm nicht drauf …«

»Adele.« Ihre Stimme so leise wie ein Windhauch.

Ein kluges Kind, stellte ich zufrieden fest. Zwar war sie mir auf den Leim gegangen, als ich mich ihr gegenüber vorhin wie ein Untersuchungsrichter, der längst alles weiß, aufgespielt hatte. Aber wie erhofft setzte sie auf die einzige Möglichkeit, die ihr blieb: bedingungslose Ehrlichkeit, um mich alten Dattel milde zu stimmen. Ich hatte sie nicht falsch eingeschätzt.

»Richtig! Minnas Zwillingsschwester!«, rief ich.

Woher ich das wusste? Na ja, mein alter Kopf ist vielleicht an der einen oder anderen Stelle schon etwas morsch, aber dennoch steckt noch vieles drin. Es musste sechs oder sieben Jahre her gewesen sein, da war ich nach Reichenberg gerufen worden, ins Haus des Oberbaurats Sapper. Dort traf ich Minna zum ersten Mal. Ich plauderte mit ihr, nachdem ich die Grippe der Hausfrau versorgt hatte. Minna erzählte mir damals, mit einem rheinischen Zungenschlag, dass sie aus Ludwigshafen stamme, bayerische Pfalz. Beim Baurat war ihre erste Anstellung fern von zu Hause. Und sie hatte ihre Schwester Adele erwähnt, die ihr wie ein Ei dem anderen ähnlich sehe und die ausgewandert sei.

»Du und Lothar Spiegel, ihr seid verheiratet. Und er ist auch hier – oder besser: war hier, richtig?«

Adele senkte den Blick.

»Er und du, ihr seid aus Amerika gekommen, und den chinesischen Giftmischer hattet ihr im Schlepptau.«

Sie hob den Kopf, ihre Augen funkelten. »Ulhamer hat Minna geschwängert, das Schwein!«

Sie ließ nun alle Zurückhaltung fahren und berichtete, was sich ereignet hatte, nachdem sie am vorherigen Abend gegen zehn Uhr Ulhamer den vergifteten Becher gereicht hatte. Mithilfe des Rezeptbuches, in welchem sie den toten Apotheker schmökern ließen, hatten sie an die alten Gerüchte vom Lebenselixier erinnern wollen. Falls nämlich jemand Verdacht schöpfen würde, dass der Tod des Apothekers doch nicht so natürlich gewesen war, wie sie es hatten aussehen lassen wollen. Dass hierdurch letztlich nur seine verrückte Mutter als mögliche Täterin ins Spiel gekommen wäre, war Lothar nicht in den Sinn gekommen. Er hatte seinen chinesischen Freund, den er beim Eisenbahnbau in Kalifornien kennengelernt hatte, mitgebracht. Der war bewandert in der schwarzen Kräuterkunde und sollte zudem die Frau des Apothekers ablenken. Die wiederum, davon hatte man in den Briefen Minnas gelesen, vor ein paar Jahren ein hemmungsloses Faible für Chinoiserie entwickelt hatte.

Lothar und Minna, ihre Schwester, hatten sich am frühen Morgen zurück über den Main setzen lassen, im Kahn vom Streller. Dieser Schlawiner, dachte ich. Als er mich über den

Fluss schiffte, hatte er kein Wort darüber verloren. Hatte sich wohl schon zusammengereimt, dass da etwas faul an der Sache war, aber sich in fremde Angelegenheiten einzumischen war noch nie seine Art gewesen.

Adele würde ihnen folgen, über Dettelbach bis Kitzingen, von wo aus sie mit der Eisenbahn weiterfahren wollten, nach Straßburg. Dort wollten sie warten, bis Minna das Kind zur Welt gebracht haben würde. Anschließend ginge es nach Hamburg aufs nächste Schiff nach Amerika. Adele und Lothar hatten diesen Plan gemeinsam ersonnen, nachdem sie im fernen Oregon der Brief mit Minnas flehentlichem Schrei nach Hilfe erreicht hatte.

»Schön und gut«, sagte ich. »Du stelltest einen frischen Becher Wein neben den Leichnam, und das Fläschchen mit der chinesischen Essenz warfst du in den Main, als du die beiden dem Streller überantwortetest. Richtig?«

Adele errötete heftig und begann am Kragen ihrer Bluse zu zupfen. »Kann ich Ihnen etwas Gutes tun, Herr Doktor?«

Eine entschlossene Person war das, dachte ich, fürwahr. Aber bei mir am Falschen. »Nein, wirklich nicht«, entgegnete ich.

Ulhamer hätte ich sowieso nicht mehr als noch drei Monate gegeben. Keinen Tag länger. Ein riesiges Geschwür trug er im Wanst, das drückte ihm schon die Galle und die Niere ab. Erst vor zwei Wochen hatte er mich aufgesucht. Einen Röntgenapparat brauchte ich nicht, um ihm sein Todesurteil zu sprechen. Dafür reichten meine alten Hände und fünfzig Jahre Erfahrung, um zu tasten, was ihn da umbrachte.

Adele gegenüber schwieg ich jedoch davon.

»Ist auch die Schlüsselkette im Main gelandet, die du dem Toten vom Hals zogst?«

»Nein!«, fuhr sie mich an, doch ein nervöses Zittern ihrer Lider machte mich misstrauisch.

Daher fühlte ich mich verpflichtet, ihr ins Gewissen zu reden. »Vielleicht – das sage ich dir jetzt nur, damit du nie wieder auf die Idee kommst, jemanden zu vergiften – vielleicht hast du ihm sogar einen Gefallen getan. Bloß: Rein zufällig wird dir das kein zweites Mal gelingen, hörst du? Sei froh, dass ich ein alter Mann bin und jeden Tag damit rechne, selbst vor dem himmlischen Richter zu stehen. Deswegen werde ich auch kein Wort verlieren über Ulhamers Geldschrank. Auf Raubmord steht der Tod durch den Strang!«

Adeles Gesicht verfärbte sich nun ins Gegenteil. Sie wurde leichenblass und sah mich wohl eine geschlagene Minute mit schreckensgroßen Augen an. Ich wartete geduldig die Wirkung meiner Worte ab, ehe ich zum Schluss kam: »Fahrt fort, alle drei, und kommt nie wieder, niemals! Werdet glücklich ... aber horch! Niemand kann ungestraft einen anderen aus der Welt schaffen, dessen Nase ihm nicht passt! Gottes Urteil ist unbestechlich!«

Da stand sie auf und verließ rasch das Gasthaus. Ich fühlte mich mit einem Mal müde, sehr müde. Deshalb rief ich nach dem Wirt: »Wirt? Bring Er mir doch bitte noch einen Krug von dieser neumodischen Rebe, Er weiß schon, die Rebe, die Er seinerzeit von diesem Müller-Thurgau aus der Schweiz herbeigeschleppt hat. Der wird mich aufmuntern.«

Im Großen und Ganzen habe ich jenen Tag, als Ulhamer den Weg alles Irdischen beschritt, als einen erfüllten Tag in Erinnerung, unterhaltsam und abwechslungsreich. Und war es ein oder zwei Jahre später –? Wie auch immer: Einmal noch gab es Neuigkeiten, und zwar von Gusti. Sie kehrte Sommerach für alle Zeiten den Rücken und ließ sich zusammen mit ihrem chinesischen Freund in der deutschen Kolonie in Tsingtau nieder. Wie es hieß, verfügte sie über außerordentlich viel Geld, mehr als ihr der Verkauf des Hauses jemals eingebracht haben konnte. Da wusste ich, dass es Gusti gewesen war, die den Tresor ausgeräumt hatte. Worin sich wahrscheinlich noch ein ordentlicher Teil ihrer Mitgift befunden hatte. Die unergründlichsten Wege sind nun mal immer noch die des Herrn, dachte ich mir, und zu guter Letzt freute ich mich aufrichtig über das alte Rezeptbuch, das eines Tages auf der Schwelle vor meiner Haustür lag.

Anja Mäderer

Unter Schweinen

»Wie macht das Schaf?«

»Bööh, Bööh!«

»Nicht bööh! Määh, määh!«

»Bääh!«

»Beinahe, Niklas, noch mal: määäääh!«

»Määh!«

Endlich konnte mein Sohn das Blöken der Schafe richtig nachahmen. Ich musste zwar zugeben, dass es eigentlich wirklich mehr nach »bööh« klang, aber die falschen Laute wollten die Prüfer des Elitekindergartens, den Niklas in zwei Jahren besuchen sollte, sicher nicht hören.

Ich blickte mich um. Wir hatten die anderen längst abgehängt. Nach dem Mittagessen hatte sich die Festgesellschaft aufgeteilt. Die ältere Generation saß bei Kaffee und Kuchen am Mainufer, während die Gruppe um Cousine Irmela die Ateliers der mainfränkischen Künstler durchstreifte. Die Ausstellungsräume reihten sich in der kleinen Sommerhäuser Altstadt aneinander und wetteiferten mit Cafés und Weinstuben um die Gunst der Touristen.

Marcel wiederum brauchte seine Ruhe und wollte spazieren gehen. Nur Patricks Patensohn war mir mit seiner Familie in den Wildpark gefolgt, doch seine Kinder interessierten sich mehr für den Wasserspielplatz als für die Tiere. So waren sie dort geblieben, und wir konnten unser eigenes Tempo einschlagen.

Ich wollte Niklas möglichst den ganzen Sommerhäuser Wildpark zeigen, bevor die gesamte Verwandtschaft sich zum Abendessen wieder im Restaurant des *Hotel Anker* traf. Mein Bruder Patrick feierte seinen 50. Geburtstag, und da durften ich und meine kleine Familie nicht fehlen, obwohl ich viel lieber den ganzen Tag mit Niklas Tierstimmen geübt und flauschige Lämmchen gestreichelt hätte.

Aber wir waren nicht nur zum Vergnügen hier. Sondern weil ich eine große Bitte an Patrick hatte.

Beim Gedanken daran, was mir heute noch bevorstand, begann ich zu schwitzen. Die Bluse klebte unangenehm an meinem Rücken, wo ich den Wickelrucksack trug.

Aber das Wichtigste waren jetzt erst mal Niklas und seine frühkindliche Bildung. Die Küken, Ziegen, Frettchen, Truthähne, Schildkröten, Wildschweine und Lamas hatten wir bereits hinter uns gelassen. Ich schaute auf meinen Plan. Nach wenigen Metern kamen rechter Hand die Wollschweine in Sicht. Es waren vier an der Zahl, allesamt grau, haarig und mit Speckröllchen. Trotzdem sahen sie irgendwie süß aus, wie sie da in ihrer Suhle lagen und Desinteresse an der Futtertüte in meiner Hand heuchelten. Das Doppelkinn des größten Schweins erinnerte mich an meinen Onkel Theobald. Auch Niklas schien die Ähnlichkeit bemerkt zu haben. Er juchzte und streckte die Ärmchen nach dem Schwein aus. Ich schob den Kinderwagen näher an das Gatter heran.

»Wie macht das Schwein?«

Niklas schwieg. Die Schweine ebenfalls. Im Stall raschelte etwas, ein Grunzen ertönte. Vielleicht gab es noch ein fünftes Wollschwein? Oder sogar Ferkel?

»Wie macht das Schweinchen, Niklas?«

Keine Reaktion. Als ich gerade zu einem motivierenden »oink oink« ansetzen wollte, drang ein unverkennbares rhythmisches Stöhnen, gefolgt von »Oh, oooh ja«-Lauten aus dem Stall. Die lockigen Schweine musterten uns irritiert. Niklas klatschte in die Hände.

Das durfte doch nicht wahr sein! Ich befahl meinem Sohn, sich die Ohren zuzuhalten, und schob den Kinderwagen schnell weiter. Was dachten sich diese Leute dabei? Hier liefen Kinder herum, ganz zu schweigen davon, dass der Tierpark ein öffentlicher Ort war.

Bevor wir den Weg zu den Rieseneseln einschlugen, warf ich einen Blick zurück. Die Schweine lagen noch immer in ihren Suhlen, doch aus dem Gras hinter den Schweineställen ragten zwei große, bestrumpfte Männerfüße hervor. Unglaublich, dieser Kerl hatte sogar seine Socken angelassen. Ganz schlechter Stil.

Ich schaute mich um, und als ich sicher war, dass wir alleine waren, holte ich mein Fernglas hervor. Ich hatte es mitgenommen, um mit Niklas am Main die Zugvögel zu beobachten. Doch nun interessierte mich das Geschehen im Schweinekoben mehr als die Vögel.

Das Fernglas war seinen Preis wirklich wert. Ich konnte sogar den Adidas-Schriftzug auf den Socken lesen. Jetzt schlängelte sich ein weiblicher Fuß ins Bild. Kleiner, zart gebräunt und mit einem hübschen Schmetterlingstattoo am rechten Knöchel. Vielleicht war es ja eine Tierparkmitarbeiterin mit einem Faible für alleinerziehende männliche Tierparkbesucher. Aber ein Kind war weit und breit nicht zu sehen. Und welcher Mann ging schon alleine in einen Zoo mit Streichel- und Füttergehegen? Ich betrachtete noch einmal die Socken. Dann steckte ich das Fernglas abrupt weg. Wirklich schlechter Stil, noch schlechter, als ich es gewohnt war.

Während ich den Kinderwagen weiterschob, wies ich Niklas auf die schönen und gesunden Brennnesselstauden hin, die den Weg säumten. Er sollte ja auch etwas lernen, wenn wir schon einmal hier waren.

Als wir in unser Zimmer im *Anker* zurückkehrten, kam Marcel aus dem Bad und gab mir einen duschfeuchten Kuss auf die Wange.

»Wie war dein Spaziergang?«, fragte ich, ohne den Kuss zu erwidern.

»Ganz nett, und bei euch?«

»Auch ganz nett. Niklas hat viele neue Tierstimmen gelernt. Wo warst du denn genau? In den Weinbergen?«

Marcel schien mit seinen Gedanken woanders. »Hast du heute schon mit deinem Bruder gesprochen?«

»Nur ganz kurz. Du weißt doch, dass er ständig von den ganzen Gästen umgeben ist. Da war wirklich nicht die richtige Gelegenheit, um ihn auf das Darlehen anzusprechen. Aber er hat uns ja schon mehrmals geholfen. Wenn der Geburtstagstrubel vorbei ist, wird er bestimmt unterschreiben.«

»Wir können das Haus sonst nicht behalten, Annemarie.«

»Das weiß ich. Das musst du mir nicht ständig sagen.« Ich seufzte und zog Niklas das verschwitzte Jäckchen aus. Mein Kind sollte in einer schönen, sicheren Umgebung aufwachsen. In unserem eigenen Haus. Das war der einzige Grund, warum ich Patrick erneut bitten wollte, uns finanziell zu unterstützen. Es war von Anfang an ein schreckliches Gefühl gewesen, aber ich hatte dabei an meinen Sohn gedacht. Wir hatten einen Vertrag vorbereitet, den ich schon den ganzen Tag in meiner Handtasche mit herumtrug. Patrick war ein geselliger Mensch. Wenn seine Geburtstagsfeier gut verlief, würde er ausgezeichneter Laune sein, und ich musste kein schlechtes Gewissen haben, ihm die Papiere vorzulegen.

Patrick hatte seinen 50. inoffiziell unter das Motto »Wein, Weib und Gesang« gestellt. Entsprechend war seine Frau Sandra herausstaffiert wie eine Mischung aus Weinkönigin und Walküre. Eine künstliche Weinranke entwuchs ihrem Dekolleté und schlängelte sich um ihren Hals. Patrick selbst trug Lederhose und ein kariertes Holzfällerhemd. Ich hätte ihn gerne darauf hingewiesen, dass die fränkische Tracht überhaupt nichts mit der Münchner Oktoberfestmode zu tun hatte, aber dann dachte ich wieder an den Vertrag in meiner Tasche und hielt lieber den Mund.

Beim Abendessen saß Niklas auf meinem Schoß. Er probierte sowohl von meinem Bärlauchschaumsüppchen als auch vom Spargel und der Sauce Hollandaise. Nur die Kartoffeln rührte er nicht an. Er war eben ein Feinschmecker.

Kaum hatten wir den Hauptgang abgeschlossen, trat eine Gruppe junger Männer auf, die mit silbernen Löffeln auf Bocksbeutelflaschen *Happy Birthday* spielten. Die Flaschen waren unterschiedlich hoch gefüllt, sodass sie eine weite Varianz an Tönen erzeugten. Ich nahm mir vor, für die nächste Familienfeier auch so etwas mit Niklas einzustudieren. Einen Löffel halten konnte er ja schon.

»Wo bleibt der Gesang? Ich werde nur einmal 50!« Patrick bestand darauf, dass die Männer noch einmal spielten und wir alle mitsangen. Anschließend überreichte Sandra ihnen ein Kuvert, und die Männer tranken die Flaschen auf Patricks Wohl aus. Ich hoffte, dass sie nur Wasser enthielten, aber sicher war ich mir nicht.

Als Patrick aufstand und den Saal verließ, fing ich einen bedeutungsvollen Blick von Marcel auf. Mit einer gemurmelten Entschuldigung stand ich ebenfalls auf. Vielleicht konnte ich Patrick draußen abfangen und endlich einmal in Ruhe mit ihm reden. Die Handtasche mit den Papieren nahm ich gleich mit. Doch ich kam nicht weit. Patrick war gar nicht auf die Toilette oder in sein Zimmer gegangen. Er stand am Ausschanktresen und unterhielt sich mit zwei

Kellnerinnen. Auf einem der Tische war ein ganzes Bataillon Bocksbeutel aufgebaut, die meisten davon enthielten Weine mit so klingenden Namen wie *Blauer Silvaner*, *Blanc de Noir* oder *Kleinochsenfurter Herrenberg*. Später am Abend sollte es noch eine Weinprobe geben. Patrick wollte anscheinend ganz Sommerhausen mitversorgen.

»Mein Favorit ist und bleibt der trockene Sauvignon Blanc von 2013 vom Sommerhäuser Steinbach. Dieser Duft nach Heu und Gras ist einfach unnachahmlich«, sagte er gerade.

»Haben Sie denn schon den 2014er Frankolino vom Sommerhäuser Ölspiel probiert?«, fragte die Ältere der Kellnerinnen, die einen Bügel ihrer Lesebrille in ihren Dutt gesteckt hatte und ihn nun wieder herauszog, um das Etikett zu studieren. »Das ist eine ganz neue Art von Frankenwein. Das exquisite Aroma von Melone, Ananas und Zitrus macht süchtig!«

Zögernd blieb ich stehen, aber leider wusste Patrick, dass ich weder etwas von Wein verstand, noch mich im Geringsten dafür interessierte.

Dennoch wagte ich einen Versuch: »Patrick, könntest du kurz …«

Er blickte auf. »Na, na, na, Schwesterchen, husch, weg mit dir!« Er wedelte mit der Hand, wie um eine lästige Fliege zu verscheuchen. »Die Auswahl der Weine ist noch ein Geheimnis.«

»Aber ich bräuchte …«

»Du willst dir doch wohl nicht selbst die Überraschung verderben. Ich kann dir versprechen, dass heute ein paar ganz ausgezeichnete Frankenweine durch unsere Gurgeln rinnen werden.«

Resigniert wandte ich mich ab und ging auf die Sonnenterrasse hinaus, wo eine Gruppe Rentner in Radlermontur saß und sich ihr Bier schmecken ließ. Ich trat an die Balkonbrüstung und schaute auf den Main hinunter. Die Lichter des Gasthofs spiegelten sich im träge dahinfließenden Wasser. Mir graute davor, wieder hineinzugehen. Zurück zu diesen lachenden, plappernden, vom Alkohol und Essen geröteten Gesichtern. Hier draußen war es still und friedlich, und ich fing nicht ständig Marcels drängende Blicke auf. Dabei hatte er ja recht mit seinem Drängen. Es ging um unsere Zukunft.

Wir waren auf Patrick angewiesen, Marcel, Niklas und ich. Meine kleine Familie.

Marcel und ich hatten vor vier Jahren ein schönes Häuschen gekauft, am südlichen Frankfurter Stadtrand. Es war perfekt – ein ausgezeichneter Kindergarten für Niklas lag ganz in der Nähe, man war schnell in der Innenstadt, es gab viel Grün drumherum, und Marcel brauchte nicht lange zur Arbeit ... hatte nicht lange gebraucht. Es war perfekt, und die Zinsen erschienen uns zahlbar, bis Marcel seine Arbeit bei einer mittelgroßen Steuerberatungsgesellschaft verlor. Seitdem war nichts mehr wie zuvor.

»Annemarie, was machst du denn hier draußen?« Sandra trat mit einer Zigarette in der Hand neben mich. Zur Freude der Radler-Rentner beugte sie sich so weit über die Brüstung, dass ihr ohnehin kurzer Rock noch etwas höher rutschte.

Ich schloss die Augen. Warum hatte ich eigentlich nirgends meine Ruhe? Aber ich musste nett zu der sonnenstudiogebräunten, frisch blondierten, faltenfrei gespritzten Frau sein, die mein Bruder geheiratet hatte. Denn wir brauchten Patrick. Wir brauchten sein Geld und seine Hilfe. Seit er sich mit seiner Unternehmensberatung selbstständig gemacht hatte, plagten ihn keine Sorgen mehr, außer vielleicht, dass ihm nicht viel Zeit für seine Frau blieb.

Und dass seine kleine Schwester ihn in letzter Zeit immer wieder um Geld bitten musste. Jedes Mal wurde es mir unangenehmer, ihn zu fragen, und die jetzige Summe war deutlich höher als alle zuvor. Marcel hatte ich nichts davon gesagt, aber ich war mir keineswegs so sicher, dass Patrick sich wirklich dazu bereit erklären würde.

»Ach, nur mal kurz frische Luft schnappen.« Ich gab mir Mühe, Sandras Zigarettenrauch nicht einzuatmen. Zum Glück hatte ich Niklas nicht mit hinausgenommen.

»Und, wie läuft es denn so bei euch? Willst du nicht langsam wieder anfangen zu arbeiten? Wenn du zu lange pausierst, stellt dich niemand mehr ein.«

Verdammt, ich hasste dieses Thema. »Niklas ist noch zu klein, er braucht mich.«

»In Frankfurt gibt es bestimmt ein paar gute Kindertagesstätten. Und ihr könntet das Geld doch gut brauchen, oder?«

Alarmiert blickte ich Sandra an. Hatte Patrick ihr von unseren finanziellen Problemen erzählt? Wusste sie, dass er uns schon öfter Geld geborgt hatte? Sie stand ganz entspannt da und lächelte dem dünnen Rauchfaden hinterher, der von ihrer Zigarette in den Sommerhimmel aufstieg.

»Nächstes Jahr vielleicht«, murmelte ich.

Sandra nickte und schleuderte die Kippe in den Main. »Dann überlass ich dich mal deinen Überlegungen. Bis gleich.« Sie schlenderte barfuß davon. Ihre Schuhe schien sie irgendwo ausgezogen zu haben. Mit diesen Absätzen hätte ich auch nicht den ganzen Tag durchgehalten. Als ich ihr hinterherschaute, blieb mein Blick an einer dunklen Stelle an ihrem Fuß haften. Doch bevor ich Genaueres erkennen konnte, war Sandra im Inneren des Gasthofes verschwunden.

Als ich zurückkam, saß Niklas auf Patricks Schoß und wippte fröhlich auf und ab.

»Und was hast du im Zoo gesehen?« Patrick schien bester Laune zu sein. Er strahlte und hielt meinen Sohn vorsichtig an dessen Speckärmchen fest.

»I-ah, määh, muuh!«

Zu meinem Stolz konnte Niklas alle gelernten Tierstimmen korrekt wiedergeben. Zufrieden wandte ich mich meinem inzwischen kalten Apfelstrudel zu. Die anderen waren längst fertig mit ihren Desserts.

»Muuuh, genau, das war eine Kuh! Und wie macht das Schwein?«, fragte Patrick.

»Oh, ooh, ah«, hörte ich mein Kind stöhnen. Plötzlich herrschte Stille am Tisch. Sandra blickte mich mit hochgezogenen Augenbrauen an, und Marcel lachte etwas zu laut. Ich versuchte hastig zu erklären, was passiert war. »Im Wollschweingehege war außer den Schweinen auch ein Pärchen aktiv. Niklas hat das Stöhnen gehört und anscheinend als Geräusch der Schweine abgespeichert. Tut mir leid.«

»Ernsthaft? Da haben es welche in dem kleinen Tierpark getrieben?« Patrick schmunzelte. »Und auch noch bei den Schweinen?«

Erleichtert, dass er es so gelassen aufnahm, sagte ich: »Ja, das waren bestimmt irgendwelche Jugendliche aus dem Dorf. Vom Mann habe ich nicht viel gesehen, aber die Frau hatte ein Tattoo am rechten Fuß. Ich bin ja kein Fan von so was, aber das war richtig hübsch.«

»Was für ein Tattoo?«, unterbrach Patrick mich.

»Ein Schmetterling ... ich habe mich gefragt, ob sie vielleicht eine Tierparkmitarbeiterin war.«

»Eine Tierparkmitarbeiterin? Nein, nur verdammt flatterhaft.« Das Lachen war aus seinem Gesicht gewichen. Er sah zu Sandra hinüber, die nach seiner Hand griff. »Deshalb also dein Kopfweh heute Nachmittag.«

Sie blickte ihn an, die Augen weit aufgerissen. »Patrick ...«

Er reichte Niklas zu Marcel hinüber, stieß seinen Stuhl nach hinten und stand auf. »Gib dir keine Mühe. Das kannst du nicht erklären oder beschönigen. Ich muss jetzt erst mal nachdenken. Ich wünsche euch allen noch einen schönen Abend, genießt die Weinprobe. Alles ist bezahlt. Man wird ja nur einmal 50.« Es kostete ihn erkennbar Kraft, die Beherrschung nicht zu verlieren. Es tat mir weh, meinen großen Bruder so zu sehen. Sandra war sitzen geblieben. Unter der Schminke hatte ihr Gesicht die Farbe ihres 2014er Sommerhäuser Burgunders angenommen.

»Es tut mir leid, ich wusste nicht ...«, versuchte ich eine Entschuldigung, obwohl mir klar war, dass das nichts besser machen würde. Ich hatte Patricks Geburtstag versaut und eine Ehekrise ausgelöst. Das war nicht zu entschuldigen.

Sandra ließ mich gar nicht ausreden. Sie unterbrach mich, indem sie ihre Serviette auf den Tisch feuerte. »Schon klar. Würdest du ja niemals mit Absicht tun.« Die Weinranke hatte sich in ihren Haaren verfangen und hing traurig herab. Schnell verließ sie ebenfalls den Raum, und ich konnte nichts tun, als ihr bestürzt hinterherzublicken.

Drei Stunden später lief ich nervös in unserem Zimmer auf und ab. Patrick war nicht zurückgekehrt, und Sandra hatte sich im Restaurant nur kurz blicken lassen, um eine Flasche Wein zu holen. Niklas lag schlafend in seinem Gitterbettchen, weshalb ich die Füße ganz leicht auf den Holzboden setzte, um ihn nicht durch das Knarren der Dielen zu wecken. Marcel saß auf der Bettkante, die Krawatte um sein Knie geschlungen, an der er zerrte und zog.

»Du musst ihn suchen gehen«, sagte ich schließlich.

Marcel hob abwehrend die Hände. »Warum ich? Er ist dein Bruder.«

»Bitte, Marcel. Ich mache mir Sorgen um Patrick. Bestimmt ist er in irgendeiner Kneipe versumpft. Und wenn er betrunken am Main entlang zum Hotel zurückläuft, dann kann doch alles Mögliche passieren.«

»Da passiert schon nichts.«

»Wir müssen etwas machen. Wenn es ihm schlecht geht, wird er uns doch auch niemals das Darlehen geben. Er war so sauer vorhin.«

»Das ist doch jetzt wohl kaum die Hauptsache.«

»Es geht um unsere Zukunft, das hast du vorhin selbst gesagt!«

Marcel reagierte nicht.

»Gut, wenn du nicht willst.« Ich trat an Niklas' Gitterbettchen und machte Anstalten, ihn aus seinem Schlafsack herauszuschälen.

»Weck doch das Kind jetzt nicht auf!«

»Du weißt genau, dass ich ihn nicht alleine hierlasse.«

»Ich bin doch auch noch da.«

Ich schüttelte nur müde den Kopf. »Und wenn er aufwacht und schreit? Du hast doch keine Ahnung, was du dann machen musst.«

»Ich bin sein Vater.«

»Ja, aber du kümmerst dich sonst auch nicht um ihn.«

»Wir müssen da mal drüber reden, Annemarie. Du bist viel zu sehr auf Niklas fixiert, das tut ihm nicht gut. Und mir auch nicht.«

»Was willst du damit sagen?«

Marcel öffnete den Mund, um etwas zu antworten, doch dann sah er meinen Blick auf sich gerichtet und schloss den Mund wieder. Er legte die Krawatte zur Seite und stand auf. »Ich schaue jetzt mal, ob ich Patrick finde.«

»Danke.« Ich blickte ihm nach, als er behutsam die Zimmertür hinter sich schloss. Niklas bekam davon nichts mit. Er atmete ruhig und zufrieden.

Am nächsten Morgen wachte ich früh auf. Marcel lag leise schnarchend neben mir. Er hatte Patrick gegen drei Uhr nachts tatsächlich noch in einer Sommerhäuser Kneipe gefunden und große Mühe gehabt, ihn dazu zu bewegen, mit ihm zu kommen. Patrick hatte sich geweigert, in das Zimmer zurückzukehren, das er mit Sandra bezogen hatte, und sich stattdessen in einer kleinen Gästewohnung einige Häuser weiter eingemietet. Die Besitzer hatten den nächtlichen Überfall akzeptiert, nachdem Marcel ihnen den doppelten Zimmerpreis bezahlt hatte.

Ich stand leise auf, wickelte Niklas und nahm ihn zu einem frühen Spaziergang mit nach draußen.

Doch ich kam nicht weit. Ein stämmiger Mann in Polizeiuniform stand am Fuß der Treppe und blickte mir ernst entgegen. Mein Bruder lehnte am Geländer und umklammerte die Holzstreben. Er trug dasselbe Hemd wie gestern, wahrscheinlich hatte er darin geschlafen.

»Patrick«, flüsterte ich, »was ist passiert?«

Er zögerte. Seine Augen waren gerötet und trugen den Ausdruck der Fassungslosigkeit. »Sandra ist tot.«

Als sich die Zimmertür öffnete und ein Mann im weißen Arztkittel heraustrat, sah ich hinter ihm einen Körper auf dem Boden liegen, im Nachthemd und mit bloßen Beinen. Eigentlich war der Moment zu kurz, doch ich glaubte sogar das kleine Schmetterlingstattoo am Knöchel erkennen zu können.

»Das kann doch gar nicht sein«, sagte ich.

»Leider doch«, sagte der Arzt. »Ich warte draußen auf die Spurensicherung.«

Während nach und nach weitere Männer in Kitteln und Schutzoveralls eintrafen, gefolgt von einem Fotografen und Beamten, die ich nicht zuordnen konnte, erfuhr ich, was geschehen war. Patrick war trotz der beträchtlichen Menge Alkohol in seinen Adern nachts nicht zur Ruhe gekommen und hatte stattdessen über seine Ehe nachgegrübelt. Um sechs Uhr hatte er beschlossen, zu Sandra zu gehen, um sich mit ihr auszusprechen. Doch als er das Zimmer betrat, lag sie bewegungslos auf dem Boden. Neben sich einen leeren Bocksbeutel. Hier unterbrach Patrick seine eigene Erzählung: »Das passte gar nicht zu ihr. Sie mag eigentlich keine trockenen Weine. Und der *Blaue Silvaner* ist etwas ganz Besonderes. Man stellt ihn aus einer sehr seltenen weiß-roten Zwittertraube her, die sich nur in der Region um Sommerhausen findet. Dabei schmeckt er würzig und frisch und ist voll verspielter Leichtigkeit.«

Der Beamte warf ihm einen schrägen Blick zu. Für ihn klang es wohl so, als betrauere Patrick den Verlust des Weines mehr als den seiner Ehefrau.

Ich verstand ihn. Patrick hatte noch nie gut über Gefühle sprechen können. Und jetzt versuchte er alles, um nicht an das Furchtbare denken zu müssen. Aber ich musste wissen, was genau geschehen war.

»Und sie lag einfach da und war tot?«

»Ja, ich verstehe es auch nicht.«

»Keine Kampfspuren, gar nichts?«

Patrick seufzte. »Ich habe nicht mal eine Verletzung oder Wunde gesehen. Sie hatte nur einen Brief in der Hand, eigentlich mehr ein Zettel. *Patrick, es tut mir so leid. Bitte vergib mir.*«

»Sie hat sich also umgebracht?« Ich versuchte die Geschehnisse in einen logischen Zusammenhang zu bringen.

»Gute Frau, bitte lassen Sie uns erst mal in Ruhe unsere Arbeit machen«, unterbrach mich der Polizist. »Wir warten auf die Untersuchungsergebnisse und Laborbefunde, und erst dann können wir sagen, ob es Selbstmord war oder ein Unfall oder gar Mord.«

Ich blickte von ihm zu Patrick, der mit jeder Minute elender aussah. »Komm, wir machen einen kurzen Spaziergang. Sonst macht dein Kreislauf noch schlapp.«

»Er sollte hierbleiben. Wir werden ihn noch ausführlicher befragen müssen.«

»Sehen Sie nicht, dass er völlig fertig ist? Er braucht einen Moment Ruhe und frische Luft.« Und eine Dusche, fügte ich in Gedanken hinzu. Aber das Wichtigste war jetzt erst einmal, dass ich ungestört mit Patrick reden konnte. Kurzerhand hakte ich mich bei ihm unter und zog ihn mit nach draußen. Der Beamte sah uns nach, hielt uns jedoch nicht zurück.

Wir spazierten durch einen Tunnel, in dem ich Niklas das Phänomen Echo demonstrierte, und kamen in die Altstadt, wo um diese Uhrzeit noch kaum jemand unterwegs war. Der Kinderwagen holperte über die Pflastersteine. Die Fachwerkhäuser mit den blühenden Geranien am Fenster demonstrierten heile Welt. Patrick hatte keinen Blick für die Schönheit, die ihn umgab. Er stolperte hinter mir her, ohne ein Wort zu sagen.

Ich steuerte auf eines der Stadttore zu, das wir durchquerten, und machte erst halt, als wir eine Holzbank unter einer Birke erreicht hatten. Niemand war zu sehen. Ich setzte mich und zog Niklas auf meinen Schoß.

»Dann war Sandra also tatsächlich die Frau, die ich im Tierpark gesehen habe? Und sie hat sich umgebracht, weil du sie verlassen wolltest?«

Patrick nickte und zuckte gleichzeitig mit den Schultern. »Der Brief klingt zumindest so.«

»Die Polizei ist sich aber nicht sicher, was mit Sandra passiert ist.«

»Und bis dahin bin ich der Hauptverdächtige«, sagte Patrick bitter. »Der gehörnte Ehemann, der sich rächen wollte.«

»Bestimmt nicht, du hast doch ein Alibi!«

»Wieso? Ich kann mich ehrlich gesagt nicht mehr so ganz genau an letzte Nacht erinnern.« Patrick sah mich etwas beschämt, aber mit einem Funken Hoffnung an.

»Also ich und einige andere Leute haben Sandra gestern Nacht gegen elf noch gesehen, wie sie kurz in die Stube kam, um sich eine Flasche Wein zu holen. Zu dem Zeitpunkt hat sie also noch gelebt, und du warst sicher bereits in dieser Kneipe, wo Marcel dich gegen drei Uhr früh aufgegabelt hat. Dafür gibt es bestimmt Zeugen. Bis er dich so weit hatte, dass du mitgehst, und ihr ein anderes Zimmer für dich gefunden hattet, war es mindestens vier Uhr. Und um sechs hast du sie gefunden und die Polizei gerufen. Jetzt kommt es natürlich darauf an, wann Sandra genau gestorben ist, aber es ist nicht sehr wahrscheinlich, dass das zwischen vier und sechs Uhr passiert ist, der einzige Zeitraum, in dem du alleine warst. Und in deinem Zustand hättest du wahrscheinlich auch nicht so ohne Weiteres einen Mord auf die Reihe gekriegt.«

»Das stimmt.« Patrick machte eine Bewegung, als wolle er mich umarmen. »Marcel und du würden das notfalls beschwören?«

»Natürlich, du bist doch mein Bruder.«

»Danke.« Er zögerte. »Ich habe mich in letzter Zeit nicht besonders gut um dich gekümmert, Annemarie. Ich wusste, dass ihr Schwierigkeiten habt, seit Marcel entlassen worden ist und jetzt nur noch diesen Brötchenjob hat.«

»Es ist nicht schlimm. Ich kann mich einschränken. Wir haben nur Angst, dass wir das Haus verlieren. Das wäre schrecklich.«

»Ich kann euch noch mehr leihen. Meine Firma läuft momentan sehr gut.«

»Darum wollte ich dich auch noch mal bitten. Wir haben einen Vertrag ausgearbeitet. Ich wollte dich das ganze Wochenende über schon darauf ansprechen, aber ich habe mich nicht getraut. Ich kam mir so blöd vor.«

Patrick schüttelte den Kopf. »Das musst du nicht. In einer Familie hilft man sich gegenseitig. Das ist normal. Überleg nur mal, wie ich jetzt dastehen würde, wenn ihr nicht wärt.«

Ich beugte mich über Niklas' seidigen Haarschopf, damit Patrick mein Lächeln nicht sah. Dann legte ich ihm die Papiere vor, und er unterschrieb ohne ein Wort.

Als wir zum *Anker* zurückkehrten, waren die Untersuchungen bereits in vollem Gange. Alle Geburtstagsgäste wurden befragt, die Angestellten um Auskünfte gebeten, und der Leichenwagen der Rechtsmedizin Würzburg, der Sandra abholen wollte, verursachte zu allem Überfluss einen Sachschaden, da er beim Wenden ein parkendes Auto streifte.

Marcel war als einer der Ersten zum Verhör gebeten worden und hatte genau berichten müssen, wann, wo und in welchem Zustand er Patrick gefunden hatte und wie lange er bei ihm gewesen war.

Mich fragte der Kommissar dagegen über meine Beobachtung im Tierpark aus und war sehr enttäuscht, dass ich den Mann nicht näher beschreiben konnte, der mit Sandra im Gras hinter den Schweineställen gelegen hatte.

»Ich habe nur seine Füße gesehen«, erklärte ich zum wiederholten Mal. »Wenn Sie wollen, zeichne ich Ihnen ein Phantombild davon.«

Wir mussten unseren Aufenthalt in Sommerhausen um einen Tag verlängern, weil die Polizei uns vorerst nicht abreisen lassen wollte. Am Montag kam dann die Nachricht, dass Sandra zwischen ein und vier Uhr früh an einem Mix aus Alkohol und Schlaftabletten, die sie in einem der Bocksbeutel aufgelöst hatte, verstorben war. Nun konnte Patrick zumindest sicher sein, dass seine Frau von einem guten Tropfen ins Jenseits begleitet worden war, und die Polizei konnte sicher sein, dass Patrick nichts mit Sandras Tod zu tun hatte. Der Streit und Sandras Schuldgefühle wegen ihrer Untreue hatten – so schien es – zu einer Kurzschlussreaktion geführt.

»Sie hat sich Mut angetrunken, den Abschiedsbrief geschrieben und sich dann mit dem *Blauen Silvaner* den Rest gegeben«, fasste Patrick zusammen. »Wenigstens war es ein guter Wein.«

Ich tätschelte ihm tröstend die Schulter, während Marcel unsere Koffer zum Auto trug und Niklas in seinem Buggy vor sich hinkrähte. Der Hahn in einem der Sommerhäuser Gärten hatte ihm mächtig imponiert.

»Danke für deine Hilfe«, sagte ich zu Patrick und umarmte ihn fest. »Komm uns bald mal besuchen. Ich will Niklas beibringen, auf Weinflaschen Melodien zu spielen.«

Er versuchte ein Lächeln und winkte, als ich ins Auto stieg und losfuhr.

Marcel saß auf dem Beifahrersitz. Er war den ganzen Tag über sehr still gewesen und sah schlecht aus. Außerdem trug er wieder Socken in Sandalen. Ich hatte schon des Öfteren versucht, ihm das abzugewöhnen. Das war einfach ganz schlechter Stil. Da half es auch nicht, dass die Socken an sich schön waren. Die hatte ja auch ich gekauft.

»Geht es dir nicht gut?«, fragte ich. »Vielleicht brauchst du ein paar Vitamine. Wir können auf der Heimfahrt noch beim Supermarkt vorbei und ein bisschen Bioobst kaufen.«

»Nein danke, ich brauche nichts.«

»Hoffentlich wirst du nicht krank. Steck Niklas bloß nicht an.« Ich bog auf die Bundesstraße ab und überlegte, ob ich vorsichtshalber noch bei einer Apotheke anhalten sollte.

»Herrgott, Annemarie! Sandra ist tot, und du tust so, als wäre ein Schnupfen unser größtes Problem.«

»So ist es auch. Mit Sandras Tod haben sich einige Probleme erledigt. Aber du trauerst natürlich um deine Geliebte, das ist verständlich. So schnell findest du bestimmt nicht wieder jemanden, der es mit dir im Schweinekoben treibt.«

Einen Moment herrschte Stille im Auto. Marcel zerrte am Sicherheitsgurt, der an seinem Hals anlag. Er schien nicht genug Luft zu bekommen. »Was willst du damit sagen?«

»Hast du denn ernsthaft geglaubt, ich hätte dich im Tierpark nicht erkannt? Ich habe diese dunkelblauen Adidas-Socken bestimmt schon hundertmal gewaschen, zusammengelegt und in den Schrank geräumt.«

»Aber du hast kein Wort gesagt!«

»Was hätte ich denn machen sollen? Wutentbrannt hinstürmen und dich von ihr runterzerren? Dich vor allen Leuten zur Rede stellen? Ich dachte, es sei irgendeine bedeutungslose Affäre.« Zornig schlug ich auf das Lenkrad. Marcel sah mich erschrocken an. Er war es nicht gewohnt, dass ich aufbrausend wurde. Niklas ebenso wenig. »Mama?«, intonierte er fragend.

»Alles in Ordnung, Schätzchen«, sagte ich und fuhr wieder langsamer. Ich durfte mich von Marcel nicht aus der Ruhe bringen lassen. Jetzt war doch alles gut. »Ich war bereit, über deine kleine Affäre hinwegzusehen. Aber dann hat sich plötzlich herausgestellt, dass du mich ausgerechnet mit Sandra betrogen hast. Ich wusste, dass Patrick uns das Geld niemals leihen würde, wenn das rauskommt. Und es war klar, dass es rauskommen würde. Sandra kann einfach nichts für sich behalten. Also musste ich sie zum Schweigen bringen.«

»Zum Schweigen bringen?« Marcel schrie fast. Ich wies ihn darauf hin, dass zu laute Geräusche sich negativ auf Niklas' frühkindliches Gehör auswirken konnten.

»Ja, stell dir vor, ich war das. Und ich hatte recht damit. Als ich dich endlich so weit hatte, dass du Patrick suchst, damit ihr möglichst beide ein Alibi habt, ging ich zu Sandras Zimmer. Sie war gerade dabei, einen rührseligen Brief zu schreiben. Sie wollte Patrick alles beichten und die Schuld auf dich schieben, damit er sie wieder in Gnaden aufnimmt.«

»Das kann ich nicht glauben.« Marcel sah bleich und mitgenommen aus. Schweißperlen standen auf seiner Stirn. Hoffentlich hatte Niklas den Hang zur übermäßigen Transpiration nicht geerbt.

»Sie hatte schon ganz schön gebechert, und ich habe einfach noch eine Flasche des guten Sommerhäuser Weins mitgebracht. Es war gar nicht so schwer, sie zu überreden, den Brief erst mal nicht weiterzuschreiben und lieber noch etwas Wein zu trinken. Ich hatte einige Medikamente darin aufgelöst, die dann auch wirkten.«

»Das ist Mord!«

»Das ist Notwehr. Oder hätte ich zulassen sollen, dass Sandra und du unsere Zukunft zerstört?«

Marcel sagte nichts mehr. Wahrscheinlich fragte er sich, warum ich ihm nicht auch etwas von dem Wein gegeben hatte. Doch das war natürlich Blödsinn. Der zu frühe Verlust eines Elternteils hätte ein Trauma bei Niklas auslösen können. Und außerdem hätte die Polizei dann mich verdächtigt, nicht nur Patrick.

»Sei doch froh. Patrick hätte uns das Geld vielleicht nie geliehen, wenn er nicht durch unsere Aussage entlastet worden wäre.«

»Er hat unterschrieben? Wann das denn?«

»Gestern früh. Ich habe einen Spaziergang mit ihm und Niklas gemacht, und da hat sich das eben so ergeben.«

Bei der Erwähnung seines Namens klatschte mein Sohn in die Hände. Ich blickte in den Rückspiegel.

»Wie macht das Schaf?«

»Määääääh!«

»Wie macht die Kuh?«

»Muuh muuh!«

»Und wie macht der Papa?«

»Ooh, oh, ah!«, stöhnte Niklas und lachte. Ich lachte mit ihm. Wir hatten jetzt schon den gleichen Sinn für Humor.

Ursula Schmid-Spreer

Wie schmeckt
»Untereisenheimer Höll«?

UNTER-
EISENHEIM

»Ich bin eben aus der Toskana zurück. Also, diese Weine dort! Da können unsere Frankenweine einpacken.«

Martin Welser beugte sich zu seinem Tischnachbarn und zupfte sich am Ohrläppchen. Er nahm einen großen Schluck Wein, sah über den Brillenrand hinweg zu Kurt Weirauch.

Dessen linkes Auge zuckte. Er strich sich über die Haare. Antwortete nicht. Griff ebenfalls zu seinem Glas, nahm einen Schluck des Rebensaftes, behielt ihn einige Augenblicke im Mund, bevor er schluckte. Er würdigte Welser keines Blickes.

Winzer Felix Haase schaute wohlwollend in seinem gut besuchten Lokal umher. Er schenkte seiner Frau Lotte ein Lächeln. Es war eine gute Idee gewesen, die ehemalige Scheune zu einer rustikalen Wirtschaft auszubauen. Der Charme des alten Gebäudes war erhalten geblieben, und seine Lotte hatte einen guten Geschmack beim Einrichten der Winzerstube bewiesen. Viel Holz, gemütlich, trotzdem edel, kurzum Wohlfühlambiente. Selbst von den benachbarten Dörfern Dimbach und Gaibach kamen Gäste zu ihm nach Untereisenheim. Auch die fränkische Küche lockte so manchen hierher. Er grüßte nach links, nickte gefällig nach rechts, schüttelte die Hand eines Gastes und wünschte guten Appetit. Dann steuerte er dem Stammtisch zu. Zwei Mittfünfziger saßen bereits dort.

»Guten Tag, Welser, guten Tag, Weirauch.« Er setzte sich, winkte seiner Frau Lotte, die ihm ein Glas Wein hinstellte.

»Du befindest dich hier in Franken, mein Lieber. Und die fränkischen Weine zeichnen sich durch ein ganz besonderes

Aroma aus. Ich sag nur«, wandte sich Weirauch an Welser, »*Untereisenheimer Höll*, Spätburgunder, Spätlese trocken, purpurrot, weich, samtig, feurig. Schmeckt nach Vanille und Wildkirsche – der klassische *Pinot Noir*.«

»Er ist 15 Monate im Barrique gereift«, meinte Felix eitel. »Wir haben nicht umsonst die Silbermedaille gewonnen. Schließlich geht unsere Weinbautradition bis ins 8. Jahrhundert zurück.«

Ein Mädchen mit langem, schwarzem Haar im feschen Dirndl kam auf die Dreiergruppe am Stammtisch zu. »Darf ich Ihnen noch ein Glas unseres prämierten Spätburgunders kredenzen? Eine Spätlese, die Ihnen sicher munden wird.« Als alle zugestimmt hatten, wandte sie sich an Felix Haase. Ihr Ton wurde weniger offiziell. »Soll ich einschenken oder möchtest du das übernehmen, Papa?«

»Das gebührt dir als Weinkönigin«, antwortete dieser. Zufrieden sah er seine Tochter an.

Die Herren steckten die Nase in die Gläser, sogen das Aroma tief ein. Ließen die Tropfen über die Zunge rollen, schluckten, setzten ein verklärtes Lächeln auf und schwärmten: »Köstlich!«

»Wirklich ein edler Wein, liebste Anna«, bemerkte Kurt Weirauch.

»Herzlichen Dank, dieses Kompliment aus Ihrem Mund bedeutet uns besonders viel. Als Juror kosten Sie ja viele Weine, haben dementsprechend den Vergleich.« Sie bedachte Weirauch mit einem Lächeln, während sie den Sommelier Welser ignorierte. Sie schenkte erst ihrem Vater und dann Weirauch nach. Kurz hielt sie inne, drehte gekonnt die Flasche, um die sie kunstvoll eine Serviette geschlungen hatte. Kein Tröpfchen ging daneben. Erst dann goss sie das Glas von Welser voll.

»Wetten, Martin, dass du es nicht schaffst, herauszu-
schmecken, aus welchem Wein meine Frau ihre berühmte
Untereisenheimer Weinschaumcreme herstellt?«

Der Angesprochene zog die Nase kraus. »Unterschätze
meine sensible Zunge nicht! Ich schmecke jederzeit heraus, welcher Wein benutzt worden ist. Nicht umsonst bin
ich zum Sommelier des Jahres gekürt worden.« Mit einer
selbstgefälligen Bewegung rückte er sich die Brille zurecht.

»Na, das möchte ich aber sehen, wie du das machst«,
meinte Haase. »Der Wein wird schließlich im Topf erwärmt
und verändert dadurch sein Odeur.«

Welser nahm seine Brille ab, steckte gedankenverloren
einen Bügel in den Mund und sagte: »Ts ts, das macht eben
einen guten Sommelier aus.«

»Um was wetten wir, Welser? Oder kneifst du, hä? Morgen, um dieselbe Zeit, hier im Restaurant. Meine Frau wird
die Creme zubereiten«, sagte Haase.

»Was setzt du dagegen, wenn ich gewinne?«, konterte
Martin Welser.

»Eine, was sag ich, zwei Kisten meines prämierten Spätburgunders. Und dazu ...«, er hielt geheimnisvoll inne, »einen Portwein aus deinem Geburtsjahr; da gibt es nur noch
wenige Flaschen.«

»Gut, wenn ich verliere, werde ich ein halbes Jahr lang
kostenlos deine Weine mit vertreten und kräftig die Werbe-
trommel rühren.«

Die beiden Männer reichten sich die Hände, und Kurt
Weirauch schlug feierlich entzwei.

Die Türe zum Restaurant der Haases öffnete sich fast un-
unterbrochen. Das Lokal war gut besucht. Anna eilte beflis-
sen zwischen den Tischen hindurch. Das Dirndl stand ihr

ausgezeichnet, es brachte ihre jugendliche Figur bestens zur Geltung. Felix stand immer wieder vom Stammtisch auf, um nach dem Rechten zu sehen und neue Gäste zu begrüßen.

»Also wirklich«, regte sich ein Gast am Nebentisch auf. »Was die uns immer so als Kunst verkaufen wollen! Ich fasse es nicht.«

Und ein anderer fiel ein: »Dass die unsere alte Katzensage aber auch so was von verschandelt haben! Ein Skandal ist das!« Sie redeten und ereiferten sich noch eine ganze Weile.

»Ich weiß gar nicht, was die zu meckern haben.« Kurt Weirauch hatte die Stimme gesenkt. »Der Brunnen ist doch ganz schön geworden. Die Sage ist zumindest gut dargestellt.«

»Aber musste sich die Jury ausgerechnet für einen Bildhauer aus Kleinrinderfeld entscheiden?« Martin Welser schob seine Brille mit dem Zeigefinger den Nasenrücken hoch. »Haben wir keine Künstler am Ort?«

»Scheinbar nicht«, meinte Felix Haase, der wieder zum Tisch zurückkam. Er hob sein Glas und deutete damit seiner Tochter an, dass nachgefüllt werden sollte. »Die werden sich schon was dabei gedacht haben, diesem Kurt Grimm den Zuschlag zu geben.«

»Übrigens«, warf Weirauch ein, »ich komme auch aus Kleinrinderfeld. Der Künstler ist hervorragend. Ich habe mir das Kunstwerk genau angesehen.« Weirauch schnalzte, nahm einen Schluck Wein, kniff genüsslich die Augen zusammen, spitzte den Mund und schluckte. »Sehr, sehr gut! Das Wildgericht, das ich bestellt habe, wird hervorragend zum *Untereisenheimer Höll* schmecken.«

Das Rehgulasch wurde mit Blaukraut und einem Semmelknödel serviert. Martin Welser, der seinerseits Forelle bekam, warf Weirauch einen abschätzigen Blick zu. Der hatte sich die Serviette in den Hemdkragen gestopft und orderte einen weiteren Knödel. »Deliziös!«, stellte er nach den ersten Bissen fest.

»Aber jetzt sind wir ganz von dem Katzenbrunnen weggekommen. Wie schon gesagt, ich habe ihn mir genau angesehen. Er ist aus Muschelkalk. Aus heimischem Muschelkalk. Die Brunnenfiguren sind lebensgroß.«

»Ich nehme an, sie sollen Frauenfiguren darstellen, die miteinander tratschen.« Weirauch leckte sich über die Lippen.

Lotte Haase war an den Tisch getreten, hatte die letzten Worte noch aufgeschnappt. »Ist es recht, meine Herren? Schmeckt's?«

Die drei nickten, Welser hob den Daumen, während Weirauch das Zeichen für »ausgezeichnet« machte: Er formte Zeigefinger und Daumen zu einem Kreis. Anerkennend lächelte er dabei.

»Der Künstler hat die Figur einer sitzenden alten Frau mit einem Katzenkopf gestaltet. Das soll wohl die Klatschsucht der Frauen verdeutlichen.«

Lotte hob scherzhaft den Finger und bedachte ihren Mann mit einem tadelnden Blick.

»Diese Interpretation ist nicht von mir. Sie beruht auf einer alten Sage«, rechtfertigte sich Felix.

»Jetzt wollen wir es aber genau wissen.« Weirauch grinste und meinte: »Wie gut hast du im Heimatunterricht aufgepasst, Haase? Ich bin ganz Ohr.«

Felix Haase lachte, strich sich über seinen Bauch, lehnte sich zufrieden zurück. Dann hob er das Glas und prostete seinen zwei Freunden zu.

»Früher gab es doch kein fließendes Wasser in den Häusern. So mussten die Frauen, deren Aufgabe war es nun einmal«, er nickte entschuldigend zu seiner Gattin, »am

Pumpbrunnen des Dorfes Wasser holen. Natürlich war das ein großer Ratsch- und Tratschplatz, um Dorfneuigkeiten auszutauschen und allerlei Gerüchte zu streuen. Doch wenn man sich vor dem Haus Nummer 16 unter vier Augen die geheimsten Geheimnisse anvertraute, wusste es am nächsten Tag trotzdem jeder im Dorf.«

»Du hast wirklich aufgepasst, mein Lieber.« Weirauch lachte, erhob das Glas. Sie prosteten sich zu. »Darf ich die Geschichte zu Ende erzählen?«

Welser und Haase bejahten. »Also: Einer der Frauen fiel auf, dass immer eine schwarze Katze bei ihren Gesprächen am Brunnen anwesend war. Sie saß auf dem Pumpenstock. Voller Wut haben sie die Katze erschlagen.«

»Und was ist dann passiert?« Anna Haase, die Tochter des Hauses, war an den Tisch getreten. »Ich kann mich nicht erinnern, dass wir das in Heimatkunde mal durchgenommen haben.«

»Hauptsache, du kannst das Gauß'sche Eliminationsverfahren anwenden, da ist Heimatkunde nicht so wichtig«, spöttelte Felix Haase und tätschelte seiner Tochter liebevoll die Hand. Dann redete er weiter: »Zur selben Zeit, als die Katze tot von der Pumpe fiel, starb eine alte Frau in dem Nachbarhaus Nummer 16. Sie hatte sich um die Mittagszeit in die Katze verwandelt, um die anderen Frauen zu belauschen. Die Geheimnisse plauderte sie dann bei ihren Nachbarn aus.«

»Nachdem die Katze erschlagen war, sind die Geheimnisse wohl wieder geheim geblieben, oder? Eine schöne Geschichte, Papa.«

»Ja, ja, die Tratscherei. Übrigens können auch Männer Geheimnisse nicht für sich behalten.« Weirauch bedachte Welser mit einem langen Blick.

»Noch ein Gläschen Wein, bevor wir schließen?« Lotte Haase sah fragend in die Runde.

»Für mich nicht mehr«, meinte Welser. »Ich will ja morgen fit für meine Aufgabe sein.«

Felix Haase stand vor der Anrichte in der Küche und polierte hingebungsvoll langstielige Rotweingläser. Eine rotgetigerte Katze strich um seine Beine. »Höll, lass das. Es fällt nichts runter!«

»Ich kann mich immer noch nicht mit dem Namen anfreunden, Felix«, sagte Lotte. »Wie kann man eine Katze nur ›Höll‹ nennen?«

Lotte Haase strich sich eine Haarsträhne hinter das Ohr, die sich aus ihrem Dutt gelöst hatte. Dann biss sie in einen Apfel und verzehrte ihn mitsamt dem Gehäuse, sodass nur der Stiel übrig blieb. »Unsere Katze ist rotgetigert, ein besonderes Rot. Sie erinnert mich an unseren Spätburgunder. Weich, samtig, aber auch feurig, wie der klassische *Pinot Noir*«, fuhr sie fort.

Auffordernd hielt Felix das Glas hin, deutete auf den Tisch, auf dem eine Flasche des *Untereisenheimer Höll* stand.

Vorsichtig füllte Lotte die Gläser für ihn und sich.

»Wirklich köstlich!«

»Fast zu schade, um daraus eine Weincreme zu machen.« Lotte verzog das Gesicht. »Und doppelt zu schade für diesen Angeber Welser, wenn du mich fragst. Dieses überhebliche Getue von dem, und dass er laufend an seiner Brille ruckelt.«

Sie nahmen einvernehmlich einen Schluck und schlossen kurz die Augen. »Ich will ja nicht tratschen«, nahm Lotte den Faden wieder auf. »Aber ...«

Felix lachte. »Das berühmte ›Aber‹.«

»Anna mag ihn auch nicht.«

»Komm, schenk nach.« Felix hielt sein Glas hin. »Weißt du was?«, sagte er nach einer Weile. »Du hast recht. Du solltest nicht unseren Spitzenwein dazu nehmen.« Felix' Lächeln breitete sich von einem Ohr zum anderen aus. »Wir werden unseren Gast nur in dem Glauben lassen, dass es der *Höll* ist, den du zu deiner berühmten Weinschaumcreme verarbeitet hast.«

Ihre Augen wurden groß. »Und wenn er es herausschmeckt?«

»Glaubst du, er wird? Warte es ab.« Er zwinkerte verschwörerisch und prostete ihr zu.

Am nächsten Tag trafen sich die drei zur selben Stunde im Restaurant von Felix Haase. Welser war leger in Sporthose und Pullover gekleidet, während Kurt Weirauch einen graumelierten Anzug trug. Das Sakko spannte ein wenig über seinem Bauch. Das Lokal hatte Ruhetag, sodass sie ganz unter sich waren. Lotte Haase stand mit einer weißen Schürze am Tresen. Sie servierte mit einem strahlenden Lächeln erst Welser, dann Weirauch und zuletzt ihrem Ehemann die Weincreme in kostbaren Kristall-Dessertschalen. Alle sahen erwartungsvoll auf Martin Welser. Er tauchte den Löffel in die Masse.

»Ah, die Eier sind getrennt, deshalb ist die Creme wohl auch so fluffig. Ich schmecke Zitronensaft und Zimt und ...«

Welser schleckte genüsslich den Löffel ab, tauchte ihn erneut ein, um die Spitze seiner Zunge zu benetzen. Ein zufriedenes Lächeln zog über sein Gesicht. »Sehr gut, wirklich sehr gut, delikat. Nicht zu viel Zucker, der halbtrockene Weingeschmack kommt hervorragend durch, ohne zu dominieren. Eine ausgezeichnete Komposition, werte Frau Haase.«

Lotte errötete sanft und schlug die Augen nieder.

In aller Seelenruhe löffelte Welser die Dessertschale aus. Er ignorierte die fragenden Blicke, die auf ihn gerichtet waren.

»Und?« Felix Haase platzte fast vor Ungeduld. »Sag schon!«

»Wie ich vermutet habe, ist es ...«, Welser lehnte sich im Stuhl nach hinten, dann wippte er vor und zurück.

»Könnte ich noch ein Schälchen bekommen, liebe Frau Haase?«

Die Angesprochene beeilte sich, seinem Wunsch nachzukommen. Mit einem angedeuteten Knicks stellte sie eine weitere Portion Untereisenheimer Weinschaumcreme vor ihn hin. Erst als auch dieses Schüsselchen vollkommen ausgekratzt war und sich Welser affektiert mit einer bestickten Serviette die Mundwinkel abtupfte, wagten auch die beiden anderen Herren, die Creme auszulöffeln.

Welser sah ihnen amüsiert zu. »Du schmeckst sicher nichts Besonderes heraus, gell, Weirauch?«

Dann stand er auf, schob den Stuhl an den Tisch heran, verbeugte sich leicht und sagte: »Wirklich delikat. Mundete mir ausgezeichnet. Was man nicht alles aus einem ordinären Tafelwein machen kann.«

Weirauch und Haase blieb der Mund offen stehen. Über Lotte Haases Gesicht zog sich eine feine Röte.

»Woher ...«, stammelte sie.

»Ich hatte ja gedacht, dass Sie den *Untereisenheimer Höll* für die Creme nehmen. Weit gefehlt! Sie wollten mich reinlegen. Es ist ein einfacher Tafelwein, den Sie benutzt haben, gnädige Frau. Aber das muss ja jetzt nicht heißen, dass er minderwertig ist«, fügte Welser noch an.

Lotte Haase klatschte begeistert in die Hände. Ihr Mann und Weirauch formten beide mit den Lippen ein ›Oh‹.

Haase war es, der ebenfalls aufstand, sich steif vor Welser verneigte und meinte: »Du hast gewonnen, es ist ein einfacher Tafelwein. Du bist wirklich der Weltmeister der Sommeliere.«

Kurt Weirauch faltete seine Hände, bis die Knöchel weiß hervortraten.

Huldvoll neigte Welser den Kopf. Haase gab seiner Frau einen Wink, sie möge die Weingläser auffüllen. Gerade als sich Haase wieder hinsetzen und mit seinen Gästen anstoßen wollte, kam Anna hereingestürmt.

»Ihre Brille, Herr Welser. Hier! Die müssen Sie vergessen haben. Sie werden Ihre Sehhilfe doch sicher brauchen. Bitte schön!«

Anna strahlte Welser an und reichte ihm die Brille.

»Wo hast du die denn jetzt her?« Fragend sah Felix Haase seine Tochter an.

»Die lag in der Küche, Papa, gleich neben dem Tafelwein, mit dem Mama die Weinschaumcreme zubereitet hat.«

Kurt Weirauch stand so abrupt auf, dass sein Stuhl nach hinten kippte.

»Du bist ein Betrüger«, brachte er erzürnt hervor. »Ein ganz gemeiner Betrüger. Das hätte ich wirklich nicht von dir gedacht. Aber immer so prätentiös tun!«

Felix Haase schüttelte den Kopf. »Was du da abgezogen hast, ist wirklich erbärmlich.«

Welser sagte nichts zu seiner Rechtfertigung. Er nahm die Brille, die auf dem Tisch lag, verbeugte sich knapp. Mit festem Schritt verließ er das Lokal. Felix, Anna und Lotte Haase sahen betreten weg. Kurt Weirauch murmelte: »Ich geh dann auch mal. Guten Abend.«

Als Lotte Haase am nächsten Morgen das Lokal aufschloss, strich die rotgetigerte Katze mit dem schönen Namen Höll um ihre Beine. »Hast du Hunger? Ich schau mal in die Küche, ob ich was Leckeres für dich finde.«

Resolut öffnete sie die Schiebetüre, die die Küche vom Tresen trennte, um entsetzt einen Schritt zurückzuweichen. Sie schlug die Hände vor das Gesicht. Lotte war eigentlich nicht leicht aus der Ruhe zu bringen. Auch jetzt sagte sie nichts, schrie nicht. Weinte nicht. Starrte nur auf die Gestalt, die da zusammengekrümmt auf dem Boden lag. Wie in Zeitlupe ging sie in das Restaurant zum Tresen, auf dem das Telefon stand, nahm den Hörer ab, wählte die Notrufnummer, nannte die Adresse und meldete: »Ich habe in der Küche unseres Gasthauses eine Leiche gefunden.« Ordentlich legte sie den Hörer zurück auf die Gabel, bevor sie in Ohnmacht fiel.

Als Lotte wieder zu sich kam, sah sie in zwei Augenpaare.« Felix und Anna beugten sich besorgt über sie. Sie zeigte mit dem ausgestreckten Arm Richtung Küche. »Da liegt einer. So viel Blut.«

Felix und Anna Haase identifizierten den Toten als Martin Welser. Ein großes Fleischermesser steckte in seinem Bauch.

»Er ist doch gegangen. Ich habe es doch selbst gesehen, dass er gestern Abend gegangen ist.« Felix schüttelte ungläubig den Kopf.

Innerhalb kürzester Zeit wimmelte es von Menschen, die, in Overalls gekleidet, in der Küche herumwuselten. Die Haases standen fassungslos in einer Ecke ihres Restaurants, unfähig, ein Wort zu sagen. Gedankenverloren knabberte Lotte an einem Apfel.

»Wie du in so einer Situation ans Essen denken kannst!« Anna schüttelte sich angewidert.

Felix schwieg, Lotte legte den übrig gebliebenen Stiel des Apfels in den Aschenbecher.

Am nächsten Morgen bat der Erste Hauptkommissar Egon Kuchenbuch die Familie Haase und Kurt Weirauch auf das Kommissariat in Volkach. Kommissar Kuchenbuch sah eindringlich in die Runde.

»Martin Welser ist mit einem Ihrer Küchenmesser erstochen worden.« Er sah die Haases an. »Natürlich waren keine Fingerabdrücke vorhanden.«

»Wir putzen unsere Küchenutensilien sehr sorgfältig«, meinte Lotte Haase.

Ohne auf den Einwurf zu achten, fuhr Kommissar Kuchenbuch fort: »Weitere Indizien wurden nicht gefunden, bis auf ...«, er machte eine Pause, sah Lotte direkt an.

»Sie haben ausgesagt, dass Welser seine Brille in der Küche liegen ließ. Für Sie war es der Beweis, dass er heimlich dort war, um einen Wetteinsatz zu seinen Gunsten zu beeinflussen. Aber ...«, er schaute streng in die Runde, »es war nicht seine Brille. Das hat die DNA-Analyse eindeutig ergeben.«

»Wessen Brille war es dann?« Anna war ratlos. »Ich war wirklich sicher, dass es seine Lesebrille wäre. Genau so eine trug er immer.«

»Es ist ein gängiges Modell«, meinte der Kommissar. »Man kann es in jedem Drogeriemarkt kaufen. Aber an den Bügeln setzen sich Hautzellen des Trägers ab. Und die stammten nicht von Welser.«

»Von wem dann?«, wollte Felix Haase wissen.

Der Kommissar zuckte mit den Schultern. »Wir werden Proben von allen infrage kommenden Verdächtigen nehmen. Bei der Untersuchung haben wir am Rücken des Toten einen Apfelstiel gefunden.«

»Mama!« – »Nein!« Die Ausrufe von Mann und Tochter kamen gleichzeitig. Angstvoll umarmte Felix seine Frau, die ihm noch am Vorabend gestanden hatte, wie sehr sie den Sommelier Welser verabscheute. »Das ist undenkbar«, sagte er laut.

Kommissar Kuchenbuch betrachtete die zusammengerückte Familie mit schräg geneigtem Kopf. »Wenn ich Sie als Erste von den Anwesenden um eine DNA-Probe bitten dürfte«, sagte er zu Frau Haase.

Weirauch stand auf. »Sparen Sie sich die Umwege. Nehmen Sie gleich eine Probe von mir. Sie wird ergeben, dass die Brille von mir stammt.«

»Du?«, riefen Felix, Lotte und Anna unisono.

Weirauch lächelte schief. »Ich habe die Brille mit Absicht liegen lassen. Dieser fiese Kerl, ich habe ihn gehasst! Mir wäre der Titel Sommelier des Jahres zugestanden. Mir! Er hat zwei der Juroren bestochen. Das kann ich beweisen.« Weirauch war knallrot im Gesicht geworden. Spuckebläschen sammelten sich in seinen Mundwinkeln, während er gestikulierte. »Ich wollte ihn bloßstellen, den Angeber, ihn und seinen Gaumen, auf den er so stolz war.«

»Du Depp«, rief Felix Haase. »Das hat er doch sicher sofort gemerkt.«

»Ja, aber sagen konnte er nichts.« Für einen Moment lächelte Weirauch in Gedanken an den Sieg, den er für kurze Zeit errungen hatte. »Er konnt's ja nicht beweisen. Wie wäre er denn dagestanden, wenn er behauptet hätte, es wäre nicht seine Brille, wo alle sie doch kannten? Wie ein Lügner und Feigling. Wie ihn das gefuchst haben muss, ha!« Er schlug mit der Hand auf den Tisch. Dann setzte er sich plötzlich wieder. Alle Energie wich aus ihm. »Dass er es wusste oder zumindest ahnte, dass ich ihm da einen Streich gespielt hatte, war mir wurscht. Zunächst.«

»Was meinen Sie mit ›zunächst‹?«, hakte der Kommissar nach.

»Erpressen wollte er mich.« Weirauch schaute empört zu ihm auf. »Und das hat er mir auch deutlich zu verstehen gegeben.« Er schwieg erschöpft.

Kuchenbuch zog eine Augenbraue hoch und wartete.

Weirauch nahm ein Stofftaschentuch aus der Jacke, wischte sich damit über die Stirn. »Ich habe gute Kontakte zu den Juroren, die den Qualitätswettbewerb für Wein aus ökologisch erzeugten Trauben bewerten. Welser wollte zu der Sache mit der Brille schweigen, wenn ich ihm helfe, diesen Wettbewerb zu gewinnen. In eurer Küche hat er mir das vorgeschlagen.«

»Warum ausgerechnet bei uns?«, rief Felix. »Wie seid ihr denn hineingekommen?«

»Welser hat mich angerufen. Er schlug ein Treffen bei eurem Lokal vor. Wir wussten, dass ihr die Hintertür im Hof nie abschließt, wegen der Pensionsgäste. Dann hat er mir alles auf den Kopf zugesagt. Er tat so überheblich, und er sprach extra langsam und gediegen, gerade so, als wenn er einen Deppen vor sich hätte.« Weirauch verstummte. »Dann hat er sich noch an einer Flasche des *Untereisenheimer Höll* bedient und dabei immer wieder beleidigende Worte zu mir gesagt. Das hat das Fass zum Überlaufen gebracht, und mir sind die Sicherungen durchgebrannt.« Weirauch flüsterte, dann schwieg er erschöpft. Tupfte sich erneut die Mundwinkel ab.

»Er hat mich ganz schön unter Druck gesetzt, der Welser. Und dann sah ich die Messer. Ordentlich aufgereiht an der Wand. Ich habe zugestochen, es war ganz einfach.«

»Das war Rotwein und nicht nur Blut, was du gesehen hast«, meinte Haase, an seine Frau gewandt. »Unser Spitzenwein, der *Höll*. So eine Verschwendung!«

»Und dann haben Sie den Apfelstiel gesehen, der neben der Obstschale lag. Und Sie wollten den Verdacht auf Frau Haase lenken.«

»Jeder wusste doch, dass Lotte ihre Äpfel mitsamt Gehäuse isst. Die Gelegenheit war also günstig, ihr alles in die Schuhe zu schieben.« Er senkte den Kopf. »Aber dann konnte ich's nicht.«

Die sonst so ruhige Lotte Haase fauchte empört.

»Abführen«, sagte Kuchenbuch sanft.

Thomas Kastura

Sieben Tote sind nicht genug

Ein Haufen DVDs lag in der Mitte des Tisches, umringt von
zahlreichen Weinflaschen. Die Stimmung war im Keller,
obwohl Musik vom Band lief. Kommissarin Neusig (Würzburg) paffte eine E-Zigarette. Kommissar Riedl (Passau)
schaute bedröppelt drein. Kommissar Wachholz (Weiden)
schwitzte wie ein Iltis. Kommissar Hinterhuber (München)
brüllte: »Sauerei!« Kommissar Spänfleck (Fürth) trank
trotzig von seinem Roten. Kommissarin Glöckle (Augsburg)
zog ihren Lippenstift nach. Und Kommissar Küps (Bamberg) schaute ratlos zu seinem altbewährten Ermittlungs-
partner Staatsanwalt Brandeisen, den er verständigt hatte,
um diesem Rätsel auf den Grund zu gehen.

Eigentlich hatte es ein gemütlicher Abend werden sollen. In einem separaten Nebenraum des *Würzburger
Ratskellers* war der Club der Kommissare erneut zusam-
mengetreten, aus jedem bayerischen Regierungsbezirk
einer, sieben an der Zahl. Gegründet während einer außerordentlich langweiligen Polizeitagung, als nach dem Fort-
bildungsteil die Schnapslaune geblüht hatte, trat der Club
jedes Jahr am Dreikönigstag zusammen. Dabei führten
sie fachliche Gespräche, pflegten ihre Freundschaften und
Rivalitäten und frönten den leiblichen Genüssen, zuletzt
in Bamberg[*]. Damals hatte einer von ihnen an vorüberge-
henden Unpässlichkeiten gelitten, die dem allzu hastigen
Verzehr einer Schweineschulter geschuldet gewesen waren. Die Sache war gerade noch einmal gut ausgegangen.

---

[*] Thomas Kastura, »Das Schäuferla des Grauens«, in: *Drei Morde zu wenig. Brandeisen & Küps
ermitteln*

Doch dieses Mal schien ihrer aller Leben auf dem Spiel zu stehen ...

»Da will Ihnen jemand an den Kragen«, sagte Brandeisen in seiner Rolle als unbeteiligter Beobachter.

»So weit waren wir auch schon!«, donnerte Hinterhuber.

»Die Zahl Sieben scheint dabei eine nicht unerhebliche Rolle zu spielen.«

»Deswegen sind Sie ja hier! Was hat das zu bedeuten?« Hinterhuber starrte besorgt auf seinen halb leer gegessenen Teller, wo die Reste einer Crépinette vom schussfrischen Hirschkalb mit Apfel-Sellerie-Püree lagen, blutig im Kern, ein wahrer Hochgenuss, wie alle Anwesenden noch vor Kurzem bestätigt hatten. In den Weingläsern funkelte ein samtiger Spätburgunder von der *Würzburger Inneren Leiste*, eine der besten Weinlagen Frankens, im Barrique gereift, normalerweiser ein idealer Begleiter zu Wildgerichten. Das Bukett von Sauerkirschen und dezenten Vanillearomen hing im Raum wie ein düsteres Vorzeichen.

Anfangs hatten es die Beamten noch begrüßt, zu einem mehrgängigen Wein-Dinner eingeladen zu werden, angeblich auf Kosten des Unterstützungsfonds für verdiente Führungskräfte der bayerischen Polizei. Wer konnte zu einem unverhofften Gratis-Gelage schon Nein sagen? Zu jedem Gericht war ein anderer Wein serviert worden. Den Auftakt hatte eine Scheurebe Spätlese vom *Würzburger Pfaffenberg* gebildet, die mit der Terrine vom Rhönkaninchen mit Birnenchutney blendend harmonierte. Die Steigerwälder Pilzconsommé war von einem Cuvée aus Traminer und Rivaner von der *Abtsleite* flankiert worden, während der gebratene Mainwaller in Flusskrebssoße mit Schwarzwurzelnudeln zwingend nach einem Silvaner vom *Stein* verlangte, einem geradezu unvergleichlichen Wein, der schon Goethe zu Begeisterungsstürmen animiert hatte. Beim Cassis-Sorbet, das etwas Platz im Magen schaffen sollte, hatten sich die Kommissare an einem Rieslingsekt schadlos gehalten. Vergessen waren die Sorgen des Alltags, jene kleinen und großen kriminalistischen Absonderlichkeiten, die sie sonst nicht zur Ruhe kommen ließen. Doch beim fünften Gang, dem besagten Hirschkalb, waren sie stutzig geworden. Zwei weitere Leckereien standen auf der handgeschriebenen Menükarte: das Dessert, gefolgt von Käsevariationen. »Macht summa summarum sieben Gänge«, war dem rechenstarken Riedl aufgefallen. Da hatte es ihnen gedämmert. Nach und nach hatte jeder eine DVD hervorgeholt und erstaunt festgestellt, dass es wohl mehr Dinge zwischen Himmel und Erde gab, als ihre Schulweisheit sich träumen ließ. Das Dinner war unterbrochen und nach Brandeisen telefoniert worden. Vielleicht wusste der alte Klugscheißer Rat.

»Könnte jemand mal den Krach abstellen!«, rief Hinterhuber.

Aus irgendeinem Grund troff der Schunkelhit *Sieben Fässer Wein* von Roland Kaiser aus den Lautsprechern, ein Lied, das schon bei seinem Release 1977 ein Anschlag auf den vernunftbegabten Teil der Menschheit gewesen war. *Sieben Fässer Wein können uns nicht gefährlich sein*, sang der Schlagergigant. *Das haut uns nicht um, ja, das schaffen wir ganz allein.* Endlich fand Kommissar Küps den Aus-Schalter der Musikanlage.

Der Staatsanwalt räusperte sich. »Mal sehen, was wir bislang haben. Jeder von Ihnen hat gestern eine DVD des Films *Sieben* mit Brad Pitt und Morgan Freeman zugeschickt bekommen, anonym, versteht sich, ohne Fingerabdrücke, der Poststempel auf der Versandtasche stammt von Ihren jeweiligen Heimatorten. Wissen Sie, wovon der Streifen handelt?«

Teilweise Nicken, überwiegend Kopfschütteln.

»Dann fasse ich den Inhalt kurz zusammen. Ein Serienkiller begeht bestialische Morde, und zwar nach dem Muster der sieben Todsünden. Am Ende tötet er sogar die Frau des Detectives, lässt sich gefangen nehmen und bringt den zornigen Witwer dazu, ihn zu exekutieren. Eine üble Geschichte mit noch üblerem Ausgang, aber ein hervorragender Film. So weit alles klar?«

»Was will dieser Irre damit bezwecken?«, fragte Riedl.

»Die Gesellschaft soll sich ihres sündhaften Verhaltens bewusst werden. Um dies zu erreichen, richtet der Täter ein Gemetzel an, das man nicht ignorieren kann. Sein Quasi-Suizid am Schluss macht das Ganze zu einer Art messianischem Akt.«

Spänfleck schäumte. »Scheißfanatiker!«

»Anscheinend haben wir es mit einem Nachahmer oder Trittbrettfahrer zu tun«, führte Brandeisen weiter aus. »Diese DVDs sind eine unmissverständliche Drohung.«

»Und wie kommt der auf uns?«, wunderte sich Neusig.

»Vielleicht hat er etwas gegen die bayerische Polizei.«

»Und gegen die fränkische!«, präzisierte Spänfleck, seines Zeichens eingefleischter Separatist. »Irgendwann ist er verknackt worden, aus seiner Sicht natürlich zu Unrecht, und jetzt will er sich an uns rächen ...«

»... stellvertretend für alle Kommissare«, fügte Brandeisen hinzu. »Das wäre zumindest eine Ausgangshypothese. Offenbar schreibt der Absender dieser DVDs Ihnen allen Schwächen zu, die den sieben Todsünden entsprechen. Genau genommen könnte man sie auch Hauptlaster nennen, oder Untugenden, welche erst zu Sünden führen.«

»Klingt ziemlich katholisch«, sagte Glöckle, eine Gelegenheitsprotestantin. »Was passiert denn, wenn man eine Todsünde begeht?«

»Eine schwere oder gar eine himmelschreiende Sünde zieht den zweiten Tod, also die Höllenstrafe, nach sich, wenn man ohne Reue und Buße stirbt. ›Höllenstrafe‹ bedeutet laut Katechismus: ewige Verdammnis.«

»Ein One Way Ticket in die Unterwelt«, umschrieb es Neusig. Sie dachte an den alten Eruption-Song, zu dessen rhythmischen Klängen sie auf der Rückbank eines Ford Capri ihre Unschuld verloren hatte. *One way ticket, one way ticket, ooh, ooh …*

»Versuchen wir eine Zuordnung«, begann Brandeisen. »Wer käme denn für Maßlosigkeit oder Völlerei infrage?«

Aller Augen richteten sich auf Hinterhuber. Der Umfang seines Bauches sprach Bände. »Immer auf die Dicken!«, grummelte der Münchner. »Nur weil ich mich letztes Mal a bisserl übernommen hab.«

»Sie waren scheintot!«, rief Küps.

»Weil ich Haxen gewohnt bin und keine – wie sagt ihr Nordbayern noch gleich?«

»Schäuferla«, ergänzte Küps unwirsch. Er war immer noch beleidigt, weil die anderen ihn verdächtigt hatten, Hinterhubers liebevoll zubereitete Portion vergiftet zu haben.

»Sie schieben aber auch einen ganz schönen Ranzen vor sich her!«

»Bei mir ist das angeboren.«

»Und was wäre dann Ihre Todsünde?«, fragte Hinterhuber.

»Küps neigt manchmal zu einer gewissen Antriebslosigkeit oder Trägheit.« Brandeisen blickte entschuldigend zu dem gut gepolsterten Bamberger. »Eine typisch oberfränkische Eigenschaft, quasi ein Stammesmerkmal. Hat etwas mit der geografischen Randlage und den vielen Brauereien zu tun.«

Küps schwieg. Der Staatsanwalt kannte ihn noch besser als seine Frau.

»Weiter im Takt: Auf wen träfe denn Habgier zu?«

»Ganz klar auf Riedl«, meinte Spänfleck. »Der Pfennigfuchser lässt sich doch von der Kostenstelle jeden abgeranzten Radiergummi erstatten. Bei seinen getürkten Abrechnungen würde sogar der Finanzminister vor Neid erblassen!« Er warf die Arme in die Luft. »Was soll *ich* da sagen? In Fürth werden Polizisten nicht reich. Wir müssen sparen, sparen, sparen, weil Nürnberg die ganze Kohle abgreift.«

»Apropos Neid ...« Brandeisen nickte bedeutungsvoll. »Herr Spänfleck bietet sich als Kandidat dafür geradezu an. Seine Missgunst richtet sich gegen alles und jeden.«

»Wie wahr«, bekräftigte Riedl. Siedend heiß fiel ihm ein, dass er dem Kilometergeld Passau–Würzburg unbedingt noch ein paar Euro für Motoröl, Reifenabrieb und Kupplungsverschleiß hinzufügen musste. »Außerdem bleiben meine Auslagenanträge immer im gesetzmäßigen Rahmen.«

»Ihr Niederbayern seid euch für nichts zu schade, wenn's darum geht, aus dem Staat den letzten Groschen rauszupressen«, sagte Wachholz, der Weidener. »Wir Oberpfälzer sind dagegen ehrliche Häute. Solche Tricksereien haben wir gar nicht nötig.«

»Musst du immer den Moralapostel spielen?«, entgegnete Riedl. »Das hält ja kein Mensch aus. Bei jedem Thema führst du dich wie ein Oberlehrer auf.«

»Aber wenn ich doch recht habe!«

»Hochmut kommt vor dem Fall«, sagte Brandeisen. »Superbia auf Latein, auch Stolz oder Eitelkeit.« Er hakte im Geiste den nächsten Punkt auf seiner Todsündenliste ab.

»Wo wir's gerade mit der Moral haben«, fuhr Wachholz gehässig fort, ungeachtet der Tatsache, dass er am unbeliebtesten war im Kreise der Sieben. »Die Glöckle hatte doch mit dem Hinterhuber ein Verhältnis – obwohl sie verheiratet ist! Das fällt unter Wollust, stimmt's?«

Glöckle und Hinterhuber wechselten betretene Blicke. Ihre Amouren waren beim letzten Treffen peinlicherweise zur Sprache gekommen und hatten für eine pikante Note gesorgt.

»Was wird das hier?«, brauste Neusig auf. »Bist du jetzt bei der Sittenpolizei, Wachholz? Nur weil bei dir nichts mehr läuft, stellst du andere an den Pranger? Geh lieber ins Kloster, bevor ich dir die Fresse poliere.« Küps musste die Kommissarin festhalten, damit sie Wachholz nicht an die Gurgel ging.

Dieser Ausbruch war auf die Tatsache zurückzuführen, dass auch Neusig mit Hinterhuber ein Tête-à-Tête gehabt hatte, allerdings nur einen One-Night-Stand. Trotz seiner Leibesfülle besaß der Münchner eine außergewöhnliche Anziehungskraft auf Kolleginnen. Es musste an seinem »Mia san mia«-Gefühl liegen, das so unerschütterlich war wie die Fundamente des Hofbräuhauses.

»Zorn«, resümierte Brandeisen. »Frau Neusig möchte ich nicht im Dunkeln begegnen, wenn sie die Fassung verliert. Jetzt haben wir alle sieben Todsünden beieinander. Mithin erfüllt der Club der Kommissare die Kriterien für die Racheorgie eines Psychopathen.« Er wies auf Teller und Gläser. »Sie haben also gut daran getan, das Sieben-Gänge-

Menü zu unterbrechen. Wie ich höre, speisen Sie unentgeltlich. Doch einen Unterstützungsfonds für verdiente Führungskräfte der bayerischen Polizei gibt es nicht, da hat man Ihnen einen Streich gespielt. Der unbekannte Spender könnte Böses im Sinn haben.«

»Gift«, sagte Hinterhuber mit dramatischem Unterton. »Vielleicht hat sich der Täter in die Küchencrew des *Ratskellers* eingeschlichen und …«

»Dann wären Sie schon alle tot.« Brandeisen schüttelte den Kopf. »Oder Sie würden zumindest ein Unwohlsein verspüren. Ist das bei jemandem der Fall?«

Alle verneinten. Es ging den Kommissaren sogar ausnehmend gut nach dem Verzehr der Gourmetgerichte.

»Und wenn erst im Dessert was drin ist?«, überlegte Glöckle. »Mohnparfait mit Blutorangenkompott – und Strychnin?«

»Möglich wär's.« Brandeisen blickte zu Neusig. »Das sollten die Würzburger Kollegen im Labor analysieren. Aber in einem Punkt kann ich Sie beruhigen. Der Wein ist garantiert unbedenklich. Die Flaschen wurden doch am Tisch entkorkt, wie es sich gehört?«

»Jede einzelne«, stimmte Küps zu.

»Schön. Dann dürfen Sie dem Rebensaft weiter zusprechen.«

Brandeisen hatte die sehnsuchtsvollen Mienen richtig gedeutet. Die überwiegend angeheiterten Kommissare brauchten dringend weitere Stärkungen und machten sich über die Reste her. Da sie zu siebt waren, hatte man sie mit jeweils zwei Bocksbeuteln bzw. Flaschen pro Gang versorgt, es war noch reichlich vorhanden, vor allem vom Spätburgunder. Doch auch die Scheurebe und der Silvaner fanden Freundinnen und Freunde, weiß oder rot, jetzt war es auch schon egal.

»Moment! Ihr könnt doch nicht einfach weiterpicheln!«
Wachholz fühlte sich zu einer Zwischenbilanz bemüßigt.
»All das Gerede über diesen Film ... Da draußen gibt es jemanden, der uns nacheinander umbringen will. Oder gar ...
alle zugleich?«

Riedl schreckte hoch. »Wir sollten den Raum nach einer
Bombe absuchen.« Er sah unter dem Tisch nach. Die anderen setzten ihre Gläser ab und taten es ihm gleich, Angst
steckte an. Sie filzten den gesamten Nebenraum des *Ratskellers*, fanden jedoch keinen verborgenen Sprengsatz. Die
Anspannung nahm wieder zu.

»Vielleicht wartet in unseren Hotelzimmern eine Überraschung auf uns, drüben beim *Winzermännle*?«, mutmaßte
Spänfleck. »Oder die Autos fliegen in die Luft, sobald wir morgen wegfahren wollen. Fundamentalisten sind zu allem fähig.«

»Ich weiß, die Nerven liegen blank. Aber Sie dürfen nicht
in Panik verfallen.« Brandeisen versuchte, die Kommissare
zu beschwichtigen.

Die Bedienung kam und nahm neue Bestellungen auf.
Küps orderte Nachschub. »Wenn wir schon zur Hölle fahren müssen«, meinte er launig, »dann wenigstens mit einem guten Tropfen in der Blutbahn.«

Die Aussicht auf mehr Wein besänftigte die Gemüter – bis
auf eines. Wachholz, der bislang nur Apfelschorle getrunken hatte, bekam kalte Füße. »Hiermit erkläre ich meinen
Austritt aus dem Club der Kommissare«, verkündete er und
setzte süffisant hinzu. »In dieser erlauchten Runde scheine
ich ohnehin unerwünscht zu sein. Ich denke, Sie können gut
auf meine Gesellschaft verzichten.«

»Vertragen Sie keine Kritik?«, fragte Glöckle.

»Wer austeilt, muss auch einstecken können«, brummte
Spänfleck.

Der Oberpfälzer erhob sich. »Offen gestanden finde ich diese Zusammenkünfte schon seit geraumer Zeit etwas kindisch. Und gesundheitsschädlich!« Er deutete auf Neusig, die weiterhin eine E-Zigarette nach der anderen qualmte, obwohl es gegen das bayerische Nichtraucherschutzgesetz verstieß.

»Jetzt seien Sie doch nicht so!«, lenkte Riedl ein. »Ist doch alles halb so wild.«

»Nein, mein Entschluss steht fest. Leben Sie wohl!« Mit einer pathetischen Geste verließ Wachholz das Zimmer, durchquerte die weitläufigen Räumlichkeiten des *Ratskellers* und trat nach draußen, um in einem Fiat Multipla von ausnehmender Hässlichkeit zurück nach Weiden zu zockeln.

»War ja klar, dass der den Schwanz einzieht«, schnaubte Neusig. »Glaubt er, nur weil er sich verpisst, wird er von der Todesliste gestrichen?«

»Da könnte was dran sein«, sagte Glöckle.

»Hast du etwa auch Manschetten?«

»Na ja ...«

»Nichts da, wir bleiben zusammen. Seien wir froh, dass wir Wachholz los sind.«

Niemand widersprach. Doch etwas mulmig war ihnen schon zumute, nachdem der Oberpfälzer Fersengeld gegeben hatte. Unversehens schmeckte der Silvaner nicht mehr wie ein belebendes Elixier, sondern wie ein Henkerstrunk.

»Noch mal von vorn«, sagte Hinterhuber. »Wir alle haben diese DVD erhalten. Das heißt doch, dass der Absender uns alle kennt und von der Existenz des Clubs der Kommissare weiß. Woher eigentlich?«

»Vielleicht möchte uns jemand beitreten, der irgendwie von dem Club erfahren hat«, spekulierte Riedl. »Wir sind ja kein Geheimbund. Bestimmt hat Wachholz überall damit geprahlt, dass er als einziger Oberpfälzer bei uns Mitglied ist.«

Glöckle zuckte mit den Schultern. »Jetzt wurde ja ein Platz frei – das hat er davon. Würde mich nicht wundern, wenn plötzlich die Tür aufgeht, einer von Wachholz' Kollegen hier reinspaziert und sagt: Hallo, ich bin der Neue.«

»Eine etwas seltsame Form der Bewerbung«, sagte Hinterhuber.

»Wäre aber ein passender Einstand: uns quasi auf die Probe zu stellen. Ich fände das kreativ.«

Sie schauten zur Tür, doch nichts geschah.

Stille.

»Oder es ist einer von uns«, sagte Spänfleck gedehnt. »Habt ihr daran schon gedacht?«

Argwöhnische Blicke schossen kreuz und quer durch den Raum. Einer von ihnen? Aber wer –?

»Sie kennen sich so gut mit den sieben Todsünden aus, Herr Staatsanwalt«, fuhr Spänfleck fort. »Und dieser Film ist Ihnen auch bis ins kleinste Detail geläufig. Kommt das niemandem verdächtig vor?«

»Und wie konnte der Absender der DVDs von all unseren … Schwächen wissen?«, fragte Riedl. »Nur Brandeisen hat uns alle live erlebt beim letzten Mal in Bamberg. Und jetzt sitzt er schon wieder da und führt das große Wort. Zufall?«

»Und wie schnell er hier aufgetaucht ist.« Neusig musterte ihn misstrauisch. »Als ob er schon Gewehr bei Fuß gestanden hätte.«

Wie eine dunkle Gewitterwolke zog der Unmut der verbliebenen Kommissare über dem Staatsanwalt auf und drohte sich jeden Moment zu entladen. Der Alkoholeinfluss tat ein Übriges. Nichts befeuerte zuverlässiger zweifelhafte Anschuldigungen als das Geschenk der Götter, das den Menschen aus Erbarmen gegeben worden war – wenn man Platons Worten über den Wein Glauben schenken wollte. Doch die Menschen waren undankbar. Sogar Küps sah skeptisch drein, allerdings auch ein wenig amüsiert, denn es kam selten vor, dass seinem alten Freund die Spucke wegblieb.

Brandeisen bückte sich und kramte in seiner Aktentasche.

»Keine Dummheiten!«, riefen fünf Kommissare gleichzeitig. Wie auf Kommando zückten sie ihre Dienstwaffen und richteten sie auf den Angesprochenen. Küps rührte sich nicht.

»Stellen Sie die Tasche ganz langsam auf den Tisch!«, befahl Hinterhuber.

Brandeisen tat wie geheißen. »Sie können unbesorgt sein, Waffen aller Art sind mir ein Gräuel. Ich möchte Ihnen nur ein Beweisstück präsentieren.« Er hielt demonstrativ Daumen und Zeigefinger hoch, vergewisserte sich, dass keine dieser Saufnasen losballerte, und zog – eine *Sieben*-DVD heraus. Nachdem er sie allen gezeigt hatte, warf er sie zu den anderen auf den Stapel. »Auch ich habe den Film mit der Post bekommen. Sieben Tote sind dem Absender anscheinend nicht genug.«

»Das bedeutet gar nichts«, sagte Neusig lahm.

»Lass gut sein, Brandeisen ist der Falsche. Sieht so aus, als säßen wir alle in einem Boot.« Hinterhuber senkte seine Pistole, die anderen schlossen sich an.

Jetzt war es an dem Staatsanwalt, einen kräftigen Schluck Silvaner zu nehmen. Genüsslich behielt er den Wein im Mund und spürte der tiefgründigen Mineralität nach, die im Zusammenspiel mit Fruchtnoten von Mirabelle und Reneklode sowie einer finessenreichen Säure dem Gaumen schmeichelte. »Ich muss mich über dieses Verhalten schon sehr wundern, Herrschaften. Was hätte ich denn für ein Motiv, Ihnen einen derartigen Schrecken einzujagen?«

»Stimmt«, sagte Glöckle.

»Da hat er recht«, gab Spänfleck zu.

»Tschuldigung«, rang sich Neusig ab.

Die Kommissare packten ihre Knarren weg und brüteten dumpf vor sich hin. Dabei streuten sie einen erfrischenden Rotling ein, der laut Etikett »Lust auf den nächsten Schluck« machte.

Riedl hatte eine Idee. »Und wenn's bloß ein Jux ist?«

»Ein Jux?«, fragte Hinterhuber ungläubig. »Bei all dem Aufwand? Acht DVDs kaufen und sie in unseren Heimatbezirken in die Post geben? Wer macht denn so was nur aus Spaß an der Freud?«

Beklommenes Schweigen.

Küps lehnte sich zurück und ließ noch einmal das Traminer-Rivaner-Cuvée über die Zunge rinnen, dessen dichte Fruchtfülle und eleganten Schmelz er trockeneren Gewächsen vorzog. Ein paar quälende Sekunden wartete er noch, um sich an der allgemeinen Verunsicherung zu weiden. Dann ließ er die Bombe platzen. »Wenn ich mir eure blöden Gesichter so anschaue ... Das war's mir wert.«

Die Verblüffung kannte keine Grenzen.

»Häh?«, entfuhr es Riedl. »Sag das noch mal!«

»Die DVDs sind von mir. War gar nicht so schwer, das mit dem Poststempel zu deichseln – es gibt Versanddienste, die so etwas übernehmen. Und den Film gab's beim Media Markt im Sonderangebot.«

»Heißt das ...« Neusig sprang erregt auf.

»Brandeisen zu holen hat dem Ganzen eine gewisse Brisanz verliehen. Damit ihr euch richtig in die Hosen macht. Ich wusste, dass er nach diesem Todsündenschmarrn schnappt wie ein Terrier nach der Wurst.«

»Aber warum, um Himmels willen?« Riedl verstand die Welt nicht mehr. »Was haben wir dir denn getan?«

»Ihr habt mich vor einem Jahr des Mordes bezichtigt«, sagte Küps mit ernster Stimme. »Ich sollte Hinterhuber mit einem Schäuferla vergiftet haben! Ich! Als Gastgeber! Wo ich mir so viel Mühe bei der Zubereitung gegeben hab! Den ganzen Tag war ich in der Küche gestanden und hab geschwitzt wie ein Stier. Und dann musste ich mir so eine Beleidigung gefallen lassen. Unverschämtheit! Das schrie nach einem Denkzettel.«

Die Kommissare riefen sich die unschönen Szenen in Erinnerung – und mussten nacheinander einräumen, dass sie in Bamberg tatsächlich über das Ziel hinausgeschossen waren.

»Wachholz ist abgehauen. Findest du das auch witzig?«, fragte Riedl.

»Ein angenehmer Nebeneffekt. Der kleine Feigling ist uns sowieso nur auf den Wecker gegangen.«

Wieder blieb den Kolleginnen und Kollegen nichts anderes übrig als Zustimmung. Brandeisen garnierte das Verwirrspiel seines Bamberger Kompagnons mit einem Zitat von Heinrich Heine: »Wein stimmt mich immer weich und löst jedes Zerwürfnis.« Damit war alles zu dieser Scharade gesagt.

»Aber bevor ihr noch weiter rumheult ...« Küps rief die Bedienung. »Sie können jetzt das Dessert auftragen.«

Lang hatte die Küche den Nachtisch zurückgehalten. Endlich kam das Mohnparfait mit Blutorangenkompott,

nicht mit Strychnin, sondern einer Rieslaner Beerenaus-
lese, deren Bukett von getrockneten Feigen, Karamell und
Rosinen durch den Äther wallte wie der Flügelschlag eines
angeschickerten Engels.

Der Bamberger Kommissar hob sein Glas, um dem En-
gel die Flügel zu stutzen. »Die Rechnung geht übrigens auf
mich.«

»Klingt super, Küps!«, frohlockte Neusig. »Aber ist bei
dir der Wohlstand ausgebrochen?«

»Heuer werde ich fünfzig. Da habe ich mir für unseren
Club eben was Besonderes einfallen lassen. Guten Appetit!«

Vergessen waren die sieben Todsünden, vor allem die der
Völlerei. Es wurde eine denkwürdige Nacht, die den Kommissaren noch lange im Gedächtnis blieb. Zu den streng
riechenden fränkischen Käsevariationen labten sie sich
an einem edelsüßen Riesling-Eiswein von 2006 – in dem
Jahr hatten Brandeisen und Küps ihren ersten gemeinsa-
men Fall gelöst. Die Damen schmolzen regelrecht dahin.
Inzwischen lief wieder Roland Kaiser. »Sieben Fässer Wein
können manchmal die Rettung sein. Wie das Leben spielt,
vieles löst sich von ganz allein.« Brandeisen, der mit Küp-
sens Musikgeschmack haderte und ihn schon einmal als
kulturwidrig bezeichnet hatte, musste diesen Zeilen eine
gewisse philosophische Prägnanz attestieren. Bevor er sich
ein Stück Holzofenbrot mit Gerupftem in den Mund steckte, fragte er: »Warum haben Sie mich nicht eingeweiht,
Gerhard?«

»Dann hätten die anderen vielleicht was gemerkt.«

»Sie verkennen mein schauspielerisches Talent!«

Küps grinste ihn verschmitzt an. Endlich war *er* einmal
am längeren Hebel gesessen, endlich hatte *er* die Fäden gezogen und alle an der Nase herumgeführt. Dieses Gefühl

war nicht mit Gold aufzuwiegen. Er konnte sich kein schöneres Geburtstagsgeschenk vorstellen.

»Warum antworten Sie nicht, mein Lieber?«, hakte Brandeisen nach. »Gemeinsam wären wir bestimmt noch subtiler vorgegangen.«

»Es hätte aber nicht so viel Spaß gemacht.«

Kerstin Waas

Theatrum Anatomicum

»Blutbuche, Stieleiche und Götterbaum! Fades Gewäsch!«

Carl Georg von Birchow kickte einen Kieselstein mit seiner Stiefelspitze in die Buchshecke am Wegesrand. Beinahe hätte der Professor seinen Hund getroffen, der dort seiner Lieblingsbeschäftigung nachging.

»Dieser verflixte Botaniker hat uns schön drangekriegt, möchte ich meinen, Leopold. Taucht einfach nicht zu der Führung auf, die er unbedingt hatte halten wollen. Und wer musste für ihn einspringen? Wir, Leopold, wir!!«

Die Bulldogge des Professors stellte beim Klang ihres Namens die Fledermausohren und ließ die Mäuselöcher Mäuselöcher sein.

»Zumindest haben die Damen das offene Fenster entdeckt. Der rechte Blick für die erstaunliche anatomische Genauigkeit der Figuren des Hofbildhauers fehlt ihnen ohnehin.«

Wie üblich endete auch diese Führung durch den Botanischen Garten der Medizinischen Fakultät in Würzburg im Angesicht der lebensgroßen Bildnisse zweier Mediziner, die den Eingang zum Anatomiegebäude säumten.

»Ach, Leopold, einst werden auch wir beide, in Stein gehauen, hier auf einem Sockel stehen. Schade nur, dass wir dann tot sein werden.«

Dem Hund mit dem gestromten Fell war es nicht anzumerken, ob er die hochfliegenden Träume seines Herrchens teilte oder nicht. Von seinem Tagtraum beflügelt, wartete der Anatomieprofessor im Schatten des einstöckigen Gebäudes, bis die Gemahlinnen der großzügigsten Gönner des Juliusspitals durch den Torbogen des Nordflügels verschwanden.

Erst dann traten Professor und Hund durch das Eingangsportal der Anatomie. Es war unverschlossen, was pietätlos erscheinen mochte. Tatsache aber war, niemand betrat Professor von Birchows Arbeitsplatz ohne Not. Vielen Studenten graute vor der Arbeit an den Leichenteilen, die oft schon nicht mehr ganz frisch waren. Kurz: Es drängte die Menschen eher hinaus als hinein in den Seziersaal, in dem der Professor gerade eine erste seltsame Entdeckung machte: »Potz Blitz, was haben wir denn hier?« Zweifellos hätte er den blutigen Fußabdruck hinter der Türschwelle übersehen, wenn Leopold nicht stehen geblieben wäre, um daran zu schnüffeln. Der Professor nahm den Hund hoch, bis er wissen würde, was es mit dem blutigen Abdruck auf sich hatte.

Vielleicht, so hoffte er, war bloß einem der angehenden Anatomen am Seziertisch übel geworden? Allerdings zeigte der Fußabdruck in den Raum hinein, was gegen diese These sprach.

Vorerst kam von Birchow nicht mit seinen Überlegungen weiter, denn der kleine Rüde strampelte wild mit den kurzen O-Beinen. Zurück auf dem dunklen Pflaster, nahm er gleich Witterung auf. Die kurze Nase knapp über dem Boden, sauste Leopold unter den Bänken, die im Kreis zur Manege angeordnet waren, hindurch in Richtung Seziertisch. Dort verklang das Scharren seiner Krallen auf dem glatten Boden. Leopold gab Laute von sich, die sogar für den Besitzer einer Bulldogge schaurig klangen.

Auf dem Tisch, der an einem Sonntag leer sein sollte, lag eine Leiche. Entgegen der üblichen Gepflogenheiten eine voll bekleidete. Wenn auch im Nachtgewand.

Ein kurzer Blick in das Gesicht des Toten genügte ihm. »Das lasse ich als Entschuldigung für seine Abwesenheit gelten«, murmelte der Professor in die Weiten des Anatomietheaters hinein.

Ein kurzer Blick unter den Schlafrock räumte auch die letzten Zweifel am Ableben des Kollegen aus. Die rotvioletten Totenflecken waren voll ausgebildet.

Bei dem Toten handelte es sich um Ludwig von Röslein, außerordentlicher Professor der Botanik. Mit einer Weinrebe zwischen den Lippen.

Bei der Vorstellung, ihn zu untersuchen, befiel von Birchow Unbehagen. Es war eine Sache, die Leiche eines verstorbenen Kuristen, eines verblichenen Pfründners oder auch die eines armen Sünders zu untersuchen. Eine völlig andere Sache war es jedoch, sich mit dem Ableben einer ihm bekannten Person auseinanderzusetzen. Trotzdem fasste sich von Birchow ein Herz und krempelte die Ärmel seines Fracks hoch. Zuallererst beugte er sich über die Leiche, um die Lider des Toten zu schließen. Es blieb bei dem Versuch, denn die Totenstarre hatte bereits eingesetzt. Ein süßlicher Geruch drang in seine Nase. »Eventuell handelte es sich bei seiner letzten Mahlzeit um eine Süßspeise.«

Viel wusste er nicht über den Botanikprofessor, obwohl sie am selben Institut lehrten. Er rief sich ihre letzte Begegnung ins Gedächtnis. Nur dunkel erinnerte er sich an den Inhalt ihres Gesprächs, das mehr ein Monolog gewesen war. Von Röslein hatte über Schädlinge gesprochen, deren Namen der Professor längst vergessen hatte. Zugegeben, sein Interesse galt ausschließlich den Toten, mit den Lebenden kam er ohnehin nicht gut zurecht. Der Lärm, mit dem sie durchs Leben gingen, war ihm zuwider.

Auf der Suche nach der Todesursache fasste er dem Toten unter die rechte Schulter und hob den Körper ein Stück hoch.

»Die Leichenstarre ist voll ausgebildet. Also ist der Tod vor mindestens sechs Stunden, wahrscheinlich mehr, eingetreten«, teilte er dem dösenden Leopold mit und zog seine goldene Taschenuhr aus der Westentasche.

»Demnach ist von Röslein um Mitternacht vor seinen Schöpfer getreten. Die Vögel hörte er im Morgengrauen nicht mehr zwitschern.«

Dann bettete er die Leiche zurück auf den Tisch und wandte sich als Nächstes deren Kopf zu. In von Rösleins spärlichem Haarkranz hatten sich winzige Dornen verfangen.

Das passiert, wenn man sich kopfüber in die Arbeit stürzt, dachte der Professor und schmunzelte über seinen eigenen Scherz.

Endlich entdeckte er am Hinterkopf des Toten die Spuren getrockneten Blutes. Mit der linken Hand hob er den Schädel an und befühlte mit der Rechten die Wunde. Kein Zweifel, der Schädelknochen war gebrochen. Aus der Wunde war kaum Blut geflossen, höchstens eine Unze, sonst wären Kopf und Hals davon verschmiert. Höchstwahrscheinlich durch einen stumpfen Schlag herbeigeführt. Spätestens jetzt konnte man guten Gewissens von Mord sprechen.

»Verehrter Kollege, ein gemeiner Schlag auf den Hinterkopf hat Ihren Tod verursacht. Aber was hat Sie in meine Pathologie gebracht?« Gerne hätte sich der Professor am Kinn gekratzt, aber die Tatsache, dass er die Leiche berührt hatte, hielt ihn davon ab. »Freiwillig und auf eigenen

Beinen sind Sie nicht hergekommen. Und zu Ihren Gunsten gehe ich davon aus, dass Sie diesen Zweig da ebenfalls nicht selbst in den Mund genommen haben.«

Er wies auf die Weinrebe zwischen den blassen Lippen.

»Was, mein lieber Leopold, mag sie uns verraten? Will uns jemand etwas mitteilen? Der Mörder gar? Aber was?«

Eine ganze Weile grübelte von Birchow darüber nach, was ihm die Rebe offenbaren könnte, doch am Ende gab er auf. Zumindest vorerst. Für den Augenblick schien es sinnvoller, nach Hinweisen zu suchen, die ihn zum Mörder führen konnten.

Aufmerksam sah er sich um, suchte den Saal nach etwas Ungewöhnlichem ab. Am Fußboden wurde er fündig. Hier und da glänzten winzige Blutstropfen auf den Steinen.

»Leopold«, rief er, wobei es ihm gelang, mit diesen drei Silben an seine Militärkarriere zu erinnern, die er für die Pathologie aufgegeben hatte.

Der kleine Franzose schlurfte demonstrativ heran, doch als er die Blutspur witterte, kam Leben in ihn. Geschäftig drehte er sich im Kreis, lief mal hier- und mal dorthin, bis er schwanzwedelnd zurück in den Spitalgarten verlangte.

Röchelnd und prustend folgte er dort der Fährte auf dem geschotterten Weg, vorbei an den Kräuterbeeten des Spitalapothekers, bis zum Torbogen hin. Dann schwenkte er nach rechts und sauste durch die Arkaden zu der Tür des Weinkellers. Dort machte er halt und jaulte erbärmlich.

Von Birchow hatte kaum mit dem kleinen Hund Schritt halten können, aber jetzt, da er ihn eingeholt hatte, beugte er sich über den Vierbeiner und rüttelte am Türknopf.

Vergebens. Der Eingang zum Allerheiligsten war natürlich verschlossen.

»He, Sie reißen gleich den Knauf ab!«

Nie hätte es von Birchow für möglich gehalten, dass er sich einmal über den Anblick des Kellermeisters Lorenz Hirsch freuen würde. Der machte wieder ein Gesicht, als ob der Holzwurm in seine heiligen Hallen eingefallen wäre. Doch als Leopold auf der Türschwelle mit lautem Kläffen einen Blutfleck anzeigte, der die Größe einer Kinderhand aufwies, holte er umständlich seinen Schlüsselbund hervor.

»Sie gehen da zuerst runter, Professor.«

Von Birchow schnaubte, atmete durch und kletterte acht Stufen hinab, bis die Treppe einen Knick nach rechts machte. Auf dem Absatz blieb er stehen und horchte in die Stille hinein. Alles war ruhig. Hintereinander stiegen die Männer die letzten Stufen hinab. Auf der vorletzten Treppenstufe hörte von Birchow etwas hinter sich klirren. Er wandte sich um und blickte in das überraschte Gesicht des Kellermeisters. Mit spitzen Fingern zog er einen einzelnen Schlüssel unter der Sohle des Kellermeisters hervor.

»Kennen Sie dieses gute Stück?«, fragte der Professor und reichte Hirsch den Schlüssel.

»Sehen Sie das gravierte Weinblatt? Es handelt sich eindeutig um den Schlüssel von Professor Röslein.«

Nickend steckte von Birchow seinen Fund ein und ging weiter. Er folgte Leopold und den Blutspritzern. Der Hund war vorgelaufen und nach links um die Ecke verschwunden.

»Wehe, der Köter pisst mir an die Fässer!«, knurrte der Kellermeister, als sie alle drei gleichzeitig stehen blieben.

Gleich vor dem ersten Fass, dem für den Hausgebrauch, lag ein zerbrochener Weinkrug. Daneben ein Bocksbeutel, auf dem das Echterwappen prangte. Blut war in die drei Ringe im Querbalken des Wappens gelaufen.

Zum Zwölf-Uhr-Läuten der Spitalkirche standen sie wieder vor dem Kellerabgang, und von Birchow war froh, der abgestandenen Luft im Fasskeller entronnen zu sein. Aus den Augenwinkeln schaute er dem Kellermeister dabei zu, wie der sorgfältig hinter ihnen abschloss. Sie hatten sich noch keine drei Schritte entfernt, da drehte sich Lorenz Hirsch noch einmal um, ging zurück und rüttelte an der Klinke.

»Zu«, sagte er und sprach damit das Offensichtliche aus.

»Haben Sie etwa Angst, dass ich noch mehr Leichen in Ihrem Keller finde?«

Nachdem der Kellermeister grußlos verschwunden war, blieben Hund und Herrchen allein zurück. Hechelnd schaute Leopold zum Professor hinauf. Zäher Sabber hing an seinen Lefzen, wie immer, wenn das Hündchen Hunger hatte.

»Leopold, du hast vollkommen recht. Es ist Mittagszeit. Und mit ein wenig Glück können wir in der Spitalstube zwei Fliegen mit einer Klappe schlagen.« Seite an Seite machte sich das ungleiche Paar auf den Weg.

»Weißt du, auch wenn es mir davor graut, ist es dringend notwendig, unseren Spitalverwalter zu informieren.«

Trotz seiner Beklemmung knurrte von Birchows Magen vernehmlich. Leopold allerdings knurrte noch lauter, als sie an einem mächtigen Amberbaum vorbeikamen, den der Gärtner gerade stutzte.

»Ruhig, Leopold. Ich kann den ungepflegten Kerl auch nicht leiden.«

»Haben Sie ein Problem mit ehrlicher Handarbeit, Professor?«, rief Veit Wagner aus der Baumkrone herunter. Zwischen den Blättern erschien ein Kopf, in dessen Haaren eine beachtliche Anzahl stacheliger Kapseln hing.

Der Professor rümpfte die Nase und ging seiner Wege. Nur zu gerne hätte er den Gärtner einmal mit den Händen in einer Leiche wühlen sehen.

Um ein Haar hätte er gleich darauf den Hausknecht des Spitals umgerannt, der sich nach einem Sonnenschirm bückte, den jemand verloren hatte.

»Ah, verehrter Professor, Sie sind ziemlich tief in Ihre Gedanken versunken, wie?«

»Ach, wenn Sie wüssten, lieber Majordomus. Kommen Sie, wir setzen uns einen Moment auf die Bank dort. Sie werden nicht glauben, was mir heute widerfahren ist.«

Ausführlich berichtete er dem allseits beliebten Hausknecht, den vor allem die Studenten scherzhaft ihren Majordomus nannten, wie er vor gut einer Stunde die Leiche entdeckt und was sich seither zugetragen hatte. Der Hausknecht tat zwar sehr erschrocken, aber er war kein guter Schauspieler.

»Sie sehen weit weniger bestürzt aus, als es angemessen erscheint«, bemerkte von Birchow und lehnte sich ein Stück vor: »Ob der Spitalmeister auch so gelassen reagieren wird?«

Der geschätzte Spitalmeister Friedrich Wilhelm zu Brandt bekleidete das höchste weltliche Amt der Einrichtung. Der Leumund des Spitals hatte für ihn oberste Priorität. Was er von einem Mordfall innerhalb der Mauern halten würde, ließ sich leicht ausmalen.

Der Hausknecht zuckte die Schultern. »Mir tut es um das verhutzelte Männlein wahrlich nicht besonders leid. Und bevor Sie den Grund dafür von jemand anderem erfahren, lieber Professor, sollen Sie ihn lieber von mir hören.«

Mit hochrotem Kopf beichtete der Majordomus von seiner Leidenschaft für die rassige Lola Montaserri, ihres

Zeichens Verwalterin des Weißzeuges des Krankenspitals. Eine Leidenschaft, die er, sehr zu seinem Verdruss, mit dem Verblichenen teilte.

Von Birchow konnte sich ein Grinsen kaum verkneifen. Zu herrlich war die Vorstellung, wie sich die gestandenen Kerle von den ausladenden Kurven und dem italienischen Akzent der Dame verführen ließen. »Mamma mia, mein lieber Majordomus. Was Sie mir da erzählen, könnte glatt als Motiv gelten!«

»Aber ich bitte Sie! Lola ist zwar jede Sünde wert, aber trotzdem kein Grund, jemanden zu töten! Außerdem habe ich gestern meine Schwester am anderen Ende der Stadt besucht und dort genächtigt. Ich kam erst in den Morgenstunden zurück, dafür lassen sich sicherlich Zeugen finden.«

Der Professor nickte, erhob sich und ging lächelnd seiner Wege. Diesmal hatten ihm entweder der Zufall oder die Unvorsichtigkeit des Hausknechts in die Hände gespielt. Die geschätzte Tatzeit hatte er dem nämlich nicht verraten. Und trotzdem hatte der Hausknecht für den Zeitpunkt ungefragt ein Alibi angegeben.

Kurze Zeit später waren sie in der Spitalstube angelangt. Leopold steuerte auf ihren Stammplatz am Herrentisch zu. Dort saß auch schon, wie an beinahe jedem heiligen Sonntag, Friedrich zu Brandt bei einer gebratenen Ente. Der Professor winkte der Bedienung und rutschte, mit Leopold auf dem Arm, auf die gepolsterte Bank am Ende der Tafel.

Vor dem Spitalverwalter deutete er eine kleine Verbeugung an.

»Professor von Birchow«, grüßte der hohe Herr ein wenig steif zurück. Der Vorstellung, dass sich jemand beruflich mit Leichenteilen beschäftigte, machte ihm Angst. »Grüß

Gott, Leopold, setz dich nur her. Ich hebe die Knochen für dich auf.« Der Hund konnte ja nichts für das grausige Geschäft seines Besitzers, und er mochte das Tier, das jetzt begeistert grunzte.

Schon trug die Bedienung einen Silvaner vom *Würzburger Stein* heran. Der *Stein* gehörte zu den besten Weinlagen Frankens, und der Professor liebte diesen Tropfen nicht minder als der Geheimrat Goethe in Weimar. Schon beim Einschenken platzte es aus ihm heraus: »Herr zu Brandt, ich störe Ihr köstliches Mahl gänzlich ungern. Aber was ich zu berichten habe, duldet keinen Aufschub.«

»Sorgen Sie sich nicht. So leicht verdirbt mir niemand den Appetit«, antwortete der Spitalmeister träge, verwöhnte Leopold mit einem Stück Entenbraten und leckte sich genüsslich das Fett von den Fingern. In dieser Sache täuschte er sich jedoch.

Die Nachricht vom Tod seines Angestellten, noch dazu unter diesen wenig erbaulichen Umständen, verdarb ihm den Appetit sogar gründlich.

»Eine Leiche liegt im Anatomicum meiner Anstalt! Gerade haben wir die Säkularisation überstanden, und nun das! Ein Mord!« Der Spitalmeister raufte sich die Haare und schob das halb genossene Mahl weit fort von sich. Ein kleiner Hund hüpfte von der Bank, schlich unter dem Tisch durch und sprang auf den Stuhl gegenüber dem Spitalmeister. Der legte sein Besteck weg und leerte sein Weinglas in einem Zug. »Wer kann den Tod des Botanikers gewollt haben? Sein einziger Feind war der Sauerwurm ...«

Von Birchow glaubte, sich verhört zu haben. »Ein Wurm?«

»Aber ja, jeden Angriff der Sauerwürmer auf unsere Weinstöcke nahm er persönlich. Seine Forschungen nach einem probaten Gift waren enorm wichtig. Wenn Sie wüssten, welche Summen das Abpflücken der Stöcke jährlich verschlingt.« Zur Bekräftigung seiner Worte sauste seine Faust auf den Tisch nieder, als wollte er die gesamte Wurmpopulation mit einem Schlag auslöschen. Der Hieb ließ seinen Teller noch näher zu Leopold rutschen.

»Verzeihen Sie, Herr zu Brandt, aber die Würmer scheiden wohl als Täter aus.«

»Was Sie nicht sagen, Verehrtester! Um des Täters schnell habhaft zu werden, müssen wir die Polizei verständigen ...«

Beim Gedanken an eine Horde Polizisten, die im Zuge der Ermittlungen jeden Stein auf dem Universitätsgelände umdrehen und ungeniert allerorts Befragungen vornehmen würden, seufzte der Spitalmeister tief.

Leopold tat es ihm im Hinblick auf die Reste der Ente gleich.

»Mit Verlaub, das halte ich für keine gute Idee. Der Ruf unserer Einrichtung würde gewiss Schaden nehmen. Ich selbst wäre bereit, mich in den Dienst der Sache zu stellen.«

Ohne sein Licht unter den Scheffel zu stellen, berichtete der Professor, was er bereits herausgefunden hatte. Dann bat er den Spitalmeister, nachzudenken, ob ihm etwas einfiele, warum jemand den Botaniker tot sehen wollte.

Der Spitalmeister fegte die Serviette vom Tisch: »Gar nichts. Nur Lappalien. Soweit ich weiß, hat er unlängst ein hübsches Sümmchen beim Kartenspielen an den Kellermeister verloren.«

»Spielschulden, sagen Sie?« Von Birchow rieb sich das Kinn. »Interessant, aber wohl kein Motiv, denn eigentlich müsste dem Kellermeister klar sein, dass er seine Forderung jetzt nicht mehr eintreiben kann.«

Der Spitalmeister schürzte die Lippen, ihm war noch etwas eingefallen. »Der Hausknecht und von Röslein waren einander auch nicht grün. Sie begehrten dieselbe Frau. Aber auch wegen der rassigsten aller Südländerinnen bringt man doch niemanden um. Bestimmt ist es bei den Raufhändeln zwischen den beiden geblieben.«

Von Birchows Kopf flog herum. »Sie haben sich um die Dame geprügelt?«

Leopold nutzte die Gunst der Stunde und leckte versuchsweise an der Bratensoße.

Friedrich zu Brandt unterstrich seine Antwort mit einer verächtlichen Handbewegung: »Ihretwegen, um sie, was weiß ich. Aber das ist kein Motiv für einen Mord.«

»Ihr Wort in Gottes Ohr, verehrter Spitalmeister.« Mit diesen Worten erhob sich der Professor, langte über den Tisch und zog den strampelnden Leopold am Halsband von der Ente weg. Der Rüde jaulte vor Schreck.

»Dein Geheule wird es nicht bis in Gottes Ohren schaffen, wenn ich dir gleich deine Fledermausohren langziehe.«

Mit dem Versprechen, mit keiner Seele mehr als nötig über den Mord zu sprechen, verließ von Birchow den Spitalmeister und empfahl ihm den Rest seines Steinweins. Ohne auf sein Mittagessen zu warten, rauschte der Professor aus der Wirtschaft. Er musste ein dringendes Gespräch führen.

Auf dem Weg zurück in den Fasskeller hielt sich Leopold, offensichtlich tief gekränkt, ein ganzes Stück hinter seinem Herrchen. Der ignorierte seinerseits den kleinen Hund, bis Leopold auf der Höhe der prächtigen Amber zu niesen begann, als müsste es ihn zerreißen.

Von Birchow seufzte. Leopold schien den Blütenstaub des Seesternbaums nicht gut zu vertragen. Am Abend würden seine Knopfaugen grässlich angeschwollen sein, und sie würden zusammen leiden, wie es in einer echten Männerfreundschaft üblich war. Vorerst begnügte er sich damit, das Tier tröstend auf den Arm zu nehmen. Der Hund schlief auf der Stelle ein. Die Mörderjagd ermüdete ungemein!

Die Tür zum Reich des Kellermeisters fand er diesmal unverschlossen vor.

War Lorenz Hirsch zurückgekommen, um die eigenen Spuren zu verwischen? Den Mörder zog es immer zurück an den Tatort. Das hatte von Birchow jedenfalls irgendwo einmal gelesen.

Ob seine Vermutung nun stimmte oder nicht, zu spät war er auf jeden Fall, denn jetzt saß der Kellermeister untätig in einer Nische gegenüber der Treppe und sah aus wie ein Häuflein Elend. In seiner Hand hielt er den Bocksbeutel.

Von Birchow sagte ihm auf den Kopf zu, was er über das verbotene Glücksspiel der Männer erfahren hatte. Mit einer Zunge, schwer vom Silvaner, erzählte der Kellermeister von den durchzechten Nächten mit von Röslein, der im Laufe der Zeit eine beträchtliche Summe Schulden bei ihm angehäuft hatte.

»Es wurde schon für weitaus weniger gemordet, meine ich.«

»Bin ich jetzt ein Verdächtiger? Bei meiner Ehre, Professor! Ludwig war doch mein Freund. Ich bot ihm sogar an, ihm seine Schulden zu erlassen. Doch Spielschulden sind Ehrenschulden, hat er gesagt.«

Eine Träne tropfte auf den Bocksbeutel. Dann wischte sich der Mann den Rotz mit dem Ärmel von der Nase. Von Birchow wandte den Blick ab.

»Sie und Professor von Röslein waren Freunde?« Um nicht wieder hinsehen zu müssen, zupfte er etwas, das wie eine Klette aussah, aus dem kurzen Hundefell heraus.

»Von Kindesbeinen an! Wir lernten uns im Waisenhaus des Spitals kennen. Danach zogen wir gemeinsam in die Studentenstube um.« Lorenz Hirsch lächelte.

»Schon damals interessierte sich Ludwig für alles, was da grünte und blühte. Er ging in seinen Studien völlig auf und beobachtete stundenlang die Natur. Er sammelte und katalogisierte, sezierte und pulverisierte. Später entdeckte er seine Vorliebe für Ungeziefer ...«

Von Birchow versuchte den plötzlich einsetzenden Juckreiz zu unterdrücken. Der Gedanke an all die kleinen Tierchen versetzte ihn in Panik. Das nächste Wort, das er wahrnahm, war »Sauerwurm«.

»... stand kurz vor dem Durchbruch. Doch dann gab es Streit zwischen ihm und seinem unverschämten Gehilfen. Der behauptete, er hätte praktisch allein das Mittel entdeckt. Pah, als ob so ein unstudierter Bursche dazu imstande wäre!«

Leopold öffnete ein Auge und schielte zu seinem Herrchen hinauf. Der Professor pflegte die Angewohnheit, auf den Zehenspitzen zu wippen, wenn er stark konzentriert war.

»Verraten Sie mir, wer außer Ihnen noch einen Kellerschlüssel hat?«

Lorenz Hirsch schwieg lange. »Nun, viele davon sind nicht im Umlauf. Herr zu Brandt natürlich, sein Stellvertreter Nagel und ich.«

»Das sind wirklich alle?«, hakte der Professor nach, worauf Hirsch prompt errötete.

»Im Vertrauen, Professor, es gab noch ein geheimes Versteck, in dem ein Schlüssel aufbewahrt wurde.«

»Und wer wusste davon?«, fragte von Birchow mit großen Augen.

»Nur Ludwig und ich. Manchmal war er ziemlich schusselig und verlegte seinen Schlüssel. Und sein Gehilfe, der impertinente Gärtner, der wusste es auch.« Hirsch ließ den Kopf hängen.

»Warum war der denn eingeweiht, wenn ihr ihn nicht leiden könnt?«

»Weil der Ludwig manchmal ihn schickte, um Wein zu holen, wenn die Lola in Ludwigs Bett gelegen hat.«

»Lag die Dame denn gestern Nacht auch da?« Von Birchow schnäuzte sich umständlich, um seiner Empörung über den Sittenverfall Ausdruck zu geben.

Der Kellermeister errötete. »Das könnte gut sein, denn die Gute hielt sich ja noch einen zweiten Liebhaber. Unseren Hausknecht. Der aber hat gestern seine Schwester besucht.«

»Woher wissen Sie denn das nun wieder?« Von Birchow, der keinerlei Kontakte zu den anderen Mitarbeitern des Spitals pflegte, war ehrlich überrascht.

»Nun ja, heute beim Frühstück erzählte mir meine Frau, sie sei im Morgengrauen von einem fürchterlichen Gerumpel geweckt worden. Unsere Dienstwohnung liegt nahe beim Haupteingang, da passiert das öfter. Vom Fenster aus erkannte sie den Hausknecht und ihren Cousin, der wiederum mit der Schwester des Hausknechts verheiratet ist. Ich wette, er hat den Majordomus nach einem Besuch heimgebracht, denn der grölte schmutzige Lieder.«

Von Birchow unterdrückte jede Regung.

»Trinken Sie auf das Wohl Ihres Freundes, mein lieber Kellermeister! Ich werde mir inzwischen seinen Mörder holen!«, sprach er nur und stellte die Bulldogge auf die Füße.

Gähnend setzte sich der Vierbeiner in Bewegung, hinter dem Professor her, der es urplötzlich ziemlich eilig hatte.

Draußen brauchte er nicht lange zu suchen. Im Schatten des Greifenbrunnens wurde er fündig. »Schön ist es unter freiem Himmel, nicht wahr? Die Natur kennt eben keine Türschlösser!« Der Professor lehnte mit ausgebreiteten Armen am Rand des Brunnens an einem Delfin aus Sandstein, der seit gut hundert Jahren seinen Dienst als Wasserspeier tat.

Der vermeintliche Mörder antwortete mit einem verständnislosen Blinzeln.

»Wissen Sie eigentlich, wie gering die Anzahl der Menschen ist, die einen Schlüssel für den Weinkeller besitzen?«, fragte von Birchow und wies mit dem Daumen hinter sich, dorthin, wo sich der Keller befand.

»Was wollen Sie von mir, Professor?« Der Mann rappelte sich hoch und spuckte aus.

»Ich möchte Sie bitten, mir bei der Lösung eines Rätsels zu helfen. Stellen Sie sich vor, in einem Keller, zu dem es nur drei Schlüssel gibt, kommt jemand zu Tode. Weil die Leiche anderswo aufgefunden wird, können Sie getrost von Mord ausgehen …«

Jegliche Einwürfe seines Zuhörers erstickte von Birchow im Keim. »Wenn der Leiche beim Abtransport aber unbemerkt deren Schlüssel aus der Tasche fällt und der Mörder töricht genug ist, die Kellertür nach der Tat zuzuschließen, dann schränkt das doch den Kreis der möglichen Täter erheblich ein, meinen Sie nicht?« Mit diebischer Freude bemerkte von Birchow eine gewisse Blässe unter der sonnengebräunten Haut seines Gesprächspartners, der jetzt nickend meinte: »Der Täter wird einer der Schlüsselträger sein.«

Von Birchow lächelte wohlwollend. »Korrekt. Doch wenn sich herausstellt, dass es noch einen versteckten Schlüssel gab, erweitert sich der Kreis der Verdächtigen wieder.«

Nun war die Antwort ein zögerliches Nicken.

»Also sucht man nach weiteren Indizien. Zu erwähnen wäre da der süßliche Geruch, der der Leiche anhaftet.«

Nach einer kleinen Kunstpause bückte er sich zu seinem Hauptverdächtigen hinab und zog das siebenlappige Blatt eines Baumes aus dessen Haar. Er zerrieb es zwischen den Fingern und streckte Leopold seine Hand hin.

Der kleine Hund nieste fürchterlich.

»Das süße Aroma der Amber war es, das an der Leiche hing. Ferner fanden sich ein paar Stacheln der Früchte des Baumes an der Leiche, an dem Sie gestern Ihre Leiter aufgestellt haben, um ihn zu stutzen.«

»Und wegen dem Geruch des Seepferdchenbaumes halten Sie mich für den Mörder? Das ist doch lächerlich!«

Von Birchow hob die Hände. »Nun, wenn man bedenkt, dass von Röslein Ihre Erfindung als die seine ausgeben wollte. Gewiss hätte ihm jeder geglaubt, als Erster ein wirksames Mittel gegen den Sauerwurm entwickelt zu haben. Das kostspielige Auslesen der sauerfaulen Beeren hätte damit ein Ende.«

»Nichts hat er erfunden!«, kam es wie aus der Pistole geschossen.

Von Birchow wusste, er hatte ins Schwarze getroffen.

»Ich war es, der sich die Nächte damit um die Ohren geschlagen hat! Ich habe an der Zusammensetzung gearbeitet, während sich dieser Hurensohn mit der Italienerin vergnügt hat. Die Lorbeeren wollte er aber trotzdem einheimsen!«

Empört reckte er seine grasfleckigen Fäuste zum Himmel.

»Und deswegen haben Sie ihn getötet?«

Veit Wagner nickte. »Und dann habe ich ihn in die Anatomie gebracht. Dort sollte er unter großem Geschrei von den Studenten gefunden werden. Das Theatrum Anatomicum schien mir der perfekte Ort. Schade nur, dass Sie ihn anscheinend vorher gefunden haben, Professor.«

Von Birchow war fasziniert von der feinen Ironie in der Geschichte. Wäre Leopold ein Mensch gewesen, hätte er an dieser Stelle nur den Kopf geschüttelt und gedacht: *Was für ein Geäffel wegen der paar Würmer ...*

Friederike Schmöe

Der Zeiler Mitverschwörer

Prolog, November 2014

Wencke Asgadi ließ die Zeitung auf den Tisch sinken. Man musste warten können. Das galt für die große Politik wie für das kleine Leben.

Draußen war es noch stockfinster. Ihre Maschine ging um zwölf. Sie hatte Zeit, die Berichte und Hymnen zum 25. Jahrestag des Mauerfalls zu lesen. Dann würde sie zum Bahnhof fahren. Mit dem ICE nach Frankfurt düsen und ab in den wohlverdienten Ruhestand.

Die Todesanzeige lag noch immer im Brotkasten. Sie konnte sich nicht davon trennen, aber sie wusste, es war nötig.

Lächelnd entlockte sie dem Vollautomaten noch eine Tasse Americano. Schade, dass sie die Maschine nicht mitnehmen konnte, aber jetzt war ohnehin der Weg frei für jedweden Luxus, auf den sie in ihrem bisherigen Leben verzichtet hatte.

Niemand würde sie je mit Ada Fries in Verbindung bringen. Ihr einziger Kontakt lag 25 Jahre zurück. Niemand wusste von ihr. Nur die Toten, wenn man so wollte. Selbstmorde waren nicht selten. Und kürzlich hatte Ada, der das Weinlokal ein Trostpflaster geworden war, einen Unfall gehabt. Nicht auf der Winzertreppe. Auf der Autobahn. Als sie auf dem Höhepunkt ihrer geschäftlichen Laufbahn war. Günstig für Wencke, zumal ihr Körper inzwischen nicht mehr so mitmachte und sie eine ruhigere Tätigkeit ins Auge fassen musste. Jakob Fellmann hatte sich schnell bereit erklärt, das Gut zu verkaufen. Seit den Ereignissen im Wiedervereinigungsjahr hatte er privat kein Glück mehr gefunden, wenngleich er das Geschäft ausgezeichnet geführt hatte.

Sie trank den Kaffee aus und nahm die Todesanzeige aus dem Brotkasten. Das Geheimnis ihres Erfolgs bestand darin, einige der Mitspieler sofort auszuschalten, während sie andere in dem Glauben ließ, ihre Freundin zu sein. Bis es für die rettende Erkenntnis zu spät war.

Ada Fries, 1.2.1966–30.9.2014.

Zu jung zum Sterben; gewiss.

Wencke Asgadi griff nach dem Feuerzeug, zündete das dünne Papier an und hielt den brennenden Fetzen über die Spüle, bis sie loslassen musste und die Asche in den Abfluss spülte.

Karl, Oktober 1943

Er hat Angst vor dem Vater. Dem rutscht schnell die Hand aus. Seit er mit nur einem Auge von der Front zurückgekehrt ist, wird es täglich schlimmer.

Karl lässt den Ort hinter sich, läuft durch die dämmrigen Sträßchen den Berg zum Käppele hinauf. Der Abend riecht nach Holzfeuern und Laub. Im Wald singt ein Vogel, so einsam und traurig, dass Karl weinen möchte. Wenn er läuft, einfach immer weiter, in die Weinberge hinein, dann vergisst er das Traurigsein für eine Weile. Auch die Angst und das Gebrüll seines Vaters. Sein Kopf leert sich ganz von selbst. Sein Knöchel tut ihm noch weh. Gestern ist er dem Vater entwischt, als der den Zollstock schwang, ist raus aus der Scheune und weg vom Hof, umgeknickt dabei. Der Knöchel ist geschwollen, aber Karl ist ein Junge, leicht wie eine Feder, flink und kräftig. Einer, der sich schnell erholt.

Es ist später Oktober, kalt schleicht die Nässe um die Rebstöcke. Karl eilt am Käppele vorbei und läuft weiter, immer weiter, nach Osten. Vom Weg biegt er alsbald ab und huscht in den Weinberg. Da fühlt er sich sicher, zwischen den Reben, er mag den Geruch nach Erde, spürt die Klumpen an seinen Schuhsohlen, die löchrig sind, aber es gibt nichts zu kaufen, und wenn sie den Wein nicht hätten zum Tauschen, das sagt Tante Eva mindestens dreimal am Tag, dann wären sie schon am Hund, dann könnte ihnen niemand mehr helfen, woraufhin der Vater mit der Faust auf den Tisch schlägt und brüllt, er will diese Jammertiraden nicht hören, und sie wüssten nichts vom Krieg, allesamt nicht.

Karl weiß, wie hart Tante Eva arbeitet, sie hält alles zusammen, mit der Hilfe von Egon und dem alten Künzel, und sie hat es ohne den Vater geschafft, als der im Feld war.

Wenn er, Karl, auch bald ins Feld könnte … Doch das wird nicht der Fall sein, der Sieg steht unmittelbar bevor, das sagt Tante Eva auch, wenngleich der alte Künzel dann immer so einen Glanz in den Augen hat, aber der redet nicht, und Egon schweigt sowieso, weil er hasst, dass er lispelt.

Es ist finster hier oben. Ein schmaler Streif Rot hängt im Westen am Himmel, spiegelt sich im Main, als wenn irgendwo ein Feuer züngelt, denkt Karl, so warm sieht das aus.

Er wartet, bis die Farbe sich im Fluss auflöst, reibt den schmerzenden Knöchel. Schließlich steht er auf, er will heim, ihm ist kalt, er zittert in der feuchten Herbstluft. Da hört er Schritte und leise gesprochene Worte.

»Claus, wir werden mit unserem Leben bezahlen.«

»Andere werden an unserer Stelle bezahlen, wenn wir Hitler jetzt nicht Einhalt gebieten. Es ist unsere Pflicht!«

Karl zieht den Kopf ein, hockt sich wieder hin. Lauscht. Was er da hört, macht ihm Angst. Wenngleich er es nicht richtig versteht, er ahnt: Es ist etwas, das man nicht sagen darf. Etwas Unvorstellbares.

Wo sind die Männer? Nicht weit, nicht weit! Was, wenn sie gleich über ihn stolpern? Der Junge spürt, hier geschieht etwas Garstiges, Gefährliches, und selbst die Angst vor den Schlägen, die der Vater mit dem Zollstock austeilt, ist nicht so groß wie das Grauen, das ihn jetzt ergreift. Ständig hört man die Zeiler von schrecklichen Dingen flüstern. Neulich haben sie hier einen amerikanischen Flieger gelyncht. Mit Steinen erschlagen!

Manchmal, da flüstern die Zeiler hinter vorgehaltener Hand. »Das darfst du nicht sagen. Da kommst du ins Lager. Oder noch Schlimmeres!«

Karl hat keine Vorstellung, was das noch Schlimmere ist. Er wartet, bis er die Männer nicht mehr hören kann. Dann rennt er davon, weiß nicht mehr, wo er ist, orientiert sich nur an der Steigung, läuft immer schneller hinunter ins Tal, und zu Hause, da versohlt ihm der Vater, weil Karl spät dran ist und im Dunkeln nichts zu suchen hat draußen, den nackten Hintern mit dem Zollstock.

Ada, Mai 1986

Es ist wie im Märchen. Zeil empfängt sie leuchtend, glanzvoll. Vor einem Monat ist Tschernobyl in die Luft geflogen. Ein GAU, den es eigentlich nicht geben soll, aber ihre Generation erlebt ihn gerade. Ob die Leute den Wein hier noch keltern können?

Ada lenkt den Wagen durch das Städtchen. Am Markt hält sie an. Das Fachwerk entzückt sie. Obwohl sie doch kein Mensch für Kleinstädte ist! Sie holt sich ein Eis. Eis ist nicht befallen, oder? Hoffentlich nehmen sie zur Herstellung die H-Milch vom letzten Winter. Ada lutscht das Eis und fragt Passanten nach dem Weingut Lentner. Die Zeiler erkundigen sich neugierig:

»Ach, dem Stiefvater gehört das Gut?« – »Ja, ach so, der alte Millner, das ist Ihr Stiefvater?« – »So, so, na, der macht ein Geschäft mit seinen Weinen, der Millner, besonders mit dem Rotling! Seit er das Lentner-Gut gekauft hat ...« – »Kennen Sie sich denn mit Wein aus?«

In kleinen Orten wollen die Leute sofort alles wissen.

»Mein leiblicher Vater ist tot.« Diese Version stimmt Zuhörer milde.

»Aber dann ist Ihre Mutter ja auch ...«

»Ja, Iris Millner war meine Mutter.«

Bei so viel Tod und Drama verbeißen sich die Zeiler weitere Nachfragen und beschreiben Ada den Weg.

»Immer rauf den Berg, es ist eng, seien Sie vorsichtig!«

Ada winkt zum Dank und steigt in ihr Auto. Erkundet den beschriebenen Weg.

Millner hat sich nie für sie interessiert. Deswegen haben er und die Mutter beschlossen, Ada in ein Internat zu geben. Sie war auffällig. Drogenexperimente, Diebstahl. »Wer einmal abrutscht, der kommt aus der Gosse nicht mehr raus, der wird immer tiefer reingezogen, denk dran, Iris!« Das hat Millner gesagt, als Ada das letzte Mal hier war, vor vier Jahren, damals war Ada 16, trug schwarze Klamotten und kiffte. Jetzt studiert sie, hat das Abitur doch noch geschafft, sie will Lehrerin werden, was Sinnvolles tun im Leben, endlich ein Ziel ansteuern.

Das Auto schraubt sich höher und höher, dann hört die Bebauung auf, die Weinberge schließen an, hellgrün glänzt das Laub. Ada spürt die Sonne vom blauen Himmel brennen, ihre Hände schwitzen, es ist Mai, der schönste Monat des Jahres, sie kurbelt das Fenster herunter, lässt den Frühlingsduft zu sich herein, fragt sich, ob sie das Giftzeug aus der Ukraine schon in den Knochen hat, ob sie mittlerweile selbst strahlt wie ein Reaktor, aber wenn man nichts wüsste, man würde nichts merken, die Natur ist umwerfend schön.

Das macht ihr Angst.

Was will Millner von ihr? Damals hat sie sich vorgenommen, nie mehr herzukommen! Ihre Mutter wurde letztes Jahr in Würzburg bestattet, so blieb Ada der Besuch in Zeil erspart. Und jetzt kurvt sie ausgerechnet durch jene Ortschaft, die sie nie wieder betreten wollte.

»Ich bewirtschafte das Gut erst seit knapp drei Jahren.«

Ada und ihr Stiefvater sitzen auf der Terrasse. Die Sonne wandert nach Westen weiter, goldfarben tränkt sie den Himmel und den Main tief unter ihnen. Eine Amsel hopst über die Terrakottafliesen.

»Als ich das letzte Mal hier war ...«

»... da hatte ich nur ein paar mickrige Parzellen. Und das Geschäft unten im Ort.« Millner wedelt mit dem Arm, als wollte er signalisieren, das war anderswo und zu einer anderen Zeit. »Jetzt verkaufe ich hier oben. Da gibt's Parkplätze. Die Touristen rennen mir die Tür ein. Das wird noch besser laufen in einigen Jahren, glaub mir, die Leute werden immer reiselustiger!«

»Mag sein.«

»Vor einem Jahr haben sie mir den Rotling prämiert. Silbermedaille.«

»Gratuliere.«

»Weißt du denn, was ein Rotling ist, Ada?«

»Jedenfalls kein Rosé.«

Millner nickt anerkennend. »Und, wie findest du ihn, den Mitverschwörer?«

Ada nimmt die Flasche in die Hand. *Zeiler Mitverschwörer*, sagt das Etikett.

»Komischer Name.«

»Haben viele Weine.«

»Ich mag ihn. Er ist fruchtig, aber nicht süß, er ist frisch, aber zieht nicht so viel Säure. Ideal für den Sommer.«

»Ada, ich will, dass du all das hier erbst. Wenn ich nicht mehr bin.«

»Ich?«, fragt Ada schrill. Die Amsel hüpft davon.

»Was du nicht weißt, kannst du lernen. Such dir ein paar fähige Leute. Das Gut wirft genug ab.« Er lehnt sich zurück.

Ada sieht dem Sonnenuntergang zu. Fließendes Gold am Himmel, gespiegelt im Main.

»Du hast früher gern fotografiert. Machst du das noch?«, fragt sie nach einer Weile.

»Ich komme kaum mehr dazu. Aber im Haus hängt noch die eine oder andere Aufnahme.«

Sie trinkt ihr Glas leer, steht auf, wandert durch den Weinberg über die alte Winzertreppe hinunter Richtung Fluss, und dabei flüstert ihr das Reblaub Geschichten zu.

Sieglinde, August 1983

Sie hat das Land vor fast 40 Jahren verlassen. Knall auf Fall. Mit einem Koffer für sich und einem für die Kinder. Die Rückkehr ist wahrlich kein Vergnügen, allein weil sie sich längst an das Klima in der neuen Heimat gewöhnt hat. Dass es in Deutschland im August so verregnet und trist sein kann wie in Kalifornien im Januar, hat sie tatsächlich vergessen.

Sieglinde ist fast 70, im Prinzip ist so eine weite Reise viel zu beschwerlich, schon der stundenlange Flug und dann der Jetlag. Aber nach 40 Jahren brennt die Seele immer noch; sie musste zurück, sehen, was sich seither getan hat.

Von Frankfurt fährt sie im Intercity bis Würzburg und dann weiter mit dem Bummelzug, der nach einer endlosen

Ruckelei in Zeil hält. Ein Taxi bringt sie zum Hotel. Es ist zwölf Uhr mittags, feuchtkalt. Sieglinde ruft vom Zimmer aus zu Hause an. Zu Hause, das war damals hier um die Ecke und nicht gute 10.000 Kilometer weiter westlich. Sie spricht mit Hans, der sich John nennt in den Staaten, was sie ja versteht, aber es stößt ihr sauer auf.

»Danke, dass du anrufst. Hat Zeil sich verändert?«, fragt Hans.

»Noch habe ich nicht viel gesehen! Werde ich aber.« So viel steht fest.

»Sei vorsichtig, Mutter.«

Hans weiß nicht genau, weswegen sie so weit gereist ist. Er meint, es sei Nostalgie und mit 69 habe sie ein Recht auf ihre Gefühle, wo doch nur ihr eiserner Wille die Familie drüben durchgebracht hat. Dass es für die Lentners wirtschaftlich jetzt ausgesprochen gut läuft im Sunshine-State, ist Sieglinde zu verdanken. Sie hat die Rebstöcke mitgenommen, damals, als sie sich bei Nacht und Nebel davonstahlen. Ein paar Zeiler haben ihr geholfen. Nicht unbedingt aus reiner Menschenliebe, aber sie konnte ihr Leben und das ihrer Kinder retten.

Sieglinde sinkt ins Bett und schläft sofort ein.

Als sie aufwacht, spürt sie die kühle Luft und riecht den Duft nach Spätsommer, nach Feuchte, nach Streuobstwiesen und Ernte. Sieglinde würde diesen Geruch aus Tausenden erkennen, ohne auch nur einen Moment zu befürchten, dass sie sich täuschen könnte!

Johannes ... hier in Zeil, mit dem vertrauten, kühlen Geruch, ist er ihr mit einem Mal so nah. Näher als all die Jahre zuvor! Seine sterblichen Überreste hat man verscharrt. Irgendwo.

Wie viele Jahre machte sie ihm stille Vorwürfe. Da gab der Mann den Helden, wo er doch Familie hatte und Verantwortung. Doch Letztere verspürte er auch gegenüber den Stauffenbergs, war er doch der engste Freund des gräflichen Gutsverwalters. Ihr Johannes.

Sieglinde steigen die Tränen in die Augen. Was für eine Verschwendung! So wunderbare Menschen opferten sich, und andere, schamlose Zeitgenossen, überlebten nicht bloß, die machten Karriere, vergoldeten ihr Diebesgut. Sie will nicht weiter nachdenken. Ihr Magen knurrt. Sie wird etwas essen und dann den Berg hinauf zum Gut fahren.

Millner, August 1983

Der Tag wird schön, denkt Millner. Er sieht auf seiner Parzelle gern nach dem Rechten, ehe er unten im Ort sein Geschäft aufmacht. Nicht dass die Kunden den Laden stürmen, aber mit irgendwas muss er ja sein Geld verdienen. *Weinhandlung Millner*, das klingt nicht besonders schick. Iris, seine Frau, würde gern etwas Neues anfangen. In ihrem Alter – und in seinem – da dreht man doch noch mal richtig auf, hat sie ihm neulich mitgeteilt. Sie ist eine Geschäftsfrau, sie hat das Unternehmerische im Blut, ein Naturtalent. Wenn er sie ließe, würde sie auch noch seine Fotos zu Geld machen.

Heute, da das miese Wetter der letzten Tage sich wieder zu bessern scheint und die Trauben mit Sonne verwöhnt, wird sein Blatt sich wenden. Millner trägt die Voigtländer locker über der Schulter, mit einem neuen Film drin, den von gestern hat er bereits entwickelt, die Dunkelkammer war immer sein zweites Zuhause. Die Negative lagern im Safe im Geschäft. Später wird er ein Bankschließfach nehmen, das ist sicherer.

Er findet Karl Graumann auf der Terrasse. Das Gut ist heruntergekommen, denkt er, Karl kriegt nichts in den Griff.

»Morgen!«, grüßt Millner.

Karl schreckt zusammen. »Habe dich gar nicht kommen hören.«

»Du siehst nicht gut aus.«

»Ich habe eine Erkältung.«

»Ich denke eher, dir ist was über die Leber gelaufen.«

Karl, ohnehin blass, wird weiß im Gesicht. »Was soll das werden?«

»Wird Zeit, dass Peter dir mal zur Hand geht, wie?«

»Lass Peter aus dem Spiel.«

»Er ist schon über 20! Ein junger Kerl, der hat Kraft, der kann doch in einem Weinberg arbeiten! Seine Sucht hat er ja überwunden, wie man hört.«

Karl stemmt die Hände in die Hüften. »Sei mal du schön still. Du hast keine Kinder, also halt dich raus!«

»Du musst nichts verheimlichen. Der ganze Ort weiß, dass Peter nichts taugt! Immerhin meistert er die Weinstube unten am Markt. Mehr schlecht als recht. Da wäre mehr rauszuholen. Aber ich bin nicht gekommen, um mit dir über deinen missratenen Sprössling zu plaudern.« So ruppig hat Millner noch nie mit Karl zu reden gewagt, in Zeil ist bekannt, dass der gern mal die Fäuste sprechen lässt wie sein Vater. Der alte Graumann war ein Haudegen, der hat die eigene Frau totgeprügelt, die Kinder nicht verschont, und Karl tut es ihm gleich.

Drohend kommt Karl näher.

»Verkauf mir das Gut!«, sagt Millner.

Karl lacht laut auf. »Spinnst du jetzt?«

Millner senkt die Stimme. »Hör zu! Wie deine Familie in den Besitz des Lentnerschen Guts kam, das wissen ja die meisten hier. Mit Ruhm habt ihr euch nicht bekleckert!«

Karls Augen röten sich.

»Du Dreckschwein! Wir haben das Gut bezahlt!«

»Für ein paar müde Reichsmark habt ihr das alles hier erworben! Und komm mir nicht damit, dass du ein Kind warst! Mittlerweile hast du längst überrissen, was für ein Verbrechen das war.«

Karl verschränkt die Arme vor der Brust. »Mein Vater hat nicht gegen das Gesetz verstoßen.«

»Warum ist dann deine Tante Eva in den Main gegangen? Weil Sieglinde ihre Freundin war und weil deine Familie ...«

»Moment, Millner!« Karl hebt die Hand. Sie zittert, das sieht Millner, und darüber muss er schmunzeln, genauso wie darüber, dass Karl ihn beim Nachnamen nennt. Sogar Iris nennt ihn Millner. Wenn es danach ginge, bräuchte er keinen Vornamen.

»Komm mir nicht zu nahe, mein Freund.«

»Ich bin nicht dein Freund.«

»Ab heute wirst du mein Freund sein. Ich werde dein Gut kaufen.« Millner hebt die Kamera. »Was du getan hast, ist dokumentiert! Sieglindes Sohn wird kommen. Er wird dem Augenschein nicht glauben. So senil kann seine Mutter mit 69 nicht gewesen sein, dass sie die Winzertreppe runterfällt. Ein Unfall? Da lache ich ja! Verkauf mir das Gut.«

Karl schnappt nach Luft.

Millner rückt sein Gesicht ganz nah an Karls heran. »Verkauf. Mir. Das. Gut.« Er dreht sich um, schwenkt die Kamera, ruft über die Schulter: »Blöd warst du ja noch nie. Wirst sehen, du verkaufst.«

Millner, Februar 1989

Millner entkorkt den Bocksbeutel. Der Rotling hat die neue goldene Plakette auf dem Etikett, und in dem Fall könnte sogar der in sich gekehrte Millner durchdrehen vor Freude. Mehrere Jahre in Folge prämiert werden, und dann aufzusteigen von Silber auf Gold, das ist der Lohn für die einsamen Mühen. »Jawohl«, murmelt er, »wenigstens etwas, worauf ich stolz sein kann.«

Seit Iris tot ist, geht ihm die Arbeit nicht mehr so leicht von der Hand. Das merkt er gerade jetzt, da sein rechter Arm geschient ist. Ein glatter Bruch, sagt der Arzt, in sechs Wochen ist er verheilt. Doch Millner ist gehandicapt, dabei kann er es sich kaum leisten, auch nur einen Tag auszufallen.

Seine Angestellten sind eine Stütze, aber bisweilen sehnt er sich nach einer Vertrauten. So wie Iris eine war. Wobei sie nie erfuhr, wie er mit Karl Graumann handelseinig geworden ist. Für sie wäre das kein guter Handel gewesen. Ihr wäre alles Mögliche eingefallen, am Ende hätte sie das Gut sogar verschmäht!

Nein. Vorbei. Er gießt Wein ins Glas. Die vier Jahre ohne Iris waren harte Jahre, aber er hat es dennoch geschafft, hat mit den Bränden angefangen, hat den Umsatz gesteigert, investiert, und er gedenkt, noch lange weiterzuarbeiten, Preise einzuheimsen und sich dem zu widmen, was ihn glücklich macht: dem Wein. Der *Mitverschwörer* ist der Renner unter den Frankenweinen und sein persönlicher Lieblingswein.

Im Kamin prasselt das Feuer, von draußen peitscht Februarregen gegen die Fensterscheiben. Die Panoramafenster hat er letztes Jahr einbauen lassen, um aus seinem Wohnzimmer weit ins Maintal blicken zu können. Pechschwarz ist es jetzt draußen. Millner sieht nur sein Spiegelbild in den Scheiben.

Er kaut den Wein lange. Kater Billy streift um seine Beine. Das rabenschwarze Tierchen mit dem gelben Fleck auf der Brust ist ihm vorigen Winter zugelaufen. An den langen, müden Abenden tut ihm seine Gesellschaft richtig gut.

»Na, Billy?« Er hebt den Kater auf seinen Schoß.

Wenn es mal zu Ende geht mit ihm, und gebe Gott, dass er noch einige Jährchen hat, wird Ada das alles hier erben. Aber wird sie sich behaupten können gegen die Anfeindungen? Zusammen mit dem Testament wird sie ein Schreiben erhalten, in dem er, Millner, sie instruiert, vorsichtig mit Peter Graumann zu sein. Karl ist seit drei Jahren tot. Aber Peter ist ein Kniefiesel, einer, der sich nicht abfindet mit den Tatsachen, der nachbohrt, der Öl ins Feuer gießt. Millner weiß nicht, ob Karl seinen Sohn eingeweiht hat, nimmt es aber nicht an. Damit hätte Karl sich doch sein eigenes Grab geschaufelt! Zumal die beiden nie gut miteinander auskamen.

»Stimmt's, Billy?«

Der Kater schnurrt leise.

Der Notar in Schweinfurt hat Anweisung, Ada die Schlüssel zu dem Bankschließfach auszuhändigen, sobald sie auf Schwierigkeiten mit Peter Graumann stößt. Dann wird sie finden, was sie braucht, um das Bürschchen ruhigzustellen.

Mit einem Mal schießt Billy von Millners Schoß.

»Na, na!« Millner schnalzt mit der Zunge, greift nach seinem Glas.

Im Kamin fällt ein Scheit knisternd in sich zusammen. Millner erschrickt.

Das Gefühl, nicht allein zu sein, bemächtigt sich seiner. Er stellt sein Glas ab. Lauscht. Da sind nur das Prasseln des Feuers und das Wischen des Regens auf den Fenstern.

Katzen sind klug.

Eben noch hat wohlige Müdigkeit nach ihm gegriffen, jetzt ist Millner hellwach. Er stemmt sich hoch, da sieht er im Fenster das Gesicht eines Mannes hinter seinem. Er fährt herum.

Ada, März 1989

»Erlauben Sie mir, Ihnen mein tief empfundenes Mitgefühl auszusprechen.« Der Notar nickt Ada zu. »Setzen Sie sich doch.«

Sie setzt sich. Das Kostüm kneift am Bauch. Sie hasst Kostüme. Warum ist sie nicht in Jeans und Pulli bei Dr. Schmitz aufgekreuzt? Aus Angst, dass Millner eine Klausel im Testament eingebaut hat? Dass sie das Gut nur bekommt, wenn sie anständig angezogen im Büro des Notars sitzt?

Seit Millner ihr vor knapp drei Jahren von seinen Plänen erzählte, hat sie ab und zu mit ihm telefoniert. Sie ist nicht mehr in Zeil gewesen seitdem, erst zu seiner Beerdigung vor vier Wochen wieder. Ada hat ihr Studium beendet und steht jetzt arbeitslos da. Bekam keine Referendariatsstelle. Lehrer sind fleischgewordene Fehlplanungen.

»Wie Sie ja wissen, hat Ihr Stiefvater Sie zur Alleinerbin des Lentner-Gutes bestimmt. Das jetzt Millner-Gut heißt.«

Dr. Schmitz verliest das Testament. Es ist kurz und knapp formuliert, das passt zu Millner, denkt sie. Aufmerksam wird sie erst, als Schmitz zitiert: »›Ich möchte Ada Fries außerdem eine Warnung mit auf den Weg geben: Die Familie Graumann aus Zeil, namentlich Peter Graumann, trägt seit Jahrzehnten eine Fehde mit mir aus. Ada Fries ist angehalten, gegenüber allen, die mit der Familie Graumann befreundet sind, insbesondere aber gegenüber Peter Graumann, Vorsicht walten zu lassen.‹«

»Was meint er damit?« Ada richtet sich auf. Bestimmt platzt gleich der Knopf vom Rock ab.

»Lassen Sie mich weiterlesen. ›... walten zu lassen. Sollte Peter Graumann oder sonst eine andere Person Ada Schwierigkeiten machen, sie unter Druck setzen, sie bedrohen, so ist Dr. Paul Schmitz angehalten, sie durch die Übergabe von weiterer Informationen zu unterstützen.‹«

Schmitz' Schreibtischstuhl knarrt.

»Das ist alles?«

»Alles«, bestätigt der Notar.

»Was sind das für weitere Informationen?«

Schmitz hebt die Hände in einer entschuldigenden Geste. »Zu gegebener Stunde, Frau Fries. Zu gegebener Stunde.«

»Weshalb sollte mich jemand bedrohen?«

»Machen Sie sich darüber keine Gedanken. Herr Millner war in Zeil und Umgebung sehr verwurzelt, er kannte sämtliche Geschichten, und da sammelt sich Unschönes an. Zumal das Gut ja nicht immer im Besitz der Millner-Familie war.«

Ada muss sich eingestehen, nichts über die Vorfahren ihres Stiefvaters zu wissen.

»Er hat das Gut doch gekauft, nicht wahr?«

»Sicher. 1983.« Schmitz wartet eine Weile, wie um Ada Zeit zu geben, Fragen zu stellen. Als sie schweigt, räuspert er sich. »Dann muss ich Sie noch um ein paar Unterschriften bitten.«

20 Minuten später geht Ada zu ihrem Wagen. Alles fühlt sich unwirklich an. Dass sie plötzlich Eigentümerin eines Weingutes ist, Chefin mehrerer Angestellter, Verwalterin von Weinbergen und Grundstücken ...

Sie darf das jetzt nicht vermasseln. Bisher hat nichts geklappt in ihrem Leben. Die neue Chance muss sie nutzen. Sich mit Haut und Haaren dem Weinbau verschreiben, alles lernen, was es zu lernen gibt. Iris hat den Wein geliebt und das Arbeiten »für den guten Geschmack«, wie sie es nannte. Doch sonst hat Ada von ihrer Mutter wenig mitbekommen.

Das Verhältnis zwischen Iris und ihr war von Millner überschattet und von Adas Widerwillen gegenüber dem Stiefvater.

Sie steigt in den Wagen, fährt los. In Zeil nimmt sie die vertraute, steile Straße. Der Frühling regt sich zart in Büschen und Bäumen, aber ein böiger Wind zaust die Natur, und Nieselregen besprüht die Windschutzscheibe, als das Auto sich höher und höher schraubt. Diese Gegend wird jetzt ihre Heimat werden. Sie ist noch keine 30. Ich werde das schon schaukeln, denkt sie, als sie vor dem Hauptgebäude hält. *Weingut Millner*. Stand das Schild vor drei Jahren schon da? Sie weiß es nicht mehr.

Ein Mann tritt aus dem Haus. Er hat die Statur eines Basketballspielers und hält eine schwarze Katze im Arm.

Ada steigt aus.

»Willkommen, Ada! Ich bin Jakob.« Er streckt ihr die Hand hin. »Und das ist Billy.«

»Hallo, Jakob. Hallo, Billy.«

»Komm rein. Ich habe Kaffee aufgesetzt. Die anderen machen sich irgendwo nützlich. Wir stehen alle noch ziemlich unter Schock.«

»Ich ehrlich gesagt auch.«

»Aber so ein Weinberg, der wartet nicht. Die Arbeiten wollen erledigt werden!« Er geht ihr voraus ins Haus, durch den langen Korridor zur Küche.

Die Wände kommen Ada kahl vor, das Haus strahlt Kühle aus, als wolle es sie abweisen.

Unsinn, mahnt Ada sich. Ich bin nur nervös. Und als ich das letzte Mal hier war, hat die Maisonne für Freundlichkeit gesorgt.

»Niemand von uns kann fassen, dass Millner so plötzlich gestorben ist.« Jakob drückt Ada den Kater in die Arme.

»Hier, der soll dich nur gleich kennenlernen. Wir duzen uns hier übrigens alle. Ich hoffe, das ist dir recht.«

Ada nickt abwesend. Das schwarze Tierchen ist warm, sie spürt sein Herz pumpern. Behaglich schnurrt Billy.

»He, er mag dich.«

»Wer hat Millner gefunden?«, fragt Ada.

»Das war ich. Ich kam am 14. frühmorgens hier rein. Wir trinken immer gegen sieben Kaffee, also, wir tranken Kaffee, das war das Morgenritual.« Er hantiert an einer Kaffeemaschine herum. »Millner war ein richtiger Kaffeejunkie. Aus Alkohol hat er sich wenig gemacht, er hat nicht mal unsere neuen Brände getrunken, nur verkostet, von Zeit zu Zeit. Aus professionellen Gründen. Abends hat er sich manchmal eine Flasche aufgemacht, aber er hat sich höchstens ein, zwei Gläser genehmigt. Und dass ihm der Erfolg von unserem *Mitverschwörer* zu Kopf gestiegen ist, kann man auch nicht behaupten. Millner war ein bescheidener Mensch.«

Ada denkt, dass Alkoholiker das Bild vom Saubermann sehr lange aufrechterhalten. Sogar vor sich selbst. Sie hat an der Uni mal ein Seminar über Süchte besucht.

Die Kaffeemaschine fängt an zu gluckern.

»Als ich reinkam, ihn da liegen sah ... da standen etliche leere Flaschen. Vom Haselnussbrand. Vom Quittenbrand. Und der Rotling ... Millner muss sich richtig die Kante gegeben haben!« Kopfschüttelnd stellt Jakob zwei Becher, Milch und Zucker auf den Tisch. »Allein der Geruch!«

Ada hat die Geschichte schon gehört, auf der Beerdigung, von anderen, man redete viel hinter vorgehaltener Hand, auf dem Friedhof und beim Leichenschmaus.

»Ich habe den Arzt angerufen. Millner ist an einer Alkoholvergiftung gestorben. Schock, Kreislaufversagen, Atemstillstand. Wenn er nicht allein hier gewesen wäre ... dann ...

ich meine, man kann ja noch was tun, Krankenwagen rufen, Intensivstation.«

Die Kaffeemaschine faucht, Billy sprintet aus Adas Armen.

»Manchmal kann man eben nichts mehr machen«, sagt Ada, während Jakob ihr Kaffee eingießt.

»Stimmt«, bestätigt Jakob. »Aber dass er sich totgesoffen hat, das will mir nicht in den Sinn.«

Ada, Jakob, August 1989

Die Hitze staut sich zwischen den Reben. In der Abendsonne geht Ada mit Jakob die Weinstöcke ab, die im Herbst wieder einen Rotling hervorbringen sollen. *Den* Rotling. Den *Mitverschwörer*.

»Der Spätburgunder«, erklärt Jakob, während er mit großen Schritten die bucklige Winzertreppe hinaufsteigt, sodass Ada kaum mitkommt, »ist eine sehr alte Rebsorte. Wahrscheinlich stammt sie direkt von Wildreben ab. Schon die Römer haben diesen Wein kultiviert.«

»Und was hat das mit dem Burgunder zu tun?« Ada keucht. Ihre Beine sind kürzer als Jakobs. Obwohl sie in den vergangenen Monaten Kondition aufgebaut hat, kann sie kaum Schritt halten.

»Gar nichts. Mit ›Burgunder‹ bezeichnet man Weine, die in der Bourgogne in Frankreich angebaut werden. Aber keine Rebsorte.«

Wieder schießt Ada eine Idee durch den Kopf, die sie seit Wochen nicht loslässt: Wenn sie doch nur ein kleines Lokal hätte, wo sie den eigenen Wein ausschenken könnte. Im Hofladen ist es zu eng, und ein Anbau kommt finanziell momentan nicht infrage. Demnächst muss sie mit Jakob darüber reden. Sie wüsste auch schon einen Namen für die Weinstube: *Die Mitverschwörerin*.

»Hier ist alles in Ordnung.« Jakob bleibt stehen, nimmt den Strohhut ab, wischt sich den Schweiß von der Stirn. »Schauen wir uns noch den Grauburgunder an. Schließlich brauchen wir den auch für den *Mitverschwörer*.«

»Wie kam Millner auf den Namen?« Sie haben das obere Ende der Winzertreppe erreicht und wandern jetzt gemächlich parallel zum Hang nach Osten.

»Ach, da gibt es diese alte Geschichte in Zeil. Die Stauffenbergs, also die Familie von Claus Schenk Graf von Stauffenberg, dem Hitler-Attentäter, die hatte hier ein Weingut. Und Stauffenberg hat sich hier angeblich mal mit ein paar Mitverschwörern getroffen. Manche sagen, unten an der Straße, genau zwischen Zeil und Ziegelanger, da gibt es das Rokoko-Amtshaus, dort hätten sie sich beraten, getarnt als Sommerfrischler.«

Ada bleibt stehen. Beschirmt die Augen, blickt hinunter auf den Fluss, der in der Hitze schimmert wie flüssiges Blei. »Millner ist doch hier aufgewachsen?«

»Klar. Der kannte alle in Zeil und Ziegelanger. Ich bin erst vor drei Jahren hergezogen. Er brauchte einen neuen Winzer, und ich habe die Chance ergriffen. Enttäuscht?«

»Warum?«

Jakob lacht.

»Na, weil ich nichts zur Gerüchteküche beitragen kann. Die brodelt offenbar schon, seit Millner das Gut von den Graumanns gekauft hat.«

»Moment.« Ada starrt ihn an. Die Worte, die Dr. Schmitz verlesen hat, sind ihr zu klar im Gedächtnis.

Ada Fries ist angehalten, gegenüber allen, die mit der Familie Graumann befreundet sind, insbesondere aber gegenüber Peter Graumann, Vorsicht walten zu lassen.

»Er hat das Gut von der Familie Graumann gekauft?«

»Von Karl Graumann, ja.«

»Ich dachte von der Familie Lentner.«

»Nein, die Lentners haben in den 40er-Jahren an die Graumanns verkauft. Der alte Karl Graumann hat mit dem Rotling angefangen, aber erst Millner hat aus der Brühe einen ehrbaren Tropfen gemacht und ihn *Mitverschwörer* genannt.«

Ada wischt sich den Schweiß aus dem Nacken. »Sehen wir zu, dass wir unseren Kontrollgang beenden. Ich komme um vor Hitze.«

»Geht mir genauso. Übrigens, Ada, für die Weinernte, da brauchen wir mehr Leute. Die richtigen Kräfte ausfindig zu machen ist jedes Jahr wirklich eine Plage. Sollen wir uns umtun, ob unter den DDR-Flüchtlingen geeignete Leute sind?«

Ada nickt. Wieder etwas, das sie nie zuvor getan hat: Arbeitskräfte anwerben.

Ada, August 1989, am selben Abend

Zwei Stunden später sitzt Ada mit einem Glas *Mitverschwörer* und ihrem Notizbuch frisch geduscht auf der Terrasse. Es ist immer noch heiß. Eifrig trägt sie die neue Erkenntnis des Tages ein: *Die Trauben des Grauburgunders sehen leicht rötlich oder grau aus, dennoch handelt es sich um eine Weißweinsorte.*

Zugegeben, die kaufmännische Seite des Weinguts eignet sie sich schneller an als all das Spezialwissen, von dem sie bis vor einem knappen halben Jahr nichts gehört hat. Doch inzwischen genießt sie den Wein viel bewusster. Früher, da trank sie ein Glas oder zwei, um in Stimmung zu kommen. Sich zu entspannen. Oder weil sie mit Leuten im Lokal saß, die ebenfalls tranken. Über den Geschmack des Weines machte sie sich keine Gedanken.

Früher! In das alte Leben will Ada um nichts in der Welt zurück. Diese beständige Unsicherheit. Seminare, Prüfungen, Noten, Lernen. Die allgegenwärtige bange Frage: Bekomme ich eine Stelle oder nicht? War das Studium umsonst? Wenngleich sie hier täglich über etwas Neues stolpert, das ihr ein Rätsel ist, das sie lernen muss, so schnell wie möglich, so weiß sie doch, wofür sie kämpft: guten Wein zu keltern. Umsatz zu machen. Das Gut zu erhalten. Und damit hat sie mehr als genug zu tun. Jeden Abend ist sie rechtschaffen müde, fällt in ihr Bett und schläft durch bis zum nächsten Morgen, mit Kater Billy am Fußende. Gähnend räumt Ada ihre Sachen auf. Die Terrassentür lässt sie offen, wegen der Hitze. Sie kriecht in die Federn.

Ada wacht auf, weil Billy faucht.

»Billy?«, flüstert sie schlaftrunken, da ist der Kater schon aus dem Bett gesprungen, pest durchs Schlafzimmer. Kratzt an der Tür. Miaut.

Gänsehaut kriecht über Adas Arme.

»Süßer, was hast du denn?« Die murmelnden Worte sollen eher sie selbst beruhigen als den Kater, denn der ist aus dem Häuschen, und wehe dem, der ihm zu nahe kommt, der braucht neben einer neuen Frisur auch noch ein neues Gesicht.

Ada öffnet die Zimmertür. Billy entwischt.

Sie spürt die Anwesenheit eines Menschen. Katzeninstinkt? Langsam tappt sie den dunklen Flur entlang. Ihr Herz hämmert. Bisher hielt sie Zeil für einen friedlichen Ort.

Ein leises Geräusch. Als fiele etwas zu Boden.

Die Küche liegt links, die Tür ist angelehnt, Ada tippt sie an, die Tür geht einen Spalt weiter auf.

Da ist niemand.

Am Ende des Korridors, wo sich das große Wohnzimmer mit den Panoramafenstern anschließt, zweigt noch eine Tür ab. Millners frühere Dunkelkammer, die er längst nicht mehr nutzte. Jakob wusste nicht einmal, dass Millner ein passionierter Fotograf war.

Ada atmet tief durch, bevor sie sich der Dunkelkammer nähert. Wenn jemand da drin herumstöbert, dann ... sie schüttelt den Kopf. Was sollte man dort finden? Alte Behälter mit Chemikalien? Sie überschlägt, wie viel Bargeld im Haus ist, aber Jakob war gestern Morgen erst auf der Bank und hat eingezahlt, was sie vergangene Woche im Hofladen eingenommen haben. Der Safe in Millners Arbeitszimmer – in ihrem Arbeitszimmer – ist leer.

In Zeitlupe öffnet sich die Tür der Dunkelkammer. Matt scheint das Rotlicht in den Korridor, dann wird es ausgeknipst. Ada weicht zurück. Behände dreht sie sich um, schlüpft durch die angelehnte Küchentür. Hört die andere Tür mit einem leisen »Puff« zugehen. Schritte kommen den Korridor entlang.

Der Eindringling verschwindet durch die Haustür.

Ada bleibt baff zurück. Sie reckt und streckt sich, um durch das Fenster etwas zu sehen, aber wer auch immer dort umherschleicht, bleibt im Verborgenen, es ist zu dunkel in den Augustnächten, und sie hat keine Außenbeleuchtung.

Sie will sich schon abwenden, da hört sie von draußen einen halblauten Schrei.

»Verdammt! Du verdammtes Katzenvieh!«

Ada, August 1989, am nächsten Tag
»Jakob, was weißt du über die Familie Graumann?«, fragt Ada am nächsten Morgen um sieben.

Warum hat der Einbrecher die Dunkelkammer durchsucht? Ada hat das winzige Kabuff überprüft. Da fehlt nichts. Es war ja auch vorher nichts darin außer Kartons mit alten Fotos. Landschaft in und um Zeil und Ziegelanger, das Maintal. Weinberge in Landschaften. Häuser in Landschaften.

Jakob gibt gerade Kaffeepulver in den Filter.

»Über ... Graumann, sagst du?« Röte schießt ihm ins Gesicht.

»Ja, genau.« Ada versucht, unbefangen dreinzuschauen.

»Von der Familie lebt nur noch Peter. Er bewirtschaftet die Weinstube am Markt, das schmale Fachwerkhaus.«

»Verstehe.«

Sie trinken Kaffee; Billy schleicht nervös um die beiden herum.

Mit Jakob ist etwas anders, seit sie den Namen Graumann ins Spiel gebracht hat. Wie er sich die Hände an den Arbeitshosen abwischt. Sich durchs Haar fährt. Ada verstohlen ansieht, wenn er denkt, sie merkt es nicht, weil sie die *Mainpost* studiert.

Ada, August 1989, drei Tage später

Seit 15 Minuten sitzt Ada reglos in dem kahlen Raum, den Inhalt des Schließfachs vor sich. Jetzt ist ihr auch klar, was der Einbrecher vermutlich gesucht hat.

Aber warum jetzt? Warum nicht schon vor Jahren? Oder ist der Einbruch in die Dunkelkammer nur einer von vielen Versuchen?

Wenn das alles an die Öffentlichkeit kommt, dann droht ihr was. Dann wird die Presse hinter ihr her sein. Da nützt die Gnade der späten Geburt nicht. Selbst wenn man ihr juristisch nichts kann. Millner ist sowieso nicht mehr zu belangen. Genauso wenig wie Peters Vater Karl. Aber sie, Ada, sie ist übrig. Sie wird zur Zielscheibe. Was ist dann mit der Prämierung des *Mitverschwörers* – und mit dem Umsatz?

Als Ada heimkommt, sieht sie Peter und Jakob eng umschlungen auf der Terrasse stehen. Sie will unbemerkt ins Haus, aber die Männer haben ihren Wagen gehört.

»Ada?«, ruft Jakob. »Kommst du mal?«

Widerwillig geht Ada auf die Terrasse. Grüßt.

»Das ist Peter Graumann.« Jakob wird rot.

»Hallo, Herr Graumann.« Hoffentlich gesteht Jakob ihr jetzt nicht seine Liebe zu Peter. Das Privatleben ihrer Leute ist ihr gleichgültig.

Peter nickt ihr zu. »Ich muss dann mal.«

Er wendet sich um. Da schießt Billy aus dem Garten hervor. Wie ein schwarzer Pfeil schnellt er auf Peter zu. Krallt sich in seine Jeans. Peter tänzelt. »Verdammtes Katzenvieh!«

Ada, Wencke, November 1989

Die Detektivin trifft Ada in einem Chinalokal in Würzburg. Beide sitzen vor süß-saurem Schweinefleisch. Die Detektivin schaufelt den Reis in sich hinein. Ada hat sie in den Gelben Seiten gefunden. Wencke Asgadi, private Ermittlungen.

»Heute Nacht?« Reiskörner spritzen über den Tisch.

»Genau. Hier ist Ihr Geld.«

Die Frau klatscht ihre Pranke auf den Umschlag. Schwarze Ränder unter den Fingernägeln. Die Hände eines Mechanikers.

»Ich verlass mich auf Sie! Sie arbeiten für *mich*.« Ada schiebt ihren Teller weg.

Die Detektivin zuckt nur die Achseln. »Hoffen wir, dass er drauf reinfällt.«

»Und finden Sie raus, auf welcher Seite Jakob steht.«

Peter, Wencke, November 1989

Nebel wabert zwischen den Rebstöcken. Die Luft ist eisig und feucht. Wencke Asgadi hatte genug Zeit, um Graumann zu beschatten, ihm eine krause Geschichte voller verführerischer Versprechungen aufzutischen sowie die Ereignisse rund um die Familien Lentner, Graumann und Millner seit 1944 zu rekonstruieren und entsprechend abzusichern. Sie wartet.

Endlich: Peter Graumann steigt die unebene Winzertreppe hinunter. Die Detektivin folgt ihm.

»Du hast Millner umgebracht.« Ihre Stimme schneidet die Novembernacht entzwei.

Er fährt herum. Gerät ins Straucheln. Fängt sich.

»Was?«

Sie leuchtet ihm mit der Taschenlampe ins Gesicht. Geblendet hebt er den Arm. »Ich dachte, Sie arbeiten für *mich*!«

»Ja, denken ist nicht jedermanns Sache, wie?« Sie flüstert, der Nebel umschmeichelt ihre Stimme.

»Verdammt, Millner war ein mieses Schwein! Der hat sich an das rangemacht, was meine Familie …«

»Dein Vater hat Sieglinde Lentner getötet.«

»Bullshit!«

»Und zwar genau hier.« Sie zieht den Revolver. »Auf dieser Treppe. Dabei wollte sie gar nichts. Sich nur mal umsehen. Die Heimat atmen. Behaupte nicht, dass du nicht gewusst hast, was dein Altvorderer getan hat. Außerdem hast du Millner umgebracht. Ihm Alkohol injiziert.

Dein Glück, dass der Arzt sich vom Schein hat blenden lassen. Die leer gesoffenen Flaschen und der Gestank haben ihm genügt. Deswegen hat auch niemand der Beule an Millners Hinterkopf große Beachtung geschenkt. Der Arzt dachte, die war noch von dem Sturz, bei dem Millner sich den Arm gebrochen hat. Gut für dich, dass er gehandicapt war!«

Peter setzt einen Fuß auf die nächstuntere Stufe. Die Detektivin folgt ihm.

»Dein Jakob hat dir den Floh ins Ohr gesetzt, dass es noch irgendwo Fotos von der Tat geben muss, oder nicht? Immerhin hat Millner früher wie ein Verrückter fotografiert. Wurde nie ohne seine Kamera gesehen.«

»Lassen Sie Jakob aus dem Spiel!«

»Der wird in Zukunft eher dich aus dem Spiel lassen, schätze ich, wenn er schlau ist.« Sie hatte Zeit gefunden, Jakob von ihrer Cleverness zu überzeugen und einen Deal mit ihm auszuhandeln. Den Mitverschwörer-Deal. Der in den Weinbergen am Main anscheinend Tradition hatte. »Außerdem gibt's Beweise.«

»Was für Beweise?«

Sie zieht einen Umschlag aus der Jacke.

»Wobei ja jeder weiß, dass du dich mit Drogen auskennst und die Spritze auch am Fuß setzen kannst. Eine Vene findet einer wie du im Schlaf. Und eine Stichstelle am Arm wäre dem Arzt vielleicht doch aufgefallen.«

»So ein Scheiß! Ich habe nichts gemacht.«

»Warum hast du deinen Vater geschützt?«

»Er war ein Kind, verdammt! Als er den Stauffenberg hier hat vorbeigehen hören mit dem Johannes Lentner ... Sein Vater hat ihn doch ständig vermöbelt! Der hat alles aus seinem Sohn rausgeprügelt.«

»Und so hat Karl dann seinen eigenen Sohn auch verdroschen. Dich.«

Stille. Der Nebel reißt kurz auf, der Mond spiegelt sich im Revolver der Detektivin.

»Paradox, nicht? Du schützt den Vater, dem du nichts Gutes zu verdanken hast.«

»Verfluchte Scheiße! Mein Großvater hat das Gut gekauft.«

»Für einen Spottpreis.«

Peter ringt die Hände. »Die Weinstube am Markt wirft nichts ab. Das Gut wäre meins gewesen. Stattdessen zupften Millners Wurstfinger an den Trauben rum.«

»Er war ein guter Winzer.«

»Ich konnte ja nicht wissen, dass er ein Testament gemacht hat.«

»Genau. Du wolltest dir das Gut nach seinem Tod für lau unter den Nagel reißen. Wie dein Großvater. Und dann mit dem *Mitverschwörer* richtig absahnen. Dumm für dich, dass Millner vorgesorgt hat.«

»Es ist mein Gut! Meins! Mein Vater hat mit dem Rotling angefangen. Die Silbermedaille stand ihm zu, nicht Millner! Der hat sich das Know-how ergaunert, das mein Vater über die Jahre aufgebaut hat. Hat sich die Ergebnisse und den Umsatz erschlichen! Wenn ich ihn nicht aus dem Weg geräumt hätte ...« Peter winkt ab. Sinkt weinend auf die Treppe.

Die Detektivin lacht auf.

»Schwächling! Aber mir soll's recht sein. Hast du das Geld?«

Das Kuvert holt er aus seiner Gesäßtasche.

Die Umschläge werden ausgetauscht.

Peter, November 1989

Peter schaltet den Fernseher ein. Die *Tagesschau* hat schon angefangen.

Auf dem Bildschirm ist einer von den DDR-Pappkameraden zu sehen.

Der SED-Typ: *Ständige Ausreisen können über alle Grenzübergangsstellen der DDR zur BRD erfolgen. Damit entfällt die vorübergehend ermöglichte Erteilung von entsprechenden Genehmigungen in Auslandsvertretungen der DDR beziehungsweise die ständige Ausreise mit dem Personalausweis der DDR über Drittstaaten.*

Ein Reporter: *Wann tritt das in Kraft?*

Der SED-Typ: *Das tritt ... nach meiner Kenntnis ist das sofort ... unverzüglich.*

Das gibt's nicht, denkt Peter. Das gibt's nicht.

Es klingelt.

»Nicht jetzt«, murmelt er unwillig.

Ein Reporter: *Gilt das auch für Berlin West? Sie haben nur DDR gesagt.*

Der SED-Typ: *Die ständige Ausreise kann über alle Grenzübergangsstellen der DDR zur BRD beziehungsweise zu Berlin-West erfolgen.*

Wieder klingelt es.

»Scheiße!«, brüllt Peter wütend. Einmal passiert was wirklich Interessantes, und dann ... Er geht in den Flur. »Wer ist denn da?«

Vor der Haustür brennt Licht. Plötzlich bekommt er Muffensausen. Greift nach dem Bleirohr, das er heute Nacht noch im Keller gesucht hat. Zwar hat er jetzt die Negative, aber man kann nie wissen.

Als er die Tür aufreißt, ist niemand zu sehen. Nur ein dicker brauner Umschlag.

Mit dem Ding unter dem Arm geht er zurück ins Wohnzimmer. Vor dem Grenzübergang Bornholmer Tor in Berlin stehen an die 100 Leute. Laut Reporter werden es minütlich mehr. Sie schreien: »Tor auf!«

Peter reißt den Umschlag auf. Ein Diktiergerät. Mit einer Kassette.

Er drückt auf »Play«. Hört seine eigene nörgelnde Stimme. Und die hämische der Detektivin.

Wird bleich.

Da ist noch ein Zettel im Kuvert.

Ich kaufe die Weinstube. Noch diese Woche. Der Freundschaftspreis beträgt 4000 DM. Ist noch anständig. Danach verzischst du dich aus Zeil. Für immer. Solltest du je zurückkommen, erhält die Polizei eine Kassette.

Die spinnt!, denkt Peter. Er schaltet den Fernseher aus. Dreht den Zettel um.

P.S. Vergiss die Negative. Sie sind präpariert.

Peter rennt zum Schrank. Nimmt den Umschlag von gestern Nacht raus.

Was er in Händen hält, ist nichts als schwarzes Zelluloid.

Die Autorinnen und Autoren

Tessa Korber, bürgerlich Dr. Tessy Klier, wurde 1966 geboren, studierte Literatur und Geschichte und arbeitet seit 1998 als freie Autorin. Sie schrieb zahlreiche historische Romane und Krimis. Bei *ars vivendi* erschienen bisher ihr Band *Das Leben ist mörderisch* mit Kurzkrimis (2010), ihr historischer Kriminalroman *Todesfalter* um Maria Sibylla Merian (2011) sowie der schwarzhumorige Krimi *Die Saubermänner* (2013). Zudem gab sie die Krimianthologien *Fiese Morde in der Provinz* (2011) und *Auf leisen Pfoten kommt der Tod* (2013) heraus. 2010 erhielt sie den Forchheimer Kulturpreis. Ihr Umzug nach Weinfranken 2014 hat Tessa Korber beflügelt, der neuen Heimat die Reverenz zu erweisen. www.tessa-korber.de

Blanka Stipetić, 1967 im ehemaligen Jugoslawien geboren, wuchs in der Nähe von Stuttgart auf und lebt seit 2007 mit ihrer Familie in Berlin. Sie studierte Slawistik und Politik in Würzburg und war lange Zeit in der Erwachsenenbildung tätig. Als Literaturübersetzerin, Schreibcoach, Co-Autorin, Autorin und Verlegerin hat sie viele Bücher in die Öffentlichkeit begleitet. Mit Roman Rausch schrieb sie *Der Bastard* (2007), unter Pseudonym erschien ihr Roman *Schandfleck* (2010).

Johannes Wilkes, Jahrgang 1961, wurde in Dortmund geboren, als der Pott noch rauchte. Später absolvierte er ein Studium der Medizin in München. Seit mehr als 25 Jahren ist er bekennender Wahlfranke und führt in Erlangen eine sozialpsychiatrische Praxis. Neben populären Sachbüchern sind von ihm auch belletristische Werke erschienen. Das

Frankenland hat dabei seit Langem einen festen Platz in seinem Repertoire. Zuletzt erschienen *Das kleine Franken-Buch* (2014), *Das kleine Westfalen-Buch* (2016) und sein Kriminalroman *Der Fall Rückert* (2016) im *ars vivendi verlag*.

Killen McNeill stammt aus Nordirland und wurde 1953 in Kilrea geboren. Er studierte Germanistik, war in den Jahren 1973/74 Austauschstudent in Erlangen und zog 1975 nach Franken. Seit 1976 arbeitet er als Fachlehrer für Englisch an der Haupt- bzw. Mittelschule Scheinfeld. Er ist verheiratet und lebt in Unterlaimbach. Killen McNeill schreibt Romane und tritt im fränkischen Kabaretttrio *McNeills & Winkler* sowie in der fränkischen Band *Nauswärts* auf. Sein Kurzkrimi »Pfarrers Kinder, Müllers Vieh« wurde 2012 als Siegergeschichte der Jury im Wettbewerb um den 1. Fränkischen Krimipreis ausgezeichnet. 2013 erschien bei *ars vivendi* sein Roman *Am Schattenufer*, 2015 folgte *Am Strom*.

Kilian Bartsch, geboren 1976 in Würzburg, zog in jungen Jahren nach Norddeutschland, wo er mehrere Studiengänge abbrach, in diversen Bands mitspielte und Theatergruppen gründete. Zurück in Franken heiratete er, machte eine Ausbildung als Koch und arbeitet heute als Altenpfleger und Biograf.

Christian Klier, 1970 in Nürnberg geboren, lebte an verschiedenen Orten in Deutschland und in Frankreich. In Augsburg und Würzburg studierte er Germanistik und Romanistik. Einige Jahre verbrachte er in Paris, wo auch sein Kriminalroman *Das ganze Jahr November* (ars vivendi, 2013) spielt. Seit 2010 erscheint seine Reihe um den Nürnberger Kult-

kommissar Werner Klotz: *Klotz, der Tod und das Absurde* (2010), *Klotz und der unbegabte Mörder* (2012), *Klotz und der Schatz im Silbersee* (2013) und *Klotz und die Blumen des Bösen* (2014). Er schreibt und veröffentlicht auch gemeinsam mit Tessa Korber. Bisher erschienen ist *Knochenjob* (2016), außerdem unter den Pseudonymen Tess Riley & Christian Brandt die beiden Science-Fiction-Thriller *Jack* (2015) und *Operation JFK* (2016). Zahlreiche Beiträge in diversen Anthologien.
www.christian-klier.de

Theobald Fuchs kam 1969 im schönen Dörfchen Artelshofen im oberen Pegnitztal auf die Welt. Er studierte Germanistik, Mathematik und Physik und promovierte 1998 in Erlangen. Seit 1997 schreibt Fuchs Glossen für die Satirezeitschrift *Salbader*. Später begann er, im Magazin *Titanic* unter der Rubrik *Vom Fachmann* für Kenner lustige Miniaturen zu veröffentlichen und Beiträge für die Kolumne *Fürther Freiheit* in den *Fürther Nachrichten* zu erdichten. 2014 gewann er mit seiner Geschichte »Der Tote im Wehr« den Jurypreis des Fränkischen Krimipreises. Im Frühjahr 2016 erschien sein erster Kriminalroman bei *ars vivendi*: *Niemand ruht ewig*.

Anja Mäderer, 1991 in Gunzenhausen geboren, wuchs in Unterwurmbach, Mittelfranken, auf. Zum Studium zog sie nach Würzburg. Nach dem Staatsexamen unterrichtete sie an einer Schule für unbegleitete minderjährige Flüchtlinge und verbrachte anschließend ein Vierteljahr in Buenos Aires. Inzwischen lebt und schreibt sie wieder in Franken. 2015 erschien ihr Kriminalroman *Mainleid*, 2016 folgte *Mainschatten*.
www.anja-maederer.de

Ursula Schmid-Spreer arbeitet als Lehrerin im Gesundheitsbereich. Sie hat zahlreiche Beiträge in Anthologien, Fernseh- und Literaturzeitschriften veröffentlicht, insgesamt 17 Kriminal-Anthologien (mit) herausgegeben sowie die Romane *Die Nürnbergerin* (2011), *Der Tote vom Silbersee* (2014) und *Bekenntnis mit Folgen* (2016) veröffentlicht. Sie ist Mitarbeiterin bei *The Tempest*, Organisatorin des Nürnberger Autorentreffens und verschiedener Seminare und Schreibreisen. www.schmid-spreer.de

Thomas Kastura, geboren 1966, lebt mit seiner Frau und seinen beiden Töchtern in Bamberg. Er studierte Germanistik und Geschichte und arbeitet als Autor für den *Bayerischen Rundfunk*. Seit 1998 veröffentlichte er zahlreiche Erzählungen, Jugendbücher und Kriminalromane. Thomas Kastura ist außerdem Herausgeber der Krimianthologien *Tatort Garten* und *To die, or not to die* (beide bei *ars vivendi*). Im Herbst 2012 erschien im *ars vivendi verlag* der Sammelband *Drei Morde zu wenig* mit seinen Brandeisen & Küps-Geschichten, 2015 folgte *Fünf Leichen zu viel*. www.thomaskastura.de

Kerstin Waas, geboren 1977 in Dingolfing/Niederbayern, wuchs mit dem Geruch von Druckerschwärze in der Buchdruckerei ihres Großvaters auf. Sie lebt mit ihrem Mann, einem Pferd, zwei Hunden und drei Katzen in der Nähe von Würzburg. Im September 2015 erschien ihr erster historischer Roman *Der Farbensammler* im Irene Hohe Tierbuchverlag.

Friederike Schmöe, geboren und aufgewachsen in Coburg, wurde früh zur Büchernärrin – eine Leidenschaft, der die Universitätsdozentin heute beruflich frönt. In ihrer

Schreibwerkstatt in Bamberg verfasst sie seit 2000 Kriminalromane und Kurzgeschichten und gibt Kreativitätskurse für Kinder und Erwachsene. Ihr literarisches Universum umfasst u. a. die Krimireihe um die Bamberger Privatdetektivin Katinka Palfy und eine Krimiserie mit der Münchner Ghostwriterin Kea Laverde als Hauptfigur. Im April 2014 erhielt sie für ihre historische Kurzgeschichte »Das geheime Wissen der Zofe« den Homer in Bronze.
www.friederikeschmoee.de

Mordsdurst

Eine Bierleiche zum Dessert
14 Kriminalgeschichten rund um
den Gerstensaft
Broschur mit Farbschnitt, 189 Seiten
ISBN 978-3-86913-627-1

Tödliche Bierseligkeit, Verbrechen im Zeichen des flüssigen Goldes, Betrug rund um das deutsche Reinheitsgebot? 14 namhafte Autorinnen und Autoren steuern dazu nicht nur knifflige Fälle, süffige Storys und jede Menge Spannung bei, sondern immer auch: Hopfen, Gerste und Wasser. Nach allen Regeln der Kunst gebrautes Bier also – und nach allen Regeln der Kunst verfasste Kriminalfälle. 14 erfrischende Krimis von echten Bierkennern rund um das Lieblingsgetränk der Deutschen ...

Mit Beiträgen von Lucas Bahl · Jan Beinßen · Veit Bronnenmeyer · Angela Eßer · Peter Freudenberger · Tommie Goerz · Thomas Kastura · Lotte Kinskofer · Killen McNeill · Petra Nacke · Alexander Pfeiffer · Horst Prosch · Regina Schleheck · Elmar Tannert

»Eine äußerst gelungene Sammlung«   Nürnberger Nachrichten

Wenn Katzen Mörder jagen ...

Tessa Korber (Hrsg.)
Auf leisen Pfoten kommt der Tod
12 Katzenkrimis
Klappenbroschur, 251 Seiten
ISBN 978-3-86913-273-0

Katzen – schon die alten Ägypter wussten, dass diese Tiere Grenzgänger zwischen den Welten sind. Zahllose Detektive haben sie zu ihren Vertrauten gemacht. Und sogar höchstpersönlich ging die eine oder andere Katze schon auf Mörderjagd. In ihren Augen lauert der Abgrund, und ihre samtweichen Pfoten bergen tödliche Krallen. 13 Katzenliebhaber ließen sich vom Schnurren ihrer Lieblinge inspirieren und lauschten ihnen Fälle ab, die es in sich haben.

Mit Beiträgen von Jean Bagnol · Nicola Förg · Uwe Gardein · Fredrika Gers · Thomas Kastura · Christian Klier · Elke Pistor · Barbara Saladin · Andrea Schacht · Alexa Stein · Uwe Voehl und Malte S. Sembten · Günther Zäuner – und einer Katzengeschichte von Ingrid Noll

»Ein tolles Sammelwerk spannender Katzenkrimis«   Geliebte Katze